权威·前沿·原创

皮书系列为

“十二五”“十三五”国家重点图书出版规划项目

BLUE BOOK

智库成果出版与传播平台

北京市哲学社会科学研究基地智库报告系列丛书

城市管理蓝皮书

BLUE BOOK OF URBAN MANAGEMENT

中国城市管理报告（2020）

ANNUAL REPORT ON URBAN MANAGEMENT OF CHINA (2020)

中国36个重点城市管理水平评价

主　　编／刘承水

执行主编／冀文彦

社会科学文献出版社

SOCIAL SCIENCES ACADEMIC PRESS (CHINA)

图书在版编目(CIP)数据

中国城市管理报告. 2020：中国36个重点城市管理水平评价 / 刘承水主编. --北京：社会科学文献出版社，2020.11
（城市管理蓝皮书）
ISBN 978-7-5201-7156-4

Ⅰ.①中… Ⅱ.①刘… Ⅲ.①城市管理-研究报告-中国-2020 Ⅳ.①F299.23

中国版本图书馆CIP数据核字（2020）第159888号

城市管理蓝皮书
中国城市管理报告（2020）
——中国36个重点城市管理水平评价

主　　编／刘承水

出 版 人／谢寿光
责任编辑／周雪林

出　　版／社会科学文献出版社
地址：北京市北三环中路甲29号院华龙大厦　邮编：100029
网址：www.ssap.com.cn
发　　行／市场营销中心（010）59367081　59367083
印　　装／天津千鹤文化传播有限公司

规　　格／开　本：787mm×1092mm　1/16
印　张：19　字　数：283千字
版　　次／2020年11月第1版　2020年11月第1次印刷
书　　号／ISBN 978-7-5201-7156-4
定　　价／128.00元

为贯彻落实中共中央和北京市委关于繁荣哲学社会科学的系列指示精神，北京市社科规划办和北京市教委自2004年以来，依托首都高校和科研机构的优势学科领域，建设了一批北京市哲学社会科学研究基地。研究基地在优化整合社科资源、资政育人、体制创新、服务首都改革发展等方面发挥了生力军作用，为首都新型高端智库建设进行了积极探索，做出了突出贡献。

围绕新时期首都改革发展的重点和热点问题，北京市哲学社会科学规划办公室与社会科学文献出版社联合推出“北京市哲学社会科学研究基地智库报告系列丛书”，旨在推动研究基地成果深度转化的同时打造首都新型智库拳头产品。

城市管理蓝皮书编委会

《中国城市管理报告（2020）》

主编简介

刘承水 山东曲阜人，中国致公党党员，政协委员，管理学博士，教授。现任北京城市学院校长助理、科研处处长、北京社会建设研究院执行院长、首都城市治理与综合执法研究所执行所长、首都城市环境建设研究基地首席专家、国家自然及社科和北京自然及社科项目评审专家、北京市社会建设专项资金项目评审及验收专家、中国优选法统筹法与经济数学研究会常务理事统筹分会副理事长、北京社会组织评审专家、北京市社会学学会理事、北京城市科学研究会理事、中国致公党北京市委教育专委会常务副主任、中国致公党海淀区委委员。

作为政协委员，提出了“关于跨入新时代，夺取海淀城市管理新发展的提案”和“关于加强人口疏解，推进海淀城乡接合部地区综合整治的提案”等。同时，作为执笔人，撰写了民主党派提案“关于提升海淀城市管理执法服务水平的建议”以及“关于提升海淀城乡接合部流动人口管理服务水平的建议”等。

长期从事城市管理及社会治理领域的教学与科研工作，在国内学术刊物上发表论文60篇，其中，SCI 4篇、EI 8篇、ISTP 5篇、核心期刊20篇。专著《城市概论》《城市灾害应急管理》等11部，对城市管理和社会治理有比较深刻的理解。主持研究北京社科基金重大课题“首都城市环境建设评价及指数研究”及“首都城市管理体制改革创新研究”。主持及参与国家社科基金项目“老旧社区和谐治理实证研究”和国家自然科学基金项目“中文语义依存分析资源构建及分析技术研究”等4项。参与北京市及天津市“十二五”规划纲要编写。参与北京市“十二五”时期社会建设规划纲要编写。主持研究中央政法委课题“中国大城市发展模式的思考与研究”及其他省部级课题30余项。就城乡接合部治理，首提云模式，实现精细化管理新突破，涵盖“双网覆盖 双轮驱动”内涵，问诊城市病，唱响首都梦。发表在北京社会建设信息社会建设研究基地专报上的论文《海淀社会管理新模式——社会组织网元化》、《社区服务管理新模式——社区微博》、《国外社区矫正的主要模式与启示》和《日本应对人口老龄化的经验与启示》，具有重要的学术价值和社会意义。研究成果多次荣获北京市颁发的优秀科研成果奖，如论文《试论企业竞争战略之核心竞争力》获中国科协组织的“百佳中华创新成果”特别荣誉奖，北京社科基金重大课题“首都城市环境建设评价与指数研究”获北京市优秀奖，“社会舆情焦点聚焦及应对策略研究”获北京市社会建设优秀成果一等奖，“老旧社区现状分析与和谐治理实证研究”获北京市社会建设优秀成果二等奖。

摘　要

2020年度城市管理报告，选取36个重点城市进行城市管理水平的排名与评价，其中包括北京、上海、天津、重庆4个直辖市，石家庄、太原、呼和浩特、沈阳、长春、哈尔滨、南京、杭州、合肥、福州、南昌、济南、郑州、武汉、长沙、广州、南宁、海口、成都、贵阳、昆明、拉萨、西安、兰州、西宁、银川、乌鲁木齐27个省会（首府），以及大连、青岛、宁波、厦门和深圳5个计划单列市。

研究报告建立的指标体系沿袭上一年的指标构成，共有5个一级指标，20个二级指标，59个三级指标。其中，一级指标为社会、经济、环境、科技创新、基础设施，二级指标和三级指标内容设置与上年基本保持一致，课题研究继承并科学运用与完善了往年蓝皮书构建的三级指标体系。

新冠肺炎疫情的突然暴发，使得2020年的皮书报告成书背景变得相对复杂。工厂停工、商店停业、学校停课，世界经济体系和城市应急治理能力遭受前所未有的巨大挑战。疫情全方位地检验了中国城市现代化治理体系和治理能力，考验了上至城市管理者、下至广大市民的担当、能力与智慧，更警醒了我们在共建共享共治理念下，思考如何着眼长远发展，加快提升现代化城市治理能力。

在这样的情势下，与2019年城市管理指标体系相比，2020年度指标体系较大的变化是将分报告文化部分转变为专题研究，进行更加有针对性的分析与评价，这主要考虑到2020年世界范围内的疫情影响，全球文化产业遭受不同程度的冲击，文化统计数据发布较往年有所延迟，但整体文化产业危中萌生着发展之机，未来向好，将文化产业作为专题进行研究更具有针对性。尽管分报告结构有所调整，但管理报告总体上保持了研究指标的完备性、针对性、稳定性和创新性。此外，本书专题部分特别阐述了北京城市副中心对京津冀协同发展的承载与带动作用，以及对北京城市副中心环境建设管理与运行保障机制水平的分析，充分发挥了报告编写组的属地优势，持续关注首都北京在推进城市现代化治理过程中的模式，探索首都北京在治理能力提升进程中的宝贵经验。

2020 年城市管理报告，着眼于社会治理的多个方面，充分体现了治理的理念，坚持挖掘重点城市社会、经济、环境、科技创新、基础设施等方面的精品管理模式，旨在为不断提升城市运行主体的体验感积极贡献智慧。特别值得一提的是，近年智慧城市以新技术创新的优势登上城市治理的舞台，科技助力城市精细化治理，提供精准公共服务，成为构建城市治理现代化体系、提升城市治理现代化治理能力的重要抓手，因此，2020 年的城市管理水平总体排名提高了重点城市科技创新管理的赋值比重。

综上，2020 年的管理报告坚持共建共享共治理念，再次细致思考城市如何着眼长远发展，加快提升现代化城市治理水平与加强能力建设，为城市治理不断带来的新挑战提供智慧支撑。

关键词： 城市管理　现代化治理　智慧城市

目 录

Ⅰ 总报告

Ⅱ 分报告

Ⅲ 北京专项报告

皮书数据库阅读**使用指南**

总　报　告

General Report

B.1

新时代城市管理转型之路：推进城市治理现代化

史雅娟*

摘　要：“十三五”收官之时，我国36个重点城市治理重心也由城市开发建设阶段转向城市管理和社会治理的高级阶段。高科技赋能下的智慧城市与传统城市管理模式和相对保守的社会现状尚未完全契合，未能发挥其独特优势。本报告首先梳理了国家层面关于城市治理现代化的顶层决策，在深入分析2017年我国城市管理水平评价结果的基础上，挖掘当下我国城市管理发展转型的多变量特征，探索提高我国城市管理的治理转型战略路径。

* 史雅娟，北京城市学院副教授，理学博士，中国科学院地理科学与资源研究所出站博士后。研究方向为城市地理、城市管理、城市－区域规划与发展。

关键词： 管理转型 城市治理 现代化

前 言

经济全球化推动人类社会文明快速发展，现代高科技带来史无前例的便捷通信和交通方式，人类社会系统的复杂度前所未有，带来的挑战也前所未有。现代社会系统逐渐强化，世界变成了联系更加紧密的整体，往往牵一发而动全身，增加了世界范围内的不稳定性和不确定性，任何"黑天鹅"事件的发生都会带来全球的连锁反应。近十年来各种病毒瘟疫肆虐世界各国，让民众饱受苦难摧残。全球暴发的新冠肺炎疫情和严峻复杂的世界经济形势，极大地挑战了世界各国城市管理应急体系和综合治理能力，再次证实了在全球人类命运共同体中，谁都无法逃脱干系。

党的十九届四中全会后，习近平总书记在上海考察时指出："城市治理是推进国家治理体系和治理能力现代化的重要内容。"我国积极健全城市治理现代化体系和提高城市治理现代化能力，这是保障国家长治久安、有序运行的基础，是践行"四个全面"精神和参与全球治理的迫切需求，也是人民安居乐业的重要保障，更是推动全球治理变革与国际合作的前提。随着我国城市规模的扩大、城市数量的增加，加强城市治理体系和治理能力建设已经成为一项紧迫而重要的历史任务。

我国正在经历世界历史上规模最大、速度最快的城镇化进程，城市已成为经济、政治、文化、社会等方面活动的中心和现代化建设引擎，超大城市、大城市集聚形成的城市群正在承载并推动着整个国家的重大发展战略。目前，我国北上广深等一线发达城市的城市化建设已基本接近尾声，城市治理重心正转向城市治理现代化体系建设的高级阶段。然而，与之伴生的诸多大城市病，其复杂程度也已大大超出传统城市管理模式的范畴，倒逼城市管理模式创新发展。党的十九届四中全会对坚持和完善中国特色社会主义制度、推进国家治理体系和治理能力现代化做出重大战略部署，明确了新时代我国推动城市治理体系和治理能力现代化意义重大且势在必行。

一　新时代背景下城市现代化治理的顶层决策

城市治理是构成国家治理体系和国家治理能力现代化的基石。城市是人口高度集聚的载体，重大疫情等公共卫生对城市治理提出重大挑战。城市是人民的城市，人民城市为人民，立足于“以民为本”的治理理念，对城市治理能力提出了新要求。当前全球正在经历第四次工业革命，数字化、网络化、智能化在促进产业变革的同时，也将为城市现代化治理方式带来新机遇，为城市管理的科学化、精细化、智能化提供科技支撑。

（一）提升城市应对重大疫情治理现代化能力

2019 年 10 月 31 日，中国共产党第十九届中央委员会第四次全体会议通过了《中共中央关于坚持和完善中国特色社会主义制度推进国家治理体系和治理能力现代化若干重大问题的决定》，部署我国推进国家治理体系和治理能力现代化的重大战略。

从社会整体治理的角度看，法治是保障，强化依法治理，完善和细化城市管理法律法规，善于运用法治思维和法治方式解决城市管理中的顽症难题，提升全民遵法守法和政府执法水平。在应对此次新冠肺炎疫情过程中，中国政府果断启动疫情地区城市应急管理，采取基层社区、乡村联防联治，以大数据、云计算精准防治，集中研制核酸检测试剂，全国人民同心协力共同抗击疫情，充分体现了党统领下的城市应急治理现代化能力、高效动员能力以及群防群治的制度性优势，让世界人民共睹了“以人为本”的中国特色社会主义制度及其执行能力。同时，我国政府还向 16 个国家派出 15 批共 149 人的医疗防控专家组，援助其他国家抗击新冠肺炎疫情，为世界疫情联防联治做出了巨大贡献，以实际行动践行人类命运共同体理念，彰显了中国“仁义礼智信”的大国风范。

2020 年 2 月 14 日，习近平总书记在主持召开中央全面深化改革委员会第十二次会议时指出："这次抗击新冠肺炎疫情，是对国家治理体系和治理能力的一次大考。"2020 年 3 月 10 日，习近平总书记在湖北省武汉市考察时强调，"要着力完善城市治理体系和城乡基层治理体系，树立'全周期管理'意识，努力探索超大城市现代化治理新路子"。这一重要指示和明确要求，对我国完善城市治理体系和城市治理能力现代化，补齐我国城市治理现代化的短板，具有至关重要的指导意义。

（二）明确城市管理"以民为本"的治理总目标

2019 年 7 月 5 日，习近平总书记在深化党和国家机构改革总结会议上强调，"紧紧围绕人民日益增长的美好生活需要履好职、尽好责"。2019 年 11 月，习近平总书记在上海专门走访考察了浦东城市公共空间规划建设、社区治理与服务等社会民生情况。习近平总书记提出，城市是人民的城市，人民城市为人民，特别强调在城市规划、城市建设和城市更新的过程中要始终坚持以人民为中心，聚焦人民群众的需求，合理安排生产、生活、生态空间，走内涵式、集约型、绿色化的高质量发展路子，努力创造宜业、宜居、宜乐、宜游的良好环境，让人民有更多获得感，为人民创造更加幸福的美好生活。同时，习近平总书记还提出，要推动城市治理的重心和配套资源向街道社区下沉，聚焦基层党建、城市管理、社区治理和公共服务等主责主业，整合审批、服务、执法等方面力量，面向区域内群众开展服务。在便民服务方面要求推进服务办理便捷化，优化办事流程，减少办理环节，加快政务信息系统资源整合共享；要推进服务供给精细化，找准服务群众的切入点和着力点，对接群众需求实施服务供给侧改革，办好一件件民生实事。

目前城市治理实施共治，积极动员社会单位、居民群众等多元主体参与城市管理，鼓励共担责任、共享利益，构建居民"自我服务、自我管理、自我教育"，政府"以监管代替包管，以居民参与代替相互隔离，以现代化技术代替人海战术"的理想社会。

（三）推进智慧城市科技创新精细化治理服务

2017 年，国务院颁发的《新一代人工智能发展规划》提出，到 2025 年，新一代人工智能要广泛应用于智慧城市等领域；围绕城市管理等社会治理的热点难点问题，促进人工智能技术应用，推动社会治理现代化；推进城市规划、建设、管理、运营全生命周期智能化。十九届四中全会通过的《中共中央关于坚持和完善中国特色社会主义制度推进国家治理体系和治理能力现代化若干重大问题的决定》，强调发展以科技支撑的社会治理体系。目前，我国大力发展的人工智能、互联网、大数据等现代信息技术正在被快速应用到城市治理现代化的建设，凸显科技支撑在坚持和完善共建共治共享的社会治理制度中的重要地位。2020 年 2 月 17 日，国务院联防联控机制印发《关于科学防治精准施策分区分级做好新冠肺炎疫情防控工作的指导意见》等一系列文件，凸显了智慧城市数字科技支撑对疫情应急管理的关键性和紧迫性。

习近平总书记在上海视察时曾提出“推进服务供给精细化”，抓好“政务服务一网通办”及“城市运行一网统管”，坚持“从群众需求和城市治理突出问题出发”，整合分散式信息系统，在实战中管用、基层干部爱用、群众感到受用。国家发改委《关于印发〈2019 年新型城镇化建设重点任务〉的通知》（发改规划〔2019〕617 号）也强调，大城市要提高精细化管理水平，增强要素集聚、高端服务和科技创新能力，加快多元城市数字化信息平台和预警管理系统，为城市空间精细化治理提供智能化手段，优化提升新型智慧城市建设评价工作，增强城市管理综合统筹能力，提高城市科学化、精细化、智能化管理水平。

（四）强化城市公共服务基础设施建设与管理

2019 年是中央经济工作会议确立的中国基础设施建设元年，以 5G、人工智能、工业互联网、物联网等为代表的“新型基础设施建设”成为重点工作任务之一。大数据、云计算、人工智能、区块链、物联网等新一代数据驱动的基础设施支撑了智慧城市的建设，城市精细化管理模式应运而生，以精治模式推动我国城市公共服务更加便捷、城市生活环境更加宜居、基础设施更加智能，覆盖医疗、交通、教育、生态环境、公共安全、人口管理、社会保障等各个方面，假以时日，智慧城市精细化治理模式将推广至全国所有城市。

此次新冠肺炎疫情之后，我国以构建人类命运共同体的大国风范，助力疫情后的全球经济复苏，党和政府推出一系列稳增长政策。2020 年 3 月 4 日召开的中共中央政治局常务委员会会议强调，要加大公共卫生服务、应急物资保障领域投入，加快 5G 网络、数据中心等新型基础设施建设进度。3 月 17 日，刘世虎在国家发改委 3 月例行新闻发布会中再次强调，加强市政设施、社会民生、城镇老旧小区改造等补短板领域建设，以及加快新型基础设施建设。聚焦城市治理与社区营造相关基础设施的创新发展，加大投入线上线下并行的智慧城市实践，关注公共健康的城市韧性建设等，为提升城市治理现代化水平和治理能力提供了新的发展机遇。

国家发改委《关于印发〈2019 年新型城镇化建设重点任务〉的通知》（发改规划〔2019〕617 号）“加快农业转移人口市民化”部分提出要推进常住人口基本公共服务全覆盖，加强城市基础设施建设，推动城市高质量发展，着力完善和改进城市公共资源配置，增加市民的获得感和幸福感。城市治理最终要落脚到城乡社区，当前城市治理面临科技革命迅猛发展的历史机遇，政府要积极推进和强化新一轮科技革命成果在基层社会治理中的应用，并加快高科技与社会治理相关环节和领域的交互融合，不断更新换代新科技的公共服务和基础设施建设，均衡、可持续地提高城市治理现代化效能和服务水平。

二 重点城市管理水平的排名与评价分析

由于统计数据的采集受到疫情影响，本次适度调整了城市管理水平评价指标体系，全面分析城市管理水平排名的总体次序和大区域变化，并对社会、经济、环境、科技创新和基础设施 5 个未变化的指标进行对比分析。

（一）城市管理指标体系的更新

课题研究继承并科学完善了往年蓝皮书构建的三级指标体系，与2019年指标体系相比，2020年度指标体系最大的变化是去掉了文化部分的指标，总体上保持了研究指标的完备性、针对性、稳定性和创新性。由于2020年全球遭遇疫情，我国包括文化创意等在内的很多产业均受到较大程度的冲击，同时受到《2019年城市统计年鉴》等涉及文化数据的年鉴延时发布影响，为按时出版蓝皮书，课题组决定取消文化部分的指标分析内容，而将其单独列为专题，以北京城市文化发展为重点进行分析。除此之外，2020年蓝皮书还特别新增了北京副中心城市管理水平评价内容，发挥课题组属地优势，持续研究首都北京在推进城市现代化治理进程中的宝贵经验。

本研究依然选取36个重点城市进行城市管理水平的评价和排名，其中，包括北京、上海、天津、重庆4个直辖市，石家庄、太原、呼和浩特、沈阳、长春、哈尔滨、南京、杭州、合肥、福州、南昌、济南、郑州、武汉、长沙、广州、南宁、海口、成都、贵阳、昆明、拉萨、西安、兰州、西宁、银川、乌鲁木齐27个省会（首府），以及大连、青岛、宁波、厦门和深圳5个计划单列市。

调整后的指标体系共由5个一级指标，20个二级指标，59个三级指标共同构成（见表1）。其中，一级指标为社会、经济、环境、科技创新、基础设施，二级指标和三级指标内容设置保持不变，指标权重按照层次分析法重新计算调整，具体权重分值详见表1。

表1　2020年中国城市管理水平评价指标体系

一级指标	二级指标	三级指标	权重
社会(G)	投入与发展(G1)	一般公共服务支出比重(G11)	0.0099
		卫生、社会保障和社会福利业从业人员比重(G12)	0.0099
		教育支出比重(G13)	0.0099
		城乡社区支出比重(G14)	0.0099
		市民满意度(G15)	0.0264

续表

一级指标	二级指标	三级指标	权重
社会(G)	服务与民生(G2)	城镇恩格尔系数(G21)	0.0346
		农村恩格尔系数(G22)	0.0196
		城镇人均住房建筑面积(G23)	0.0196
		每千人医院、卫生院床位数(G24)	0.0196
		每万人中等职业学校在校学生数(G25)	0.0115
	公平与保障(G3)	城乡收入比(G31)	0.0146
		社会保障和就业支出比重(G32)	0.0205
		城市低保标准增长率(G33)	0.0241
		每万人社会服务机构床位数(G34)	0.0241
经济(J)	经济发展水平(J1)	人均地区生产总值(J11)	0.0395
		城镇居民人均可支配收入(J12)	0.0278
		实际就业率(J13)	0.0109
		第三产业占 GDP 的比重(J14)	0.0109
	经济调节水平(J2)	经济增长波动系数(J21)	0.0345
		居民消费价格弹性系数(J22)	0.0185
		城镇登记失业率浮动系数(J23)	0.0185
		全社会固定资产投资效果系数(J24)	0.0099
	市场监管水平(J3)	私营个体从业人员增长率(J31)	0.0086
		人均金融机构本外币存款余额(J32)	0.0086
		社会消费品零售额增长率(J33)	0.0086
	基强财力水平(J4)	财力规模(J41)	0.0264
		公共财政收入增长率(J42)	0.0239
		财政赤字率(J43)	0.0073
环境(H)	固体废物管理(H1)	生活垃圾无害化处理率(H11)	0.0325
		工业固体废物利用率(H12)	0.0217
	气体废物管理(H2)	工业二氧化硫排放降低比率(H21)	0.0181
		工业烟尘排放降低比例(H22)	0.0181
		细颗粒物(PM2.5)年平均浓度(H23)	0.0181
	液体废物管理(H3)	污水处理厂集中处理率(H31)	0.0325
		工业废水排放量减少比率(H32)	0.0217
	生态绿化管理(H4)	建成区绿化覆盖率(H41)	0.0188
	噪声环境管理(H5)	城市噪声路段超标率(H51)	0.0031
		等效声级 dBA(H52)	0.0073

续表

一级指标	二级指标	三级指标	权重
科技创新(C)	创新投入(C1)	R&D 强度(C11)	0.0197
		科研支出占财政支出比重(C12)	0.0132
	创新潜力(C2)	每万人高等学校人数(C21)	0.0128
		每万人学生拥有的教育支出(C22)	0.0192
		每百人高校学生拥有专任教师人数(C23)	0.0107
	创新载体(C3)	每万人规模以上工业产值(C31)	0.0172
		科学研究和技术服务业从业人员占比(C32)	0.0159
		每万人吸引外商投资额(C33)	0.0159
	创新效率(C4)	第二产业劳动生产率(C41)	0.0122
		第三产业劳动生产率(C42)	0.0122
	创新产出(C5)	新增人均发明专利申请量(C51)	0.0128
		新增人均专利授权量(C52)	0.0192
		高技术产品出口额占出口额的比重(C53)	0.0107
基础设施(S)	水电气设施(S1)	人均供水总量(S11)	0.0181
		人均供气总量(S12)	0.0181
		人均用电总量(S13)	0.0180
	道路交通设施(S2)	人均城市道路面积(S21)	0.0135
		万人拥有公共汽车数(S22)	0.0068
		万人拥有出租汽车数(S23)	0.0068
	邮电通信设施(S3)	人均拥有移动电话用户数(S31)	0.0135
		人均拥有互联网用户数(S32)	0.0135

（二）城市管理水平排名的评价

1. 中国重点城市总体排名分析

根据全国城市管理水平总体评价结果，2017 年我国城市管理水平整体有所提升，评价分值也较以往有显著提升。进入全国 36 个重点城市前 10 位的分别是北京、深圳、上海、杭州、长沙、宁波、广州、青岛、南京和武汉。其中，排名第一的北京市城市管理水平评价得分高达 87.75 分，较 2016 年第一名上海市的得分高出了 4.04 分；排名第二的深圳市评价分值为 82.09 分，前五名的城市管理水平评价均高于 69 分，第 6～10 名的城市管理水平评价分数在 55.94～64.56 分区间（详见图 1、表 2）。

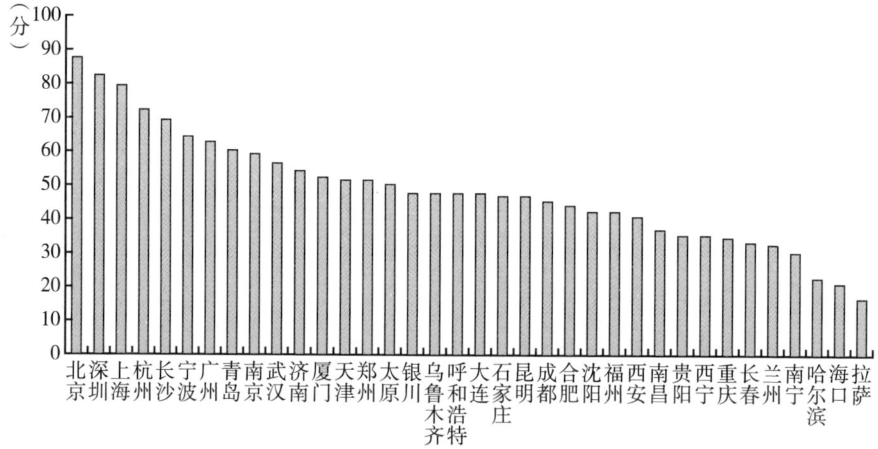

图 1　中国 36 个重点城市管理水平综合评价

与 2019 年本课题研究的 2016 年排名相比，2017 年的城市排名发生了一定的变化。一是前 10 名城市中的位序发生变化不大。北京市位居第一，深圳市分值和排名大幅上升到第二名，上海市下滑到第三名；武汉市进入前 10 名，郑州市从前 10 名下滑到第 14 名；前 10 位的其他城市位序微调，且分值均有不同程度的增加。二是个别城市排名变化较显著。相比较而言，厦门市升序到第 12 名，较 2016 年前进了 9 位；成都市、合肥市则从 2016 年的后 10 名中分别晋级到第 22 名、第 23 名，分别前进了 8 位和 6 位；西安市的城市排名位次较 2016 年显著下滑了 8 位；长春市由 2016 年的第 23 名下滑到第 31 名，降了 8 位。三是排名后 10 位城市的变化较大。评价结果显示，共涉及升级、降级 6 个城市，城市评价分值也较 2016 年平均水平高出 3.64 分。沈阳市则从 2016 年的后 10 名晋级到第 24 名；西宁市、重庆市由 2016 年的第 24 名、第 25 名分别下滑到第 29 名、第 30 名，而南昌市和贵阳市在排名后 10 位城市内的位序显著提升了 5 位，其他城市仅有次序的微调（见表 2）。

表 2　全国 36 个重点城市管理水平评价得分及排名

城市	排名	总得分	城市	排名	总得分
北京	1	87.75	大连	19	47.30
深圳	2	82.09	石家庄	20	47.00
上海	3	79.73	昆明	21	46.49
杭州	4	71.91	成都	22	45.38
长沙	5	69.33	合肥	23	44.14
宁波	6	64.56	沈阳	24	41.96
广州	7	63.01	福州	25	41.90
青岛	8	59.87	西安	26	40.58
南京	9	59.43	南昌	27	37.02
武汉	10	55.94	贵阳	28	35.55
济南	11	54.91	西宁	29	35.55
厦门	12	52.14	重庆	30	34.44
天津	13	51.60	长春	31	33.00
郑州	14	50.94	兰州	32	32.50
太原	15	50.56	南宁	33	30.63
银川	16	47.85	哈尔滨	34	22.58
乌鲁木齐	17	47.79	海口	35	20.95
呼和浩特	18	47.33	拉萨	36	16.36

研究结果显示，全国 36 个重点城市的城市管理水平各有千秋，抛开城市地域资源禀赋的限制因素外，每个城市都有其自身相对的强项与弱项，尤其是排名前 10 位的城市。如北京市的经济管理得分最高，社会管理位居第二，环境和科技创新管理也表现不错；深圳市依然呈现往常的显著差异，其环境管理、基础设施管理和科技创新管理水平均得分最高，但其社会管理水平较低；上海市的经济管理、环境管理和社会管理得分较高，科技创新和基础设施管理得分略低；杭州市的社会管理最高，基础设施管理较低；青岛市的环境管理得分较高，社会和基础设施管理等方面偏低。

分析原因，由于统计数据获取延迟，本报告沿用 2017 年的统计年鉴等数据进行全国城市管理水平评价，数据时差导致研究分析结果与目前我国正在构建的城市管理现代化治理体系和治理能力的时代新要求和新趋势存在一定差异。另外，本课题也重新调整了城市管理水平评价指标体系，整体去掉了城市文化指标。

2. 区域尺度城市管理水平评价

本课题从城市－区域的角度分析，统一按照东部、东北、中部、西部的区位分类标准，将36个重点城市划分为东部城市（14个）、东北地区城市（4个）、中部城市（6个）、西部城市（12个），进行大区域尺度的城市社会管理评价分析。根据全国分区域城市管理水平评价对比结果，我国城市管理水平格局正在发生一系列变化。东部地区的城市经济管理水平依然最优，中部地区管理水平持续提升，中、东部之间差距持续小幅缩小，西部地区提速较快，已经超过了东北地区，中、西部城市管理水平差距显著拉大（见图2）。

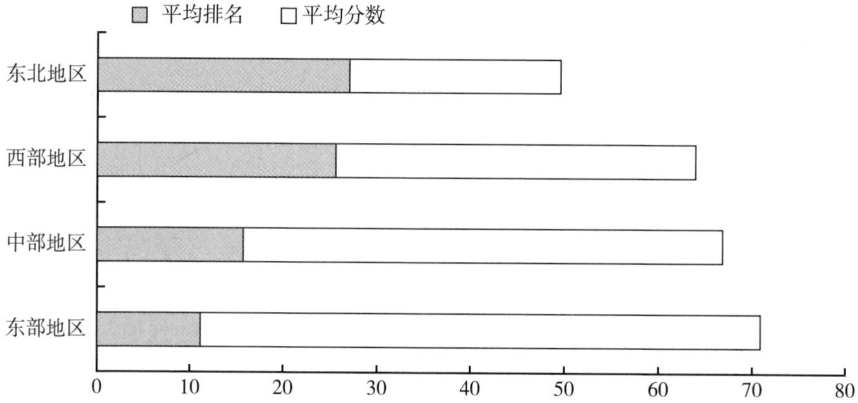

图2　中国分区域重点城市管理水平综合评价

分析结果显示（见表3），东部地区中进入前10名的城市有8个，济南、厦门与天津3个城市位居第11～13名，石家庄、福州分别排在第20、25名，海口仅排在第35名，整个东部地区城市管理水平的均值为59.78分；中部地区城市管理水平提升幅度最大，其中，长沙和武汉位居前10名，郑州和太原分别排在第14、15名，合肥与南昌位列第23、27名，武汉、太原、合肥和南昌4个城市的排名位序均有提升，整个中部地区城市管理水平的均值为 51. 32 分；东北地区的城市管理水平整体下滑，大连市位居第 19 名，沈阳、长春分别在第 24、31 名，哈尔滨排在第 34 名，整个东北地区城市管理水平的均值仅为 36. 21 分；西部地区城市管理水平总体略有提升，除了成都市显著上升 8 个位次之外，其他城市排名有部分微调，整个西部地区城市管理水平的均值为 38. 37 分。总体评价结果显示，2017 年中部与东部城市管理水平基本持平；东北地区与西部地区之间存在些许差距，但并不显著。

表 3　全国按区域划分的重点城市管理水平评价得分及排名情况

区域	城市	排名	总得分	区域	城市	排名	总得分
东部地区	北京	1	87. 75	中部地区	长沙	5	69. 33
	深圳	2	82. 09		武汉	10	55. 94
	上海	3	79. 73		郑州	14	50. 94
	杭州	4	71. 91		太原	15	50. 56
	宁波	6	64. 56		合肥	23	44. 14
	广州	7	63. 01		南昌	27	37. 02
	青岛	8	59. 87	西部地区	银川	16	47. 85
	南京	9	59. 43		乌鲁木齐	17	47. 79
	济南	11	54. 91		呼和浩特	18	47. 33
	厦门	12	52. 14		昆明	21	46. 49
	天津	13	51. 60		成都	22	45. 38
	石家庄	20	47. 00		西安	26	40. 58
	福州	25	41. 90		贵阳	28	35. 55
	海口	35	20. 95		西宁	29	35. 55
东北地区	大连	19	47. 30		重庆	30	34. 44
	沈阳	24	41. 96		兰州	32	32. 50
	长春	31	33. 00		南宁	33	30. 63
	哈尔滨	34	22. 58		拉萨	36	16. 36

3. 城市管理水平指标综合评价

城市管理水平指标体系短板有待补齐。分项分析研究结果显示，我国城市的基础设施管理水平普遍较低，其一级指标的平均分数为 27. 01 分。基础设施管理指标中，除了深圳市显著较高外，其他城市分值均未超过 57 分，持续为我国城市管理中的最短板。科技创新管理水平也普遍较低，平均分值为 39 分，除了北京、深圳、上海、杭州、长沙、西安和南京较高外，其他城市均偏低。相比之下，我国城市管理中的经济和社会管理水平也有待提升，其指标分数均值也分别仅为 43. 55 分和 52. 56 分，也是我国推进城市治理现代化体系和治理能力建设的重点所在。

超大城市管理水平高位持续显著。研究结果显示，北京、深圳、上海、广州 4 个超大城市管理水平分别位居前三名和第七名。北京市除了基础设施一个短板外，社会、经济、环境、科技创新 4 个二级指标均很高，位居第一名；深圳市在环境、科技创新、基础设施 3 个二级指标中得分均为最高，但是有社会管理水平的短板限制，在全国 36 个重点城市中排名第二；上海市社会、经济和环境 3 个指标表现不错，但是科技创新和基础设施两个二级指标的得分较低，位居第三；广州市的经济和环境指标还不错，但是在社会、科技创新和基础设施 3 个二级指标中的表现略逊，排名第七位。

（三）分指标的城市管理水平评价

1. 城市社会管理水平评价

社会管理指标分析显示，2017 年社会管理指标排在前五位的分别是杭州、北京、太原、长沙、乌鲁木齐。其中，杭州一跃取得了全国 36 个重点城市的最高社会指标值；北京排第二名，与杭州相差甚微；太原和长沙分别排第 3 名和第 4 名；乌鲁木齐位居第五名。与 2016 年同一指标分析结果比较，乌鲁木齐进入前五名，而当年的冠军上海退居第六名。

此次社会管理指标评价排在后五位的分别是西安、重庆、兰州、南昌、海口，2016 年排在后五位的五个城市均通过增值升序。

36 个重点城市的社会管理指标总体呈现发展不平衡的特征，社会管理水平与其经济发展水平不相匹配，城市的社会管理与经济管理未实现同步发展。一方面，经济较发达城市的社会管理发展不充分，有待进一步提升；另一方面，经济欠发达城市重视社会管理的投入与发展。

2. 城市经济管理水平评价

经济管理指标分析显示，2017 年经济管理水平前五名的是北京、深圳、上海、广州、杭州，与 2016 年入围城市相比较，南京市退出了前五名。分指标数据显示，北京的城市经济管理水平最高；其次是深圳和上海，两者分值均在 97 分内，且非常接近；再次就是广州和杭州，均在 70 分的段位上，其与前三个城市之间的差距有 20 多分。

排在后五位的是西宁、石家庄、银川、海口、拉萨，与 2016 年城市相比较，当年排在后五位的哈尔滨、合肥、沈阳均已升序到第 20 位的段位水平。

2016～2017 年总体比较结果显示，2017 年城市经济增速均出现放缓现象，市场监管水平普遍较低，由于各城市的基础财力差距悬殊，城市经济发展水平两极分化现象较为严重，经济管理总体排名情况基本与各城市经济发达程度相契合。

3. 城市环境管理水平分析

环境管理指标分析显示，2017 年环境管理水平前五名的是深圳、大连、南昌、厦门、石家庄。深圳跃居首位，成为 36 个重点城市环境管理水平最高的城市。与 2016 年前五名城市相比变化较大，新增加了深圳、南昌和石家庄 3 个城市；青岛、海口退出了前五名，分别小幅下滑到第 7 和第 9 名；银川跌至第 29 名；石家庄的环境管理指标值增幅显著，从前一年的第 16 名跃升入前五；大连和南昌两个城市的环境管理指标值增幅也较大。除此之外，上海、北京、广州 3 个城市的指标值下滑幅度较大，下滑到第 19 名之后。

城市环境管理指标排在后五名的城市分别是乌鲁木齐、西宁、贵阳、哈尔滨和拉萨，与 2016 年相比较，兰州、呼和浩特、昆明 3 个城市的环境管理指标跨步上涨，晋级到第 25 名以上。

分指标数据显示，2017 年城市环境管理水平整体稳中有升，36 个重点城市环境管理指标分值均有一定程度的提升，其中深圳市环境管理水平最强，宁波、武汉和昆明环境管理水平处于中等水平。另外，近两年城市环境管理水平排名变化比较剧烈，离散程度高，名次提升幅度大的城市在环境管理的各个方面，如法制法规、政策措施、投入和技术等进行了完善和提升。这也与我国新一届领导人更加重视生态环境发展密切相关，2017 年是全面实施《“十三五”生态环境保护规划》的重要一年。

4. 城市基础设施管理水平分析

城市基础设施管理指标分析显示，2017 年基础设施管理水平前五名的城市分别是深圳、乌鲁木齐、银川、西宁、拉萨。与 2016 年前五名城市相比较变化非常大，第二至四名的城市均发生了更换。深圳蝉联第一名，基础设施管理得分仍然保持全国最高，指标值几乎是第二名的两倍；乌鲁木齐和银川分别排第二名和第三名，指标值较为接近，处于同一个段位；西宁指标值较前一年度提高了两倍多，升序到第四名；拉萨的指标值也有显著增长，位序微调至第五名。

城市基础设施管理指标得分后五名的城市分别是南昌、长春、南宁、哈尔滨和重庆，与 2016 年相比较，石家庄升序跳出后五名，长春替补进入倒数第四名，其他城市位序发生细微调整，整体变化不大。

分指标数据显示，2017 年城市基础设施管理水平在逐年提升，主要归功于全国逐年增加城市基础设施建设投资和公共设施管理业费用。总体上的离散程度比较平稳，城市经济发展水平与基础设施管理水平不匹配，西部边远地区城市的基础设施管理水平普遍较高，主要是国家实施西部大开发战略和“一带一路”建设，基础设施投资逐年大幅增加，而东部沿海发达地区的基础设施相对完善，投入资金量较小。

5. 城市科技创新管理水平分析

全国 36 个重点城市科技创新管理水平分析显示，2017 年位于前五名的城市分别为深圳、北京、上海、青岛、天津。其中，深圳蝉联第一名，依然保持全国创新投入最高的纪录，遥遥领先于其他城市；北京稳居第二名，得分较往年有所提升，位于第二梯队；上海指标分值略有提高，位序上升为第三名；青岛首次进入前十强，就获得第四名的好成绩；天津升序，位居第五。与 2016 年相比，青岛强势上位，宁波从前五名中退位到第十名。除此之外，广州的科技创新管理水平较前一年有显著提升，南京在创新方面也有不小的提升。

城市科技创新管理水平位于后五名的有南宁、乌鲁木齐、拉萨、西宁和海口。与2016年相比较，当年排在后五位的银川升序到第27名，南宁滑落到倒数第五名，剩余的其他4个城市位序发生了微调，但拉萨市的科技创新管理水平有显著提升。

分析发现，近几年青岛大力以自主创新为着力点，积极推进新旧动能转换，加快高新企业的培植与引进，设立专项创新基金，编制行动计划；银川一直在积极发展“互联网+卫生医疗和教育产业”，并逐步推广带动宁夏发展“互联网+产业”；西藏自治区集全力推动拉萨科技发展，逐渐呈现科技扶贫带来的成效。

三　重点城市管理发展转型的多变量特征

随着信息技术的快速普及应用，大数据成为贯穿超大城市治理全过程、衔接各类关系的主要对象，城市社会治理格局逐步由树状塔式结构向网状扁平结构转换。由信息技术迭代催生的“智慧城市”等新型治理模式，正在成为我国全面推广的城市治理范式。然而，在科技主导的智慧城市管理方式中，传统科层制自上而下的管理模式，即集中化的城市管理模式，受到各要素间相互辐射、相互影响，以及整体与局部博弈等多方面的冲击越来越大。我国大多数城市传统的城市管理方法和手段正面临多元变量的冲击，城市现代化治理体系的完善程度和治理能力水平，直接关乎城市品质乃至区域持续性、跨越式发展。

（一）重大疫情考验城市应急治理能力

2020年初新冠肺炎疫情在我国突发，党和政府以雷霆之势在全国范围开展了抗疫工作。面对此次疫情，我国上下共同应对，充分体现了党统领下城市应急治理的高效动员能力以及群防群治的制度性优势。到2020年3月

29日中国本土增长病例几乎为零。但是，此时全球新冠肺炎确诊累计超过66万人，199个国家和地区有确诊病例，超过60个国家宣布进入紧急状态，亚洲、欧洲、美洲相继成为重灾区，工厂停工、商店停业、学校停课，世界经济体系和城市应急治理能力遭受前所未有的巨大挑战。

突然暴发的世界性新冠肺炎疫情全方位地检验了我国城市现代化治理体系和治理能力，考验了上至城市管理者、下至广大市民的担当、能力与智慧，更警醒我们在共建共享共治理念下，思考如何着眼长远发展，加快提升现代化城市治理能力。优化城市基层治理体系，提升城市基层治理能力，不仅在抗击新冠肺炎疫情的“战时”，而且在日常的基层工作中，都是需要深入思考的问题和锐意改革的方向。

战疫防疫考验了武汉市和全国其他城市的综合管理能力、人口素质和公共卫生系统，尤其是城市应急反应能力，如信息的传递和接收、避免高危人群聚集、降低医疗系统交叉感染、医疗物资的及时供应。武汉市是我国南北区域的重要交通枢纽，以及高度国际化的中部城市，人口集聚密度大，外来人口比例较高，治理难度非常大。同时，尚在完善中的智慧城市大数据技术在全国疫情统计与人员排查追踪中快速发力，及时掌握全国各地区疫情动态，及时通报确诊病人乘坐交通工具航班（车次）信息，查询发热门诊、公共出行方案的拥挤程度等。杭州市研发推广的健康码防疫治理网络工具也积极助力防疫抗疫工作，新科技为疫情防控工作提供了重要支撑。

我国城市综合治理能力经受住了抗击新冠肺炎疫情的考验。但同时也暴露了城市基层工作缺乏统一领导、防控排查任务繁重、形式主义凸显等诸多问题。大数据作为我国智慧城市的阶段性成果，在此次疫情应急治理中也暴露了数据孤岛、精准度低、服务覆盖有限、统筹不协调等诸多问题。因此，城市应急治理能力作为城市治理现代化体系的重要子系统，映射了一个城市所有利益相关者的整体协同应急治理能力和现代化水平。如果再有重大突发应急事件发生，我们应该如何科学、快速、有效应对？

（二）新技术助力智慧城市管理精细发展

世界各国都在积极开展以互联网、大数据等信息技术为依托的“智慧城市”建设，以破解全球城市治理存在的大城市病等共同难题。精细化治理是我国城市运行体系建设的理念之一。城市管理像绣花一样的精细化治理目标，就是要坚持打造精品，提升城市运行主体的体验感。智慧城市以新技术创新的优势大步登上城市治理的舞台，科技助力城市精细化治理，提供精准公共服务，成为构建城市治理现代化体系、提升城市现代化治理能力的重要抓手。

智慧城市大数据技术在全国疫情统计与人员排查追踪中快速发力，及时掌握全国各地区疫情动态，及时通报确诊病人乘坐交通工具航班（车次）信息，查询发热门诊、公共出行方案的拥挤程度等，为疫情防控工作提供了重要支撑。2020年2月9日，中央网信办发布《关于做好个人信息保护利用大数据支撑联防联控工作的通知》；2月10日，上海市发布《关于进一步加快智慧城市建设的若干意见》；2月17日，国务院联防联控机制印发《关于科学防治精准施策分区分级做好新冠肺炎疫情防控工作的指导意见》等一系列文件凸显了智慧城市数字科技支撑对疫情应急管理的关键性和紧迫性。2020年4月14日，民政部联合国家卫健委共同印发了《新冠肺炎疫情社区防控与服务工作精准化精细化指导方案》，要求各地以精细化方案为指导，因地因疫参照执行开展精准防抗服务工作。杭州“城市大脑”数字赋能城市治理，提升城市治理体系和治理能力现代化水平，根据杭州市人大2020年度立法计划，司法局组织起草了《杭州城市大脑数字赋能城市治理促进条例（草案）》。

然而，大数据作为我国智慧城市的阶段性成果，依然有城市将其局限于基础设施硬件建设的传统视野，仅仅将智慧城市作为简单的地方政绩和面子工程去实施。另外，在此次疫情应急治理中也暴露了数据孤岛、精准度低、服务覆盖有限、统筹不协调等诸多问题。因此，实现大数据的真正融合、数据节点的共享联动，以及智能化场景的应用等，对于智慧城市参与治理的数据能力、科技能力和落实能力提出了更高要求。

（三）城市管理现代化治理模式快速演进

“十三五”收官之时，以北京、上海、广州、深圳为代表的一、二线发达城市已逐步构建了现代化治理体系，正在快速提升城市现代化治理能力。随着信息技术的快速普及应用，大数据成为贯穿超大城市治理全过程、衔接各类关系的主要对象，城市社会治理格局逐步由树状塔式结构向网状扁平结构转换，由信息技术迭代催生的“智慧城市”等新型治理模式，正在成为我国全面推广的城市治理范式。

我国传统科层制的城市管理体制，是纵向上呈现自上而下、层次分明的层级体系，横向上具有相互竞争的集权治理模式，政府机构的职权划分层层垂直复制，职能、职责和机构设置上都高度一致和上下对口，部门之间存在利益分配，竞争多于协作。面对大城市高度复杂与关联、快速变动的管理诉求，部门之间的功能碎片化、信息独享性均受到巨大的冲击。我国城市管理方向由维稳型的经验治理转向人本型的社区治理。2019 年全国自上而下开展各级管理机构体制机制改革，积极贯彻 2018 年党和国家机构改革的重大政治决策，坚持总体上与中央和国家机关机构职能基本对应，确保上下贯通、执行有力。城市管理体制改革也经历了“从分散走向集中，从部分走向整体，从破碎走向整合”的机构调整、大部制整合等一系列的整体性探索。因此，除了传统科层制自上而下的管理模式，自下而上的多元主体广泛参与、深度合作的新型城市治理路径也同样重要。

由信息技术迭代催生的“智慧城市”等新型治理模式，正在成为我国全面推广的城市治理范式。然而，尚未成熟的智慧城市技术在应用中过分强调了其独特的技术属性，与传统城市管理模式和相对保守的社会现状无法契合，未能发挥其独特优势，甚至在某些领域与传统管理产生冲突，智慧城市技术管理模式短时间内无法大面积落地。新时代我国城市管理事务日益复杂烦琐，前沿科技手段日新月异，很难在短时间内被政府驾驭。总之，新技术新基建支撑下的智慧城市，实现技术智慧赋能与传统政府治理制度的对接，消除现有城市治理中的病灶，是推进我国城市治理现代化的重要环节之一。

（四）城市管理践行以人为本的基层治理

城市治理要始终坚持以人民为中心的发展思想，就是要抓住人民最关心、最直接、最现实的利益问题，在发展中补齐民生短板，通过健全制度、完善政策，不断提高民生保障和公共服务供给水平，增强人民群众获得感。2020年正值“十三五”收官之年，提升完善现代化城市治理体系，必须坚持以人民为中心的发展思想，从衣食住行到安居乐业，再到社会秩序等方面都体现关乎民生的城市管理水平与服务质量，这是推动城市治理现代化工作的出发点和落脚点。城市治理效能最终要用人民群众满意度来衡量。北京接诉即办工作机制带火了“12345”这条市民服务热线。“有事打12345”，成了首都市民的心声，北京市把群众的操心事、烦心事、揪心事往快里办、往实里办、往深里办的工作“惯性”，补上了服务群众的“最后一米”，群众诉求响应率始终在100%，有效提升了城市治理效能。

2019年5月，中共中央办公厅印发了《关于加强和改进城市基层党的建设工作的意见》，城市工作在党和国家工作全局中举足轻重，是各级党委工作的重要阵地。文件强调，城市基层党组织是党在城市全部工作和战斗力的基础，要把街道社区党组织建设得更加坚强有力，确保社区党组织有资源、有能力为群众服务，增强街道社区党组织政治功能和战斗力。提出增强城市基层党建整体效应，强化市、区、街道、社区党组织四级联动，推进街道社区党建、单位党建、行业党建互联互动，扩大新兴领域党建有效覆盖，广泛应用现代网络信息技术。提升党组织领导基层治理工作水平，健全党组织领导下的社区居民自治机制，领导群团组织和社会组织参与基层治理，做实网格党建，促进精细化治理，建设覆盖广泛、集约高效的党群服务中心。

社区是城市治理的基础，也是基层政权建设的根基。社区是城市提供公共服务资源、协调融合社会关系、应对各类应急风险的重要组织载体。探索实践“多方参与、协商共治”的社区治理经验，坚持人民城市为人民，尊重市民对城市发展过程中的知情权、参与权和监督权，以市民最关心的问题为导向来解决城市政府服务、市政管理、城市文化等关键性问题，提出能够精准化治理城市问题的城市治理综合方略。

四　提高城市管理的治理转型战略路径

改革开放四十多年，我国城市在快速城市化发展进程中迅速崛起，也承载并展现了不同时代区域经济社会发展的各式样态。新时代科技创新和社会经济融合发展，使城市管理的复杂性特征日渐凸显，群众文化素养与生活诉求都发生了前所未有的改变，城市里百姓的民主意识觉醒，对于高质量的城市公共产品和公共服务诉求日益强烈，参与社会共同治理的热情和能力显著增强。然而，尚未成熟的智慧城市技术在应用中过分强调了其独特的技术属性，智慧城市技术管理模式短时间内无法大面积落地。我国全面建设智慧城市、推进城市治理现代化正走在战略转型的路上。

（一）构建城市风险应急治理现代化体系

城市风险治理是一项系统性、基础性、全局性工作。随着我国城市化快速推进，城市规模逐渐扩大，城市风险日益复杂，需要深刻把握城市风险结构特点，摸清城市工作和城市发展各个环节各个领域存在的各种风险，努力提高城市风险治理现代化水平。在顶层设计层面强化防范化解风险意识，纳入城市经济社会发展总体规划，以法治为制度保障，围绕城市功能区和基础设施建设建立健全风险治理制度体系，建立包括突发重大公共卫生事件在内的突发事件监测预警和风险响应机制等在内的风险预测和应急机制，健全基层专业公共卫生机构和基层疾病预防控制机制，按照政府主导、公众参与、专业评估与培训的共建共治共享发展理念，加大对基层风险治理服务体系建设的投入力度，探索建立多元化投入机制。将突发事件管理纳入基层治理体系和基层党组织建设范围，建立健全及时高效的风险监测、研判、评估机制，涵盖突发疫情、警务消防、自然灾害和群体性事件等。

我国新型智慧城市建设将进一步促进区域发展活力与创新力，有效推动新时代智慧城市建设和发展，具体包括智慧城市基础设施、智慧经济发展、智慧社会生活、智慧政府管理和服务四大类。其中，智慧城市基础设施应重点推进光纤、互联网、数字电视等信息网络的应用，实现远程水、电、气、暖抄表计费以及智能交通的全覆盖。城市构成智慧经济的主体，加快提升智能制造、机器人运用、电子商务发展、单位 GDP 能耗下降等方面的产业智慧化和产业创新能力。推进高新科技在社会生活、政府管理和服务等方面的应用，自上而下建设国家级数据平台，各市各地依托国家级平台建设自己的分平台，切实让平台有用、能用，打造智慧社会生活与政府管理和服务。传承城市的历史文脉，打造城市核心文化品牌，重视城市居民的感知和满意度，创建宜居宜业的城市环境，确实让市民生活更加美好与便利。

（二）加快提升智慧城市基础设施建设水平

精细化管理是新时代城市管理最突出的特征。城市管理的科学化、精细化和智能化发展，有待构建数字化治理体系下的集智慧交通、治理、民生等于一体的智慧城市管理体系，通过智慧城市的规划建设与管理，促进搭建政府、社会和民间信息资源共享平台，实现城市管理的全民参与。研究数据显示，目前我国以京津冀、珠三角、长三角等国家级城市群为主的城市－区域，以及中西部城市也在积极推进智慧城市建设。

首都北京海淀、朝阳、通州等多区建设的北京“城市大脑”，以高科技赋能城市管理要素和体制机制，提升北京市精细化城市治理能级，持续开展城市精细化精准化治理，推进北京城市治理能力现代化进程。整合北京城市管理数据资源和城市运行管理数据资源，并入北京智慧城市体系。杭州市也在致力于探索大城市治理数字化，提供杭州城市大脑方案。杭州充分发挥数字经济先发优势，以推进城市大脑建设为重要抓手，努力打造“全国数字治理第一城”，全力提升城市治理现代化水平。目前，杭州已经基本构建了“中枢系统＋部门（区县市）平台＋数字驾驶舱＋应用场景”的城市大脑核心架构，建成 148 个数字驾驶舱、48 个应用场景。

在科层制体系下，城市治理的职能分散在各部门和各级政府中，碎片化的分工体系不利于满足社会的整体性需求以及对随时可能出现的状况采取应急管理，同时居民参与不足，政府与市场界限不清，职能缺位错位越位，人海战术泛滥，低效率、高成本成为现阶段城市管理工作的典型特征。随着智慧化、智能化手段在城市治理领域的广泛应用，现代化治理理念逐渐契合我国城市管理的具体实际，唯此才能逐渐实现城市治理现代化的转变。

一是加快大数据采集技术应用和相关基础设施建设。推动5G、物联网、大数据、人工智能等新一代信息技术的研发和应用，鼓励相关科技企业加大投入，引导未来城市智能交通、智能政务、城市安保、生活设施、社交活动、绿色城市等方方面面发挥基础性作用。加快建设基于城市的大数据平台和新型基础设施，加大城市公共场所数据采集传感器的覆盖率，推动城市全面的数字化，挖掘城市的大数据资源。推进城市道路、交通运输、能源水利、市政、环保等传统基础设施的数字化、网络化、智能化升级，加快智慧交通、智慧社区以及智慧城市建设试点。

二是推动大数据共享流通服务。加快建设城市大数据中心，依靠大数据平台整合各个政府部门数据资源，推动政府数据开放共享和政务大数据应用。鼓励行业内企业或第三方打造面向行业的互联网平台，构建明确的数据共享和利益分配机制，汇集行业大数据发挥数据协同价值。建立针对大数据服务的政府购买制度，提高政府在城市治理中基于经济社会各领域大数据的科学决策水平。

三是完善大数据相关法律法规制度。尽快制定国家层面的数据安全和隐私保护法，依法明确数据的所有权和使用权，依法保护数据安全和隐私，规范个人信息数据的分级使用。各地政府要在法律框架下指导企业规范大数据使用，加强涉及个人隐私的数据保护，提出有偿使用个人信息；建立互联网企业大数据平台与国家政府数据的对接制度，形成“数据公共池”，同时以技术手段保障数据规范安全使用，做到数据使用可追溯。

四是加快推进政府数字化治理能力。强调以智慧城市为重要抓手，加大高新技术在政府治理中的应用，形成全覆盖、网格化的政府现代化治理体系，升级政府治理能力。构建政府治理体系中的数字资源整合平台，推动不同地方、部门、层级间信息的共享互通，以统一的接口、统一的标准规范部门间的数据共享，统筹各地数字资源，解决政府各部门“数据壁垒”问题，构建跨部门的数字化协调体系，提升政府协同治理效率和质量，打造安全、共享、敏捷的政府数字化治理体系。

（三）复兴城市人文精神，重塑区域特色品质

文化是一个国家、一个民族的灵魂，渗透到国家和民族软实力的各个环节。文化自信是更基础、更广泛、更深厚的自信，是更基本、更深沉、更持久的力量。坚定城市特色文化的自信心，是集聚城市群众凝聚力的无形纽带。透视社会通常要依次以技术、制度和文化三个层次切入，任何一种命运都是不同文化属性的产物，不同城市文化塑造了差异的城市性格与气质。中华民族有着深厚文化传统，形成了具有地区特色的文化思想，不同城市的儿女无论生活在哪里，身上都有鲜明的地区文化烙印。因此，城市是我国独特优势传统文化符号的重要载体。

2019 年 11 月 2 日，习近平总书记在视察上海杨浦区滨江公共空间时指出，文化是城市的灵魂。城市历史文化遗存是前人智慧的积淀，是城市内涵、品质、特色的重要标志。要妥善处理好保护和发展的关系，注重延续城市历史文脉，像对待“老人”一样尊重和善待城市中的老建筑，保留城市历史文化记忆，让人们记得住历史、记得住乡愁，坚定文化自信，增强家国情怀。

城市文化是由城市古代文明陈迹，地方民族传统风俗、历史文化，以及价值观、道德观等物质与非物质形态共同整合而成的具有地域标准特色的符号文化。正如卡尔维诺在《看不见的城市》一书中描述的那样，“城市就像一块海绵，吸汲着这些不断涌流的记忆的潮水，并且随之膨胀着……”。

当然，城市文化在汲取中华优秀传统文化的思想精华和道德精髓的同时，也担负着意识形态舆论宣传的重要功能。因此，城市文化应兼顾继承和创新的递进关系，城市化进程中大力弘扬以爱国主义为核心的民族精神和以改革创新为核心的时代精神，深入挖掘和阐发不同城市区域优秀传统文化讲仁爱、重民本、守诚信、崇正义、尚和合、求大同的时代价值，将中华优秀

传统文化的涵养与城市治理现代化融为一体，形成我国社会主义核心价值观的重要源泉。

（四）第三方评估机制推进城市多元共治

习近平总书记指出，城市管理需要构建由全民、社会组织等所有利益相关者共同参与的复杂综合治理体系。为进一步形成公平竞争的发展环境，进一步增强经济社会发展活力，进一步提高政府效率和效能，进一步实现社会公平正义，进一步促进社会和谐稳定，进一步提高党的领导水平和执政能力，党的十八届三中全会、四中全会分别审议通过的《中共中央关于全面深化改革若干重大问题的决定》和《中共中央关于全面推进依法治国若干重大问题的决定》，强调了第三方评估的作用并主张将其纳入法治化的轨道。2014 年 5 月 30 日，国务院总理李克强主持召开国务院常务会议，决定对国务院已出台政策措施的落实情况开展全面督查。这是我国首次在国务院督查中对政策落实情况引入“第三方评估”。中国科学院、国务院发展研究中心、国家行政学院、全国工商联四家单位承担了评估工作，主要围绕简政放权、棚户区改造、精准扶贫、重大水利工程等部分重点政策措施落实情况展开评估。这在推进国家治理现代化，构建城市治理现代化体系，以及提升城市治理能力等方面是一种新探索。

2014 年 10 月 23 日，中国共产党第十八届中央委员会第四次全体会议通过《中共中央关于全面推进依法治国若干重大问题的决定》，明确提出，“对部门间争议较大的重要立法事项，由决策机关引入第三方评估，充分听取各方意见，协调决定，不能久拖不决”，“探索委托第三方起草法律法规草案”。2015 年，民政部颁布《关于探索建立社会组织第三方评估机制的指导意见》，指明了第三方评估的发展方向。2017 年，全国人大常委会通过《关于争议较大的重要立法事项引入第三方评估的工作规范》，表明了借助第三方评估提高立法质量的决定。在相关政策的指引与支撑下，我国第三方评估实践方兴未艾，第三方评估逐渐成为改善政府绩效、促进社会发展的重要工具。十九大报告提出了“实现国家治理体系和治理能力现代化”的战略目标，以及“转变政府职能，深化简政放权，创新监管方式，增强政府公信力和执行力，建设人民满意的服务型政府”的战略要求。

为发挥第三方评估的作用，要坚持共建共治共享，充分调动市民群众、志愿者、新闻媒体等各方参与城市现代化治理建设的积极性，形成更大合力。需要进一步强化依法行政的政治责任感，牢固树立依法行政意识，切实转变思想观念，提高行政执法效能，加强事中事后监管。如北京市针对政府管理体制机制中的孤岛和碎片现象，积极构建双倒金字塔形的精细化管理分层级组织体系，开展了机构大部制整合、“街道吹哨部门报道”合作机制、基层街巷长，以及由社区志愿者组成的小巷管家等一系列多元治理。2020年北京发布《2019年北京市法治政府建设情况报告》，进一步加强法治建设，达成有效的协调与整合，推进市、区、街、镇等各级政府在充分沟通与合作下，创造相互强化的效果，达到“无缝对接”的结果，最终形成整体性政府。

分 报 告

Sub-reports

B.2

中国重点城市社会管理评价报告

胡勇慧　李梦娟*

摘　要： 本报告利用层次分析法和指标加权法对全国36个重点城市进行城市社会管理水平评价和排名，并对评价结果进行了分析。指标体系包括投入与发展、服务与民生、公平与保障等三个板块，涉及社会领域公共投入、社会服务、民生情况、社会公平、社会保障等诸多要素，共14个具体指标。重点城市社会管理水平综合评价结果和年度比较显示，城市的社会管理水平与其经济发展水平不同步，城市的民生服务水平与经济发展水平也不同步。尽管在社会服务和民

* 胡勇慧，北京城市学院副教授，社会学博士，研究方向为社会治理、社会组织；李梦娟，北京城市学院助理研究员，社会工作专业硕士，研究方向为社区治理、社会工作。北京城市学院2019级社会工作专业研究生蔺淑利、施玖玖、狄翡薇为报告的数据查询与采集做出贡献。

生领域的投入在不断增长，但仍不能充分满足城市发展的需要。尽管城乡居民生活水平不断提升，但不同城市之间、城乡之间的发展差距仍然比较大，公共服务供求关系依然紧张，且资源配置不均衡。社会公平问题依然突出，社会救助保障水平需持续提高。总而言之，城市社会管理水平评价结果充分体现了社会投入与发展、社会服务和民生、社会公平与保障不仅发展不充分，在地区间、城乡间还存在发展不平衡问题。必须在发展中持续提高民生服务能力与水平；不断优化结构和深化改革，促进公平与均衡发展；鼓励社会治理创新实践，构建社会治理共同体。不断提升社会治理能力和推进社会治理体系的现代化进程，不断提升社会发展的质量和效益，不断消弭社会发展的不公平和不均衡，为增进人民福祉和促进人的全面发展提供良好的社会基础与保障。

关键词： 重点城市　社会管理水平　评价指标体系

一　城市社会管理水平评价指标体系的构建

（一）城市社会管理水平评价指标体系总体框架

城市社会管理水平评价指标体系包含投入与发展、服务与民生、公平与保障三个二级指标，涉及社会领域公共投入、社会服务、民生情况、社会公平、社会保障、市民满意度等诸多方面，由 14 个三级指标构成。具体指标见表 1。

表 1　城市社会管理水平评价指标体系

一级指标	二级指标	三级指标
社会管理水平（G）	投入与发展（G1）	一般公共服务支出比重（G11）
		卫生、社会保障和社会福利业从业人员比重（G12）
		教育支出比重（G13）
		城乡社区支出比重（G14）
		市民满意度（G15）
	服务与民生（G2）	城镇恩格尔系数（G21）
		农村恩格尔系数（G22）
		城镇人均住房建筑面积（G23）
		每千人医院、卫生院床位数（G24）
		每万人中等职业学校在校学生数（G25）
	公平与保障（G3）	城乡收入比（G31）
		社会保障和就业支出比重（G32）
		城市低保标准增长率（G33）
		每万人社会服务机构床位数（G34）

（二）评价城市和数据来源

本研究选择 36 个重点城市进行城市社会管理水平评价和排名，其中包括 4 个直辖市、27 个省会（首府）和 5 个计划单列市；按照地理区位划分，包括 16 个东部城市、8 个中部城市、12 个西部城市（见表 2）。

表 2　36 个重点城市名称

城市	行政级别	地理区位	城市	行政级别	地理区位
北京	直辖市	东部	济南	省会	东部
上海	直辖市	东部	青岛	计划单列市	东部
天津	直辖市	东部	郑州	省会	中部
重庆	直辖市	西部	武汉	省会	中部
石家庄	省会	东部	长沙	省会	中部
太原	省会	中部	广州	省会	东部
呼和浩特	首府	西部	深圳	计划单列市	东部
沈阳	省会	东部	南宁	首府	西部
大连	计划单列市	东部	海口	省会	东部

续表

城市	行政级别	地理区位	城市	行政级别	地理区位
长春	省会	中部	成都	省会	西部
哈尔滨	省会	中部	贵阳	省会	西部
南京	省会	东部	昆明	省会	西部
杭州	省会	东部	拉萨	首府	西部
宁波	计划单列市	东部	西安	省会	西部
合肥	省会	中部	兰州	省会	西部
福州	省会	东部	西宁	省会	西部
厦门	计划单列市	东部	银川	首府	西部
南昌	省会	中部	乌鲁木齐	首府	西部

根据图书馆所能查找到的纸质资料和网上数据库所能查到的电子资料，原始数据主要来自《中国城市统计年鉴 2018》、《中国城市年鉴 2018》、各城市统计年鉴（2018 年出版）、各省份统计年鉴（2018 年出版）、中国知网年鉴数据库；2016～2017 年低保标准与社会服务机构床位数数据来源于民政部网站；“市民满意度”数据来源于《中国城市基本公共服务力评价（2018）》。

二　重点城市社会管理综合评价结果分析

社会管理指数包括投入与发展、服务与民生、公平与保障三个维度，其中投入与发展下设 5 个具体指标，服务与民生下设 5 个具体指标，公平与保障下设 4 个具体指标，共 14 个指标。经计算分析，得出 36 个重点城市社会管理综合指数的得分及其排序。

（一）社会管理指数得分排序

从整体上看，36 个重点城市社会管理指数平均水平为 41.26 分，有 17 个城市得分高于平均水平；从排名上看，排在前五位的分别是杭州（53.87 分）、北京（53.67 分）、长沙（53.58 分）、太原（52.71 分）、乌鲁木齐

（51.06 分）；排在后五位的分别是西安（33.61 分）、重庆（33.60 分）、兰州（33.22 分）、南昌（29.61 分）、海口（27.29 分）（见图 1）。

36 个重点城市社会管理指数得分比较及排序，请见表 3。

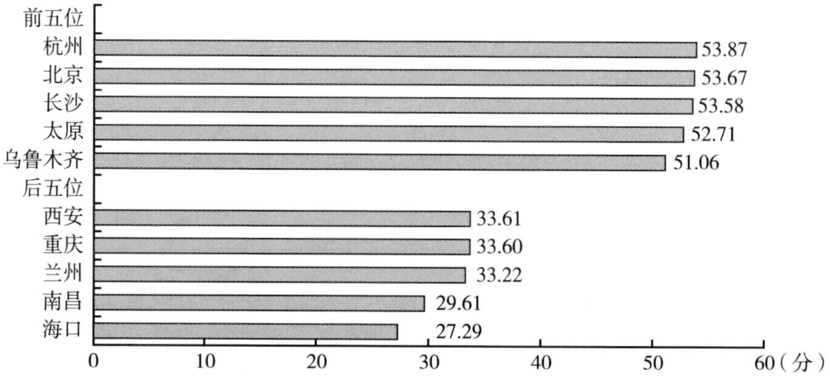

图 1　36 个重点城市社会管理指数得分前后五位排序

表 3　36 个重点城市社会管理指数

排名	城市	社会管理指数得分
1	杭州	53.87
2	北京	53.67
3	长沙	53.58
4	太原	52.71
5	乌鲁木齐	51.06
6	上海	49.11
7	济南	47.80
8	银川	47.70
9	郑州	46.99
10	宁波	46.82
11	石家庄	45.21
12	武汉	44.24
13	呼和浩特	44.08
14	南京	43.62
15	沈阳	42.39

续表

排名	城市	社会管理指数得分
16	昆明	42. 20
17	西宁	41. 68
18	广州	40. 95
19	天津	40. 19
20	大连	40. 16
21	青岛	39. 71
22	贵阳	38. 80
23	成都	38. 22
24	厦门	36. 80
25	拉萨	36. 73
26	深圳	35. 84
27	长春	35. 58
28	南宁	35. 29
29	福州	35. 12
30	哈尔滨	34. 08
31	合肥	33. 92
32	西安	33. 61
33	重庆	33. 60
34	兰州	33. 22
35	南昌	29. 61
36	海口	27. 29
平均得分		41. 26

（二）投入与发展指数得分排序

投入与发展指数由一般公共服务支出占地方公共财政支出比例，卫生、社会保障和社会福利业从业人员比重，教育支出占公共财政支出比例，城乡社区支出占公共财政支出比例以及市民满意度 5 个指标构成。

从整体上看，36 个重点城市社会管理投入与发展指数得分平均水平为 46. 06 分，有 18 个城市高于平均水平；从排名上看，排在前五位的分别是杭州（61. 06 分）、青岛（60. 13 分）、厦门（60. 01 分）、银川（57. 72

分）、西宁（56.42 分）；排名后五位的分别是贵阳（33.97 分）、南昌（33.23 分）、长春（32.40 分）、兰州（32.29 分）、西安（27.82 分）（见图 2）。36 个重点城市投入与发展指数得分比较及排序，请见表 4。

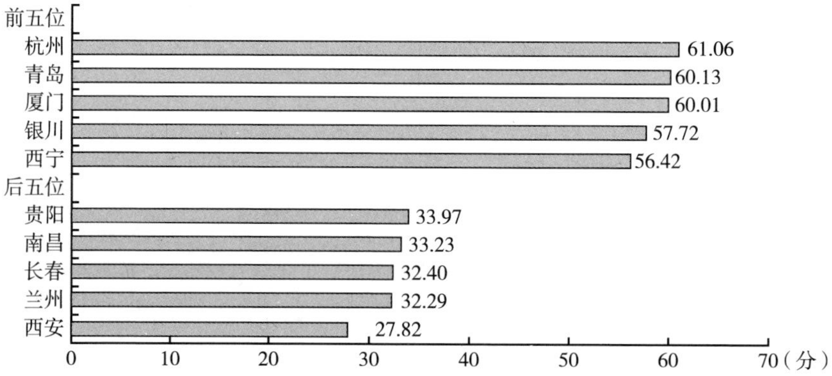

图 2　36 个重点城市社会管理投入与发展指数得分前后五位排序

表 4　36 个重点城市社会管理投入与发展指数

排名	城市	投入与发展指数得分
1	杭州	61.06
2	青岛	60.13
3	厦门	60.01
4	银川	57.72
5	西宁	56.42
6	宁波	55.58
7	乌鲁木齐	55.00
8	福州	54.11
9	天津	53.45
10	拉萨	53.45
11	南宁	51.88
12	上海	51.73
13	重庆	51.39
14	济南	49.50
15	长沙	48.47
16	石家庄	48.42

续表

排名	城市	投入与发展指数得分
17	合肥	48.24
18	广州	47.02
19	郑州	45.76
20	深圳	44.40
21	海口	43.78
22	武汉	43.75
23	太原	43.09
24	北京	42.00
25	成都	40.73
26	沈阳	40.35
27	呼和浩特	39.90
28	南京	39.01
29	昆明	37.67
30	哈尔滨	37.58
31	大连	36.97
32	贵阳	33.97
33	南昌	33.23
34	长春	32.40
35	兰州	32.29
36	西安	27.82
平均得分		46.06

（三）服务与民生指数得分排序

服务与民生指数由城镇恩格尔系数，农村恩格尔系数，城镇人均住房建筑面积，每千人医院、卫生院床位数，以及每万人中等职业学校在校学生数5个指标构成。

36个重点城市服务与民生指数得分平均水平为45.82分，有16个城市高于平均分。从排名上看，排在前五位的分别是太原（80.69分）、郑州（67.90分）、长沙（67.71分）、北京（66.65分）、乌鲁木齐（66.06分）；排在后五位的分别是合肥（29.90分）、海口（27.51分）、福州（26.46

分)、重庆(24.72 分)、拉萨(21.77 分)(见图 3)。36 个重点城市服务与民生指数得分比较及排序,请见表 5。

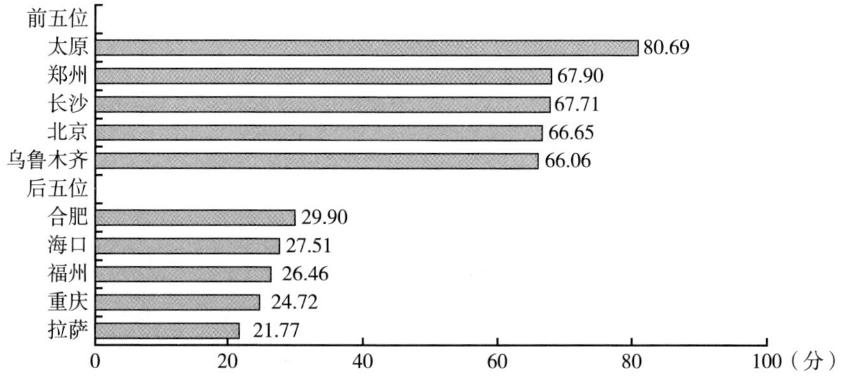

图 3　36 个重点城市服务与民生指数得分前后五位排序

表 5　36 个重点城市服务与民生指数

排名	城市	服务与民生指数得分
1	太原	80.69
2	郑州	67.90
3	长沙	67.71
4	北京	66.65
5	乌鲁木齐	66.06
6	昆明	66.04
7	济南	62.05
8	呼和浩特	56.51
9	杭州	55.54
10	石家庄	55.03
11	南京	52.54
12	贵阳	50.22
13	上海	49.98
14	西宁	48.99
15	银川	48.83
16	长春	47.11
17	广州	45.58
18	西安	45.28

续表

排名	城市	服务与民生指数得分
19	武汉	44.82
20	沈阳	44.61
21	大连	42.80
22	宁波	42.50
23	兰州	41.33
24	青岛	39.40
25	成都	37.44
26	深圳	35.92
27	天津	32.76
28	南昌	31.53
29	南宁	31.29
30	厦门	31.03
31	哈尔滨	30.95
32	合肥	29.90
33	海口	27.51
34	福州	26.46
35	重庆	24.72
36	拉萨	21.77
平均得分		45.82

（四）公平与保障指数得分排序

公平与保障指数包括城乡收入比、社会保障和就业支出占地方公共财政支出比重、城市低保标准增长率和每万人社会服务机构床位数4个指标。

36个重点城市公平与保障指数得分平均水平为31.72分，有15个城市高于平均分。从排名上看，排在前五位的分别是北京（46.58分）、杭州（46.07分）、上海（45.95分）、宁波（45.31分）、武汉（43.91分）；排在后五位的分别是西安（23.51分）、郑州（21.64分）、西宁（20.77分）、昆明（15.79分）、海口（13.92分）（见图4）。36个重点城市公平与保障指数得分比较及排序，请见表6。

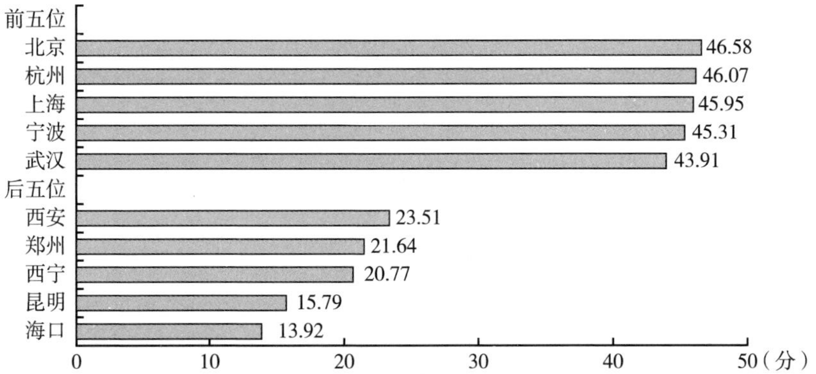

图 4　36 个重点城市公平与保障指数得分前后五位排序

表 6　36 个重点城市公平与保障指数

排名	城市	公平与保障指数得分
1	北京	46.58
2	杭州	46.07
3	上海	45.95
4	宁波	45.31
5	武汉	43.91
6	拉萨	42.31
7	沈阳	41.24
8	长沙	39.85
9	大连	39.38
10	天津	39.05
11	银川	38.33
12	成都	37.21
13	南京	36.04
14	哈尔滨	35.25
15	呼和浩特	31.74
16	福州	30.95
17	重庆	30.66
18	广州	30.31
19	石家庄	30.29
20	乌鲁木齐	29.05
21	深圳	28.94

续表

排名	城市	公平与保障指数得分
22	济南	28.51
23	贵阳	28.25
24	合肥	27.60
25	南宁	27.15
26	厦门	25.62
27	太原	25.11
28	南昌	24.32
29	青岛	23.91
30	兰州	23.76
31	长春	23.61
32	西安	23.51
33	郑州	21.64
34	西宁	20.77
35	昆明	15.79
36	海口	13.92
平均得分		31.72

三　城市分类视域中的社会管理水平对比分析

为了更加深入地分析研究2017年城市社会管理评价指数所反映的问题，按照城市的不同分类标准，对不同区位城市、不同类型城市进行横向对比分析非常有必要。

（一）不同区位城市社会管理评价指数对比分析

按照东、中、西部区位分类标准，将36个重点城市划分为16个东部城市、8个中部城市、12个西部城市，通过对城市社会管理评价指数的计算，2017年东部城市社会管理评价总指数得分最高，得42.41分；中部城市次之，得41.34分；最低的是西部城市，得39.68分（见表7和图5）。

表7　2017年东中西部城市社会管理评价指数比较

城市区位	投入与发展分指数	服务与民生分指数	公平与保障分指数	社会管理评价总指数
东部	49.22	44.40	34.50	42.41
中部	41.56	50.08	30.16	41.34
西部	44.85	44.87	29.04	39.68
36个重点城市平均值	46.06	45.82	31.72	41.26

三类城市比较分析可见，中、东部城市之间差距不大，而西部城市与中东部城市之间差距比较明显，西部城市社会管理评价总指数不仅较36个重点城市平均分低1.58分，而且低于中东部城市平均分。

根据三项分指数逐一进行比较，可以得出如下结论。

第一，投入与发展分指数得分从高到低依次为：东部、西部、中部。

第二，服务与民生分指数得分从高到低依次为：中部、西部、东部。

第三，公平与保障分指数得分从高到低依次为：东部、中部、西部。

三项分指数方面，东部有两项排第一位，东部城市在城市社会管理的投入与发展、公平与保障方面得分最高；中部城市在服务与民生方面得分最高。

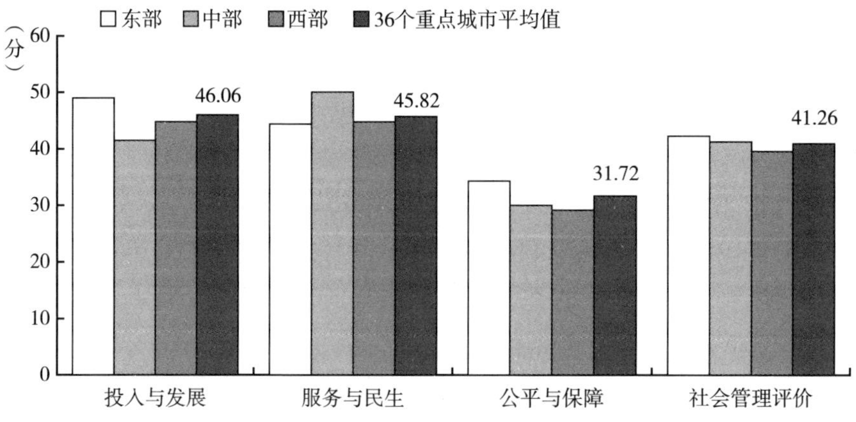

图5　2017年不同区位城市社会管理评价指数分项得分对比

（二）不同类型城市社会管理评价指数对比分析

按照直辖市、计划单列市、省会（首府）三个类型划分，36 个重点城市中有 4 个直辖市、5 个计划单列市和 27 个省会（首府）。按照这一城市类型划分标准，对城市社会管理评价指数的计算可以得出：社会管理评价总指数得分中直辖市得分最高，得44.14 分；其次是省会（首府），得41.09 分；计划单列市得分最低，得 39.86 分（见表 8 和图 6）。

表 8　2017 年不同类型城市社会管理评价指数比较

城市类型	投入与发展分指数	服务与民生分指数	公平与保障分指数	社会管理评价总指数
直辖市(4 个)	49.64	43.53	40.56	44.14
计划单列市(5 个)	51.42	38.33	32.63	39.86
省会(首府)(27 个)	44.54	47.54	30.24	41.09
36 个重点城市平均值	46.06	45.82	31.72	41.26

三类城市比较分析可见，直辖市社会管理评价总指数明显高于其他两类城市，省会（首府）和计划单列市两类城市的社会管理评价总指数平均分全部低于 36 个重点城市平均分；直辖市社会管理评价总指数得分高于省会

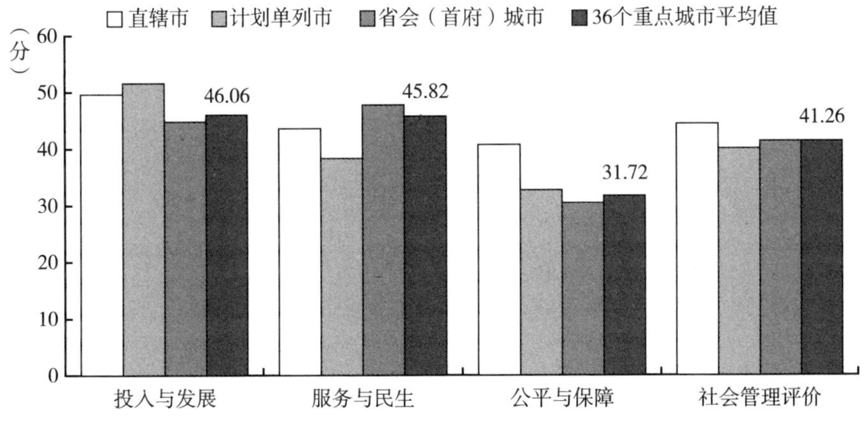

图 6　2017 年不同类型城市社会管理评价指数分项得分对比

（首府）3.05 分，高于计划单列市 4.28 分；而省会（首府）与计划单列市之间相差 1.23 分，差距小于其他两者之间差距。

根据三项分指数逐一进行比较，可以得出如下结论。

第一，投入与发展分指数得分从高到低依次为：计划单列市、直辖市、省会（首府）。

第二，服务与民生分指数得分从高到低依次为：省会（首府）、直辖市、计划单列市（首府）。

第三，公平与保障分指数得分从高到低依次为：直辖市、计划单列市、省会（首府）。

三项分指数方面，计划单列市、省会（首府）、直辖市分别有一项排在第一位，直辖市在公平与保障分指数方面优势非常明显；省会（首府）在服务与民生分指数方面优势较为明显；计划单列市在投入与发展分指数方面优势明显。

（三）四大直辖市社会管理评价指数对比分析

对京、沪、津、渝四大直辖市社会管理评价指数对比分析得出，投入与发展分指数、公平与保障分指数均高于 36 个重点城市平均分，特别是公平与保障分指数得分 40.56 分，远远高于城市平均分 31.72 分，高出 8.84 分；但服务与民生分指数要低于 36 个重点城市平均分，主要原因是重庆市在这一项上分值太低，天津市在这一项上得分较低，从而拉低了直辖市整体平均分。由此可以得出，四大直辖市无论在社会管理总水平上，还是社会管理的投入与发展、公平与保障方面，均优于全国重点城市总水平（见表 9）。

表 9　2017 年四大直辖市社会管理评价指数比较一览

城市	投入与发展分指数	服务与民生分指数	公平与保障分指数	社会管理评价总指数
北京	42.00	66.65	46.58	53.67
天津	53.45	32.76	39.05	49.11

续表

城市	投入与发展分指数	服务与民生分指数	公平与保障分指数	社会管理评价总指数
上海	51.73	49.98	45.95	40.19
重庆	51.39	24.72	30.66	33.60
直辖市平均值	49.64	43.53	40.56	44.14
36个重点城市平均值	46.06	45.82	31.72	41.26

1. 投入与发展分指数

根据四大直辖市投入与发展相关数据绘制雷达图，如图7所示，2017年四大直辖市社会管理投入与发展分指数得49.64分，高于36个重点城市平均分；得分从高到低分别为天津、上海、重庆、北京，北京市投入与发展分指数得分低于城市平均分，其余3个城市投入与发展分指数得分高于城市平均分。

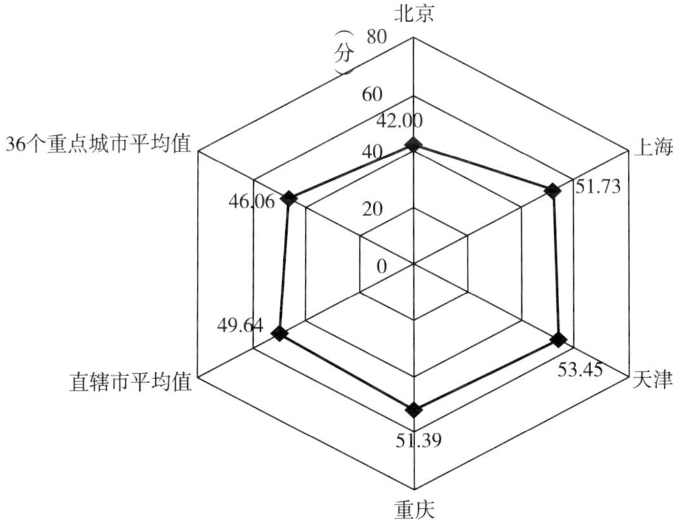

图7　四大直辖市投入与发展分指数得分雷达

2. 服务与民生分指数

根据四大直辖市服务与民生相关数据绘制雷达图，如图8所示，

2017年四大直辖市社会管理服务与民生分指数得43.53分，低于36个重点城市平均分；得分从高到低依次为北京、上海、天津和重庆，北京和上海得分均高于城市平均分，但重庆、天津得分在36个重点城市中分别排倒数第2、第10名，拉低了四大直辖市在这一项上的整体平均分，说明四大直辖市在服务与民生方面发展欠均衡，并没有体现与其城市定位相匹配的示范水平。

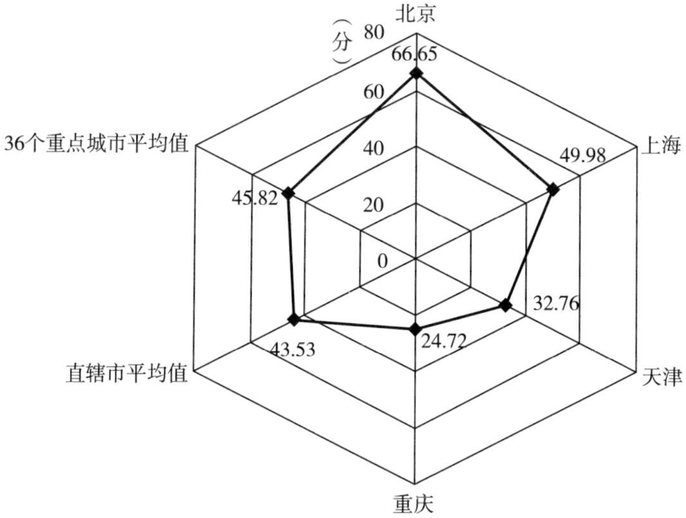

图8　四大直辖市服务与民生分指数得分雷达

3. 公平与保障分指数

根据四大直辖市公平与保障相关数据绘制雷达图，如图9所示，2017年四大直辖市社会管理公平与保障分指数得分40.56分，高出城市平均分达8.84分；四大直辖市中北京、天津、上海得分均高于36个重点城市平均分，北京、上海、天津和重庆的社会管理公平与保障分指数得分在36个重点城市中分别位列第1、3、10、17名，四大直辖市的公平与保障水平整体处于高水平，表明与其他城市相比，四大直辖市更加重视在公平与保障方面的投入与建设。

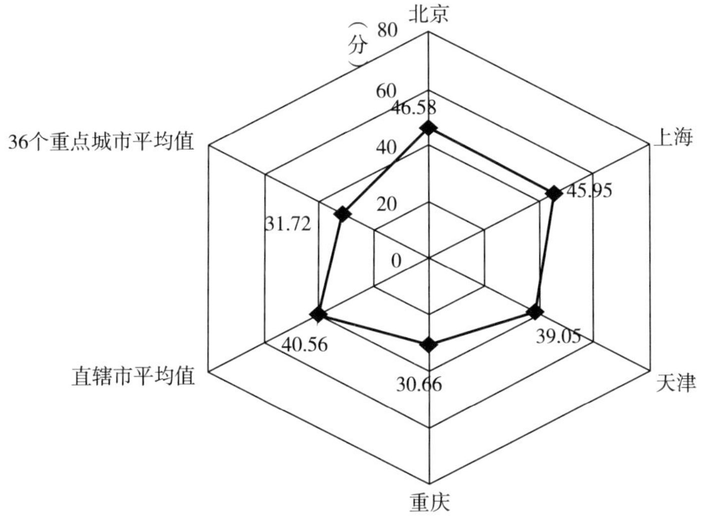

图 9　四大直辖市公平与保障分指数得分雷达

四　重点城市社会管理综合评价年度对比

2016～2017 年 36 个重点城市社会管理指数由投入与发展、服务与民生、公平与保障三个维度中的投入与发展 5 个具体指标、服务与民生 5 个具体指标、公平与保障 4 个具体指标共 14 个指标得出，经过对比分析，得出年度对比情况。

（一）社会管理指数年度对比

从整体上看，36 个重点城市社会管理指数 2016 年平均水平为 44.36 分，2017 年平均水平为 41.26 分，降低了 3.10 分；2016 年有 20 个城市高于平均水平，2017 年降为 17 个城市得分高于平均水平，减少了 3 个城市。

从排名上看，2016 年排在前五位的分别是上海（58.17 分）、长沙（56.57 分）、北京（56.50 分）、太原（55.10 分）、杭州（53.85 分）；2017 年排在前五位的分别是杭州（53.87 分）、北京（53.67 分）、长沙（53.58 分）、太原（52.71分）、乌鲁木齐（51.06分），其中上海得分降为第6名，乌鲁木齐进阶为第5名，杭州、北京、长沙、太原两年都保持在前五位之内。

2016年排在后五位的分别是拉萨（34.24分）、成都（33.14分）、厦门（32.90分）、南昌（31.89分）、南宁（30.86分）；2017年排在后五位的分别是西安（33.61分）、重庆（33.60分）、兰州（33.22分）、南昌（29.61分）、海口（27.29分），后五位的城市变化较大，只有南昌两年都排在后五位，其他四个城市的排位都发生了变化。

36个重点城市的社会管理指数2016～2017年排名变化上升数前五位的分别是厦门（10位）、成都（10位）、乌鲁木齐（9位）、南宁（8位）、贵阳（8位）；下降数前五位的分别是西安（11位）、兰州（9位）、青岛（9位）、广州（8位）、重庆（7位）（见图10、表10）。

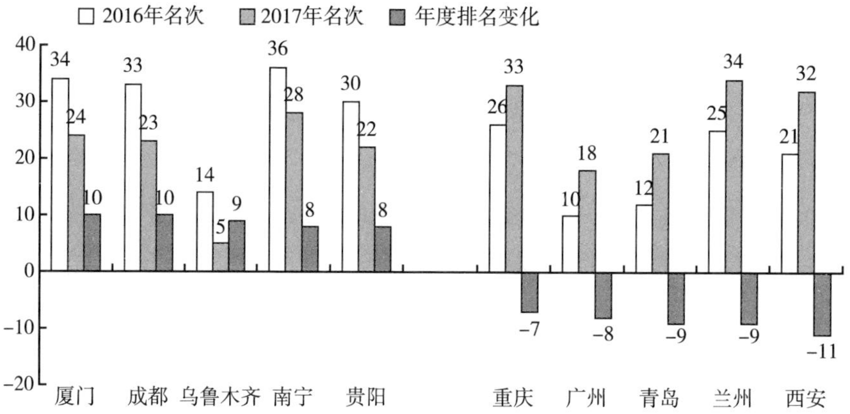

图10　36个重点城市社会管理指数年度对比上升与下降前五位

表10　36个重点城市社会管理指数2016～2017年得分变化

序号	城市	2016年名次	2017年名次	年度变化
1	北京	3	2	1
2	天津	22	19	3
3	石家庄	16	11	5
4	太原	4	4	0
5	呼和浩特	8	13	-5

续表

序号	城市	2016 年名次	2017 年名次	年度变化
6	沈阳	18	15	3
7	大连	19	20	-1
8	长春	23	27	-4
9	哈尔滨	24	30	-6
10	上海	1	6	-5
11	南京	9	14	-5
12	杭州	5	1	4
13	宁波	17	10	7
14	合肥	27	31	-4
15	福州	29	29	0
16	厦门	34	24	10
17	南昌	35	35	0
18	济南	6	7	-1
19	青岛	12	21	-9
20	郑州	7	9	-2
21	武汉	15	12	3
22	长沙	2	3	-1
23	广州	10	18	-8
24	深圳	28	26	2
25	南宁	36	28	8
26	海口	31	36	-5
27	重庆	26	33	-7
28	成都	33	23	10
29	贵阳	30	22	8
30	昆明	20	16	4
31	拉萨	32	25	7
32	西安	21	32	-11
33	兰州	25	34	-9
34	西宁	13	17	-4
35	银川	11	8	3
36	乌鲁木齐	14	5	9
平均分		44.36	41.26	-3.10

（二）投入与发展分指数年度对比

36 个重点城市投入与发展分指数得分 2016 年平均水平为 49.03 分，

2017年平均水平为46.06分，降低了2.97分；2016年有17个城市高于平均水平，2017年有18个城市得分高于平均水平，增加了1个城市。

从排名上看，2016年排在前五位的分别是呼和浩特（74.31分）、青岛（73.83分）、银川（73.61分）、西宁（70.17分）、天津（65.12分）；2017年排在前五位的分别是杭州（61.06分）、青岛（60.13分）、厦门（60.01分）、银川（57.72分）、西宁（56.42分），其中呼和浩特、天津分别下降为第27名、第9名，杭州晋升为第一名，青岛、银川、西宁两年都保持在前五位。

2016年排在后五位的分别是拉萨（35.00分）、昆明（34.62分）、南昌（34.37分）、成都（29.12分）、贵阳（9.35分）；2017年排在后五位的分别是贵阳（33.97分）、南昌（33.23分）、长春（32.40分）、兰州（32.29分）、西安（27.82分），其中南昌、贵阳两年都排在后五位，拉萨、昆明、成都分别晋升为第10名、第29名、第25名。

36个重点城市的投入与发展分指数2016～2017年排名变化上升数前五位的分别是厦门（26位）、拉萨（22位）、杭州（19位）、郑州（11位）、南宁与成都（10位）；下降数前五位的分别是西安（27位）、呼和浩特（26位）、哈尔滨（14位）、南京（13位）、沈阳（9位）（见图11）。36个重点城市投入与发展分指数2016～2017年得分变化，请见表11。

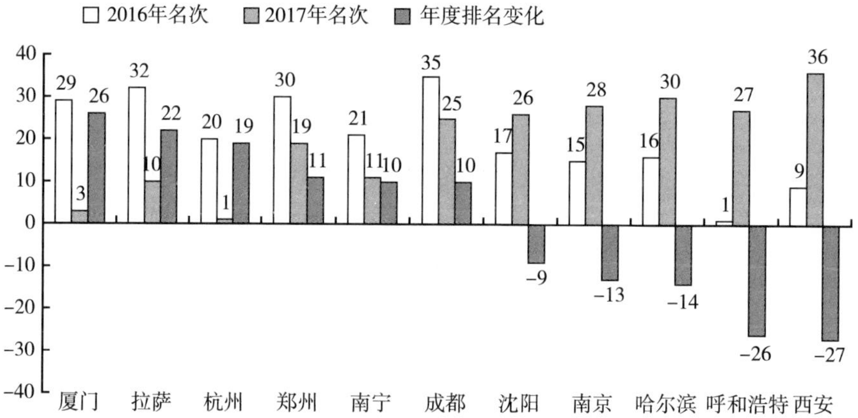

图11　36个重点城市投入与发展分指数年度对比上升与下降前五位

表 11　36 个重点城市投入与发展分指数 2016～2017 年得分变化

序号	城市	2016 年名次	2017 年名次	年度变化
1	北京	22	24	-2
2	天津	5	9	-4
3	石家庄	23	16	7
4	太原	25	23	2
5	呼和浩特	1	27	-26
6	沈阳	17	26	-9
7	大连	26	31	-5
8	长春	31	34	-3
9	哈尔滨	16	30	-14
10	上海	7	12	-5
11	南京	15	28	-13
12	杭州	20	1	19
13	宁波	11	6	5
14	合肥	18	17	1
15	福州	6	8	-2
16	厦门	29	3	26
17	南昌	34	33	1
18	济南	19	14	5
19	青岛	2	2	0
20	郑州	30	19	11
21	武汉	24	22	2
22	长沙	8	15	-7
23	广州	10	18	-8
24	深圳	28	20	8
25	南宁	21	11	10
26	海口	13	21	-8
27	重庆	12	13	-1
28	成都	35	25	10
29	贵阳	36	32	4
30	昆明	33	29	4
31	拉萨	32	10	22
32	西安	9	36	-27
33	兰州	27	35	-8

续表

序号	城市	2016 年名次	2017 年名次	年度变化
34	西宁	4	5	-1
35	银川	3	4	-1
36	乌鲁木齐	14	7	7
平均分		49.03	46.06	-2.97

（三）服务与民生分指数年度对比

36 个重点城市服务与民生分指数得分 2016 年平均水平为 50.60 分，2017 年平均水平为 45.82 分，下降了 4.78 分；2016 年有 19 个城市高于平均水平，2017 年有 16 个城市得分高于平均水平，减少了 3 个城市。

从排名上看，2016 年排在前五位的分别是太原（85.27 分）、长沙（78.77 分）、郑州（76.75 分）、昆明（74.40 分）、北京（69.48 分）；2017 年排在前五位的分别是太原（80.69 分）、郑州（67.90 分）、长沙（67.71 分）、北京（66.65 分）、乌鲁木齐（66.06 分），其中乌鲁木齐由第 7 名上升为第 5 名，只有昆明下降为第 6 名，其余 4 个城市连续两年稳居前五位。

2016 年排在后五位的分别是南昌（33.22 分）、天津（32.17 分）、福州（31.14 分）、重庆（27.23 分）、拉萨（24.88 分）；2017 年排在后五位的分别是合肥（29.90 分）、海口（27.51 分）、福州（26.46 分）、重庆（24.72 分）、拉萨（21.77 分），其中福州、重庆、拉萨连续两年都排在后五位，南昌、天津晋升为第 28 名、第 27 名。

36 个重点城市的服务与民生分指数 2016～2017 年排名变化上升数前五位的分别是广州（6 位）、天津（6 位）、南昌（4 位）、石家庄（3 位）、乌鲁木齐与西宁（2 位）；下降数前五位的分别是海口（5 位）、深圳（5 位）、哈尔滨（4 位）、武汉（4 位）、上海（3 位）（见图 12），整体年度变化趋于稳定。36 个重点城市服务与民生分指数 2016～2017 年得分变化，请见表 12。

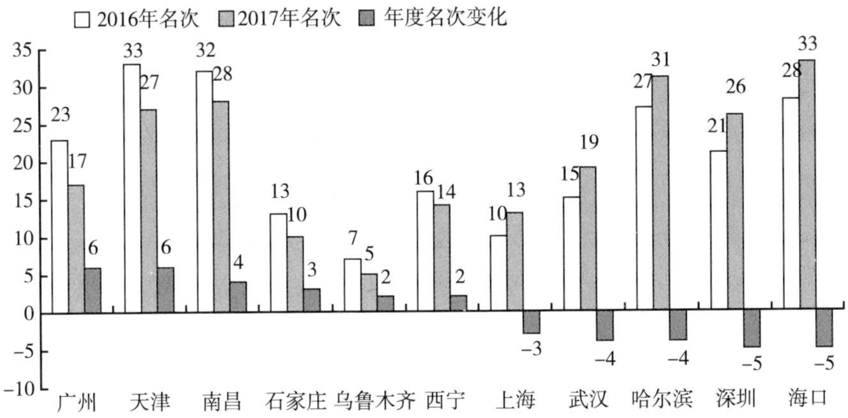

图 12　36 个重点城市服务与民生分指数年度对比上升与下降前五位

表 12　36 个重点城市服务与民生分指数 2016～2017 年得分变化

序号	城市	2016 年名次	2017 年名次	年度变化
1	北京	5	4	1
2	天津	33	27	6
3	石家庄	13	10	3
4	太原	1	1	0
5	呼和浩特	9	8	1
6	沈阳	18	20	-2
7	大连	20	21	-1
8	长春	17	16	1
9	哈尔滨	27	31	-4
10	上海	10	13	-3
11	南京	11	11	0
12	杭州	8	9	-1
13	宁波	22	22	0
14	合肥	31	32	-1
15	福州	34	34	0
16	厦门	29	30	-1
17	南昌	32	28	4
18	济南	6	7	-1
19	青岛	25	24	1
20	郑州	3	2	1

续表

序号	城市	2016 年名次	2017 年名次	年度变化
21	武汉	15	19	-4
22	长沙	2	3	-1
23	广州	23	17	6
24	深圳	21	26	-5
25	南宁	30	29	1
26	海口	28	33	-5
27	重庆	35	35	0
28	成都	26	25	1
29	贵阳	12	12	0
30	昆明	4	6	-2
31	拉萨	36	36	0
32	西安	19	18	1
33	兰州	24	23	1
34	西宁	16	14	2
35	银川	14	15	-1
36	乌鲁木齐	7	5	2
平均分		50.60	45.82	-4.78

（四）公平与保障分指数年度对比

36 个重点城市公平与保障分指数得分 2016 年平均水平为 32.81 分，2017 年平均水平为 31.72 分，下降了 1.09 分；2016 年与 2017 年都有 15 个城市高于平均水平。

从排名上看，2016 年排在前五位的分别是上海（56.79 分）、广州（55.40 分）、杭州（50.10 分）、北京（48.73 分）、拉萨（45.41 分）；2017 年排在前五位的分别是北京（46.58 分）、杭州（46.07 分）、上海（45.95 分）、宁波（45.31 分）、武汉（43.91 分），其中宁波由第 7 名上升为第 4 名，武汉由第 9 名上升为第 5 名，而广州、拉萨分别下降为第 18 名、第 6 名，上海、杭州、北京连续两年稳居前五位。

2016 年排在后五位的分别是福州（20.42 分）、深圳（20.01 分）、海口（19.03 分）、昆明（17.87 分）、南宁（14.75 分）；2017 年排在后五位的分别是西安（23.51分）、郑州（21.64分）、西宁（20.77分）、昆明（15.79分）、海口（13.92分），其中海口、昆明连续两年都排在后五位，福州、深圳、南宁分别晋升为第16名、第21名、第25名。

36个重点城市的公平与保障分指数2016~2017年排名变化上升数前五位的分别是银川（17位）、呼和浩特（16位）、福州（16位）、长沙（15位）、成都（13位）；下降数前五位的分别是广州（16位）、青岛（14位）、长春（14位）、郑州（11位）、兰州（10位）（见图13）。36个重点城市公平与保障分指数2016~2017年得分变化，请见表13。

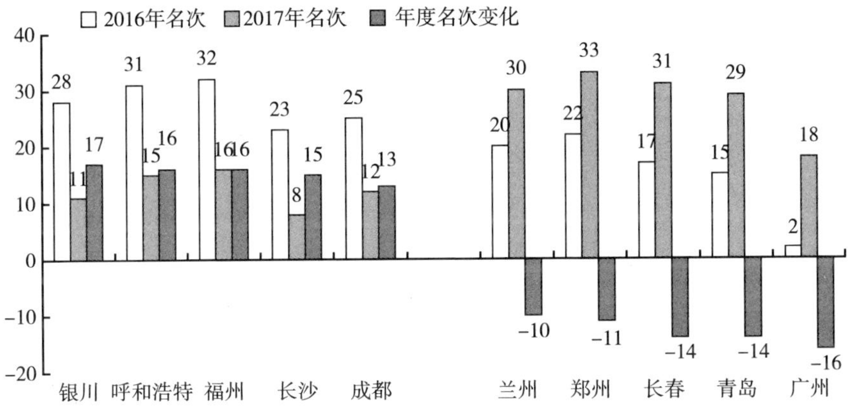

图13　36个重点城市公平与保障分指数年度对比上升与下降前五位

表13　36个重点城市公平与保障分指数2016~2017年得分变化

序号	城市	2016年名次	2017年名次	年度变化
1	北京	4	1	3
2	天津	10	10	0
3	石家庄	14	19	-5
4	太原	26	27	-1
5	呼和浩特	31	15	16
6	沈阳	13	7	6
7	大连	6	9	-3
8	长春	17	31	-14
9	哈尔滨	11	14	-3

续表

序号	城市	2016 年名次	2017 年名次	年度变化
10	上海	1	3	-2
11	南京	8	13	-5
12	杭州	3	2	1
13	宁波	7	4	3
14	合肥	18	24	-6
15	福州	32	16	16
16	厦门	29	26	3
17	南昌	21	28	-7
18	济南	16	22	-6
19	青岛	15	29	-14
20	郑州	22	33	-11
21	武汉	9	5	4
22	长沙	23	8	15
23	广州	2	18	-16
24	深圳	33	21	12
25	南宁	36	25	11
26	海口	34	36	-2
27	重庆	12	17	-5
28	成都	25	12	13
29	贵阳	19	23	-4
30	昆明	35	35	0
31	拉萨	5	6	-1
32	西安	27	32	-5
33	兰州	20	30	-10
34	西宁	30	34	-4
35	银川	28	11	17
36	乌鲁木齐	24	20	4
平均分		32.81	31.72	-1.09

五　重点城市社会管理发展水平分析

（一）城市社会管理和民生服务水平与其经济发展水平不成正比

第一，城市社会管理水平与其经济发展水平不同步。从城市地区生产总值（GDP）与社会管理总指数的两个数据排名对比来看，36个重点城市比较分析结果显示：36个重点城市从高到低综合排名情况，18个城市的社会管理水平名次低于其人均GDP名次。其中，人均GDP最高5个城市中有4个城市社会管理水平名次滞后于经济发展水平名次；人均GDP最高10个城市中有7个城市社会管理水平滞后；人均GDP最高15个城市中有11个城市社会管理水平排名滞后（见表14）。

36个重点城市社会管理水平评价指数最后10位城市，包含了经济较发达的合肥、福州、南昌等城市。36个重点城市中人均GDP第1位的深圳市，其社会管理综合评价指数排第26位，相差25位，相较2016年差距上升2位；人均GDP第10位的合肥市，其社会管理综合评价指数排第31位，相差21位，相较2016年差距下降13位；人均GDP第18位的南昌市，其社会管理综合评价指数排第35位，相差17位，相较2016年差距相同；人均GDP第14位的福州市，其社会管理综合评价指数排第29位，相差15位，相较2016年差距下降3位；人均GDP第4位的广州市，其社会管理综合评价指数排第18位，相差14位，相较2016年差距下降6位。相反的，人均GDP第34位的石家庄市，其社会管理综合评价指数排第11位，相较2016年差距上升5位；人均GDP第30位的银川市，其社会管理综合评价指数排第8位，相较2016年差距上升11位；人均GDP第26位的乌鲁木齐市，其社会管理综合评价指数排第5位，相较2016年差距上升11位。这表明，一方面，城市的社会管理水平与其经济发展水平不相匹配，社会管理与经济管理未实现同步发展；另一方面，一些经济较发达城市的社会管理发展不充分，而一些经济欠发达城市注重社会管理的发展，存在整体发展不平衡的问题。

表14　城市人均GDP水平与社会管理水平比较

城市	人均GDP排名	社会管理水平排名	人均GDP与社会管理水平差距=人均GDP排名-社会管理综合评价指数排名
深圳	1	26	-25
长沙	2	3	-1
宁波	3	10	-7

续表

城市	人均 GDP 排名	社会管理水平排名	人均 GDP 与社会管理水平差距 = 人均 GDP 排名 - 社会管理综合评价指数排名
广州	4	18	-14
杭州	5	1	4
南京	6	14	-8
青岛	7	21	-14
北京	8	2	6
上海	9	6	3
合肥	10	31	-21
武汉	11	12	-1
天津	12	19	-7
大连	13	20	-7
福州	14	29	-15
济南	15	7	8
厦门	16	24	-8
成都	17	23	-6
南昌	18	35	-17
呼和浩特	19	13	6
郑州	20	9	11
昆明	21	16	5
太原	22	4	18
长春	23	27	-4
哈尔滨	24	30	-6
西安	25	32	-7
乌鲁木齐	26	5	21
贵阳	27	22	5
南宁	28	28	0
兰州	29	34	-5
银川	30	8	22
西宁	31	17	14
沈阳	32	15	17
拉萨	33	25	8
石家庄	34	11	23
重庆	35	33	2
海口	36	36	0

第二，民生服务水平与经济发展水平增长也不同步。36 个重点城市中，服务与民生分指数最高分是太原，得分 80.69，最低分是拉萨，得分 21.77，相差 58.92 分，差距较大，相较 2016 年得分差距减少 1.47 分。5 个分指标中，太原有 4 个指标数据都居最好五名之内，郑州、长沙有 3 个指标数据居最好五名之内，北京、济南、昆明有 2 个指标数据居最好五名之内，相较 2016 年长沙、北京增加 1 个指标数据在最好五名之内；相反，长春、深圳、南宁、拉萨有 2 个指标数据居最差五名之内，而海口、福州有 3 个指标数据居最差五名之内，相较 2016 年长沙、北京增加 1 个指标数据在最差五名之内。

（二）社会服务和民生领域投入不断提升，但仍不能满足发展需要

第一，城市教育投入略微提升，但城市教育投入水平与其经济发展地位仍不匹配。2017 年，全国中央和地方教育支出 30153.18 亿元，占全国一般公共预算支出 14.85%①，相较 2016 年下降了 0.1 个百分点。36 个重点城市平均教育支出占地方公共财政支出比例为 15.15%，略高于全国水平，与 2016 年相比，上升了 1.33 个百分点。其中，21 个城市的教育投入高于全国水平；15 个城市的教育投入低于全国水平，其中包括北京、上海、天津、重庆 4 个直辖市，GDP 排名第一的深圳以及教育资源比较丰富的西安。

第二，卫生、社会保障和社会福利投入有所增长，但仍不能满足社会服务和民生需要。截至 2017 年底，全国城镇单位就业人员（年底数）17643.8 万人，其中卫生和社会工作城镇单位从业人员 897.9 万人，占比 5.09%，相较 2016 年上升了 0.24 个百分点。统计结果显示，36 个重点城市中，只有 11 个城市的此类从业人员比例超过全国平均水平，而东部较发达地区城市这一比例几乎都低于或者等于全国水平。从每千人卫生技术人员数据来看，以 4 个直辖市为例，2017 年北京、天津、上海和重庆每千人卫生技术人员数分别为 11.33 人、6.48 人、7.73 人、6.23 人，全国数据为 6.47 人，相较于 2016 年的数据，4 个直辖市的涨幅都大于等于全国数据的

① 2017 年，全国中央和地方财政一般公共预算支出 203085.49 亿元（《中国统计年鉴（2018）》）。

涨幅，尤其是北京市的涨幅最为明显。从城市地区每千人卫生技术人员数据来看，全国城市每千人卫生技术人员为10.87人，而京津沪渝四市城市地区每千人卫生技术人员数分别为17.63、9.50、13.08、7.88，相较于2016年的数据，4个直辖市的涨幅都大于全国数据的涨幅，尤其是重庆市的涨幅最为明显。但是还发现重庆的整体数据与城市地区数据均低于平均水平，天津的城市地区数据低于平均水平。[①] 由此看来，36个重点城市的卫生从业人员，尤其是卫生技术人员虽然有所增长，但是在卫生服务方面的投入仍然不足，尚未满足社会服务与民生需要。

第三，城市社会保障和就业投入有待提高。2017年，根据全国中央和地方财政支出情况，社会保障和就业支出占一般公共预算支出的12.12%，[②] 相较于2016年支出比例上升了0.62个百分点。全国36个重点城市中，有24个城市的社会保障和就业支出低于全国水平，12个城市社会保障和就业支出高于全国水平。其中，深圳最低，社会保障与就业支出仅占一般公共预算支出的5.22%，不足全国水平的1/2，其次是拉萨5.27%、郑州6.25%、厦门7.03%、长沙8.20%，相较于2016年都有较为明显的增长，尤其是深圳增长了超过1倍。东北地区社会保障和就业支出偏高，36个重点城市中沈阳、哈尔滨、大连、长春社会保障和就业支出占比分列第1、第2、第3、第12位，分别为沈阳25.62%、哈尔滨21.15%、大连21.04%、长春12.33%，均高于36个重点城市社会保障与就业支出占比平均12.12%，长春的支出比例比2016年下降了2.15个百分点，其余3个城市都有小幅增加。

（三）居民生活水平不断提升，但不同城市与城乡间差距较大

第一，绝大多数城市居民生活水平持续提升，城乡差距逐渐缩小，但仍然较大。2017年，全国城镇居民人均消费支出24445.0元，其中食品烟酒

---

① 详见《中国统计年鉴（2018）》。

② 2017年，全国中央和地方财政一般公共预算支出203085.49亿元，其中社会保障和就业支出24611.68亿元（《中国统计年鉴（2018）》）。

支出7001.0元，城市恩格尔系数（食品烟酒消费支出占比）为28.6%，相较于2016年下降了0.7个百分点；全国农村居民人均消费支出10954.5元，其中食品烟酒支出3415.4元，农村恩格尔系数为31.2%，相较于2016年下降了1个百分点。[①] 城乡恩格尔系数差为2.6个百分点，相较于2016年的差距缩减了0.3个百分点。36个重点城市的城镇居民恩格尔系数平均为28.83%，相较于2016年下降了0.64个百分点；农村居民恩格尔系数平均为31.1%，相较于2016年下降了0.8个百分点。以恩格尔系数来反映居民生活水平，16个城市城镇恩格尔系数低于全国平均值，接近半数城市的城镇居民生活水平高于全国平均水平；19个城市的农村恩格尔系数高于全国水平，17个城市的农村恩格尔系数低于全国水平，相较于2016年高于全国水平的城市减少了3个。其中，拉萨、南宁、海口、成都、福州、广州、哈尔滨、重庆、合肥、厦门、南昌、兰州、武汉、沈阳14个城市，其城镇、农村恩格尔系数均高于全国平均值，反映居民生活水平都低于全国水平，拉萨市城镇居民生活水平最差，恩格尔系数为36.44%，但相较于2016年下降了1.48个百分点，居民生活水平有明显改善；海口市农村居民生活水平最差，恩格尔系数为41.6%，相较于2016年上升了0.13个百分点。虽然如此，按照联合国粮农组织标准来衡量生活水平，36个重点城市的城镇居民全部达到了富裕和最富裕生活水平；36个重点城市的农村居民除海口处于小康水平之外，其余35个城市均达到了富裕和最富裕水平；与上一年度相比，拉萨的农村居民从小康步入了富裕生活水平序列。[②]

第二，城镇居民住房环境缓慢提升，城市间差距仍较明显。2017年全国城镇居民人均住房建筑面积为36.9平方米，相较于2016年增加了0.3平方米；农村居民人均住房建筑面积为46.7平方米，相较于2016年增加了

① 数据来源于《中国统计年鉴（2018）》。

② 根据联合国粮农组织提出的标准，恩格尔系数在59%以上为贫困，50%～59%为温饱，40%～50%为小康，30%～40%为富裕，低于30%为最富裕。

0.9 平方米。[①] 按照国际标准来看，我国城镇居民人均居住面积达到中等收入国家水平，而农村居民人均居住面积达到高等收入国家水平。[②] 36 个重点城市的统计结果显示，2017 年重点城市中城镇居民（市辖区）住房建筑面积平均为 36 平方米，已经达到了中等收入国家水平，相较于 2016 年增加了 1.4 平方米，但是仍然低于全国平均水平。另外，重点城市之间在城镇居民人均住房面积上差距较大，深圳的城镇居民人均住房建筑面积最少，是 19.70 平方米，而广州的城镇居民人均住房建筑面积最多，是 49.86 平方米，两者之间的差距多至 30.16 平方米；此外，济南、长沙、昆明、成都、宁波、福州和太原的城镇居民人均住房建筑面积分别为 47.80、45.50、43.96、43.45、43.26、42.30、40.00 平方米，均是深圳的两倍之多。

（四）公共服务供求依然紧张，且城市间资源配置不均衡

第一，重点城市医疗卫生服务供求紧张程度不降反升，城市间资源配置不均衡。2017 年，全国每千人医疗卫生机构床位数为 5.72 张，相较于 2016 年增长了 0.35 张；其中城市地区每千人医疗卫生机构床位数为 8.75 张，农村地区为 4.19 张，相较于 2016 年分别增长 0.34 张和 0.28 张。[③] 36 个重点城市，包含直辖市、计划单列市和省会（首府），公共服务中医疗卫生保障水平本应更高，但是统计结果显示，重点城市每千人（户籍人口）拥有医

---

① 国家统计局官网 2018 年 8 月 27 日发布的《波澜壮阔四十载　民族复兴展新篇——改革开放 40 年经济社会发展成就系列报告之一》提到，2017 年城镇居民、农村居民人均住房建筑面积分别比 1978 年增加 30.2 平方米、38.6 平方米。2019 年 7 月 31 日发布的《建筑业持续快速发展　城乡面貌显著改善——新中国成立 70 周年经济社会发展成就系列报告之十》提到，2018 年城镇居民人均住房建筑面积为 39 平方米，比 1978 年增加 32.3 平方米；农村居民人均住房建筑面积为 47.3 平方米，比 1978 年增加 39.2 平方米。由此可得，2017 年，中国城镇居民、农村居民人均住房建筑面积分别为 36.9 平方米和 46.7 平方米。

② 根据联合国国际统计资料，关于住房水平的一般国际经验是：中等收入国家的人均居住面积约为 20 平方米，中高收入国家在 29 平方米左右，高收入国家约为 31 平方米，仅有少数最发达国家在 40 平方米以上。经验表明，当居民收入达到一定水平后，对住房面积的需求不再会有明显的提升。如按照 1∶0.75 的折算率，中、中高、高等收入国家人均住房建筑面积约为 26.67 平方米、38.67 平方米、41.33 平方米。

③ 资料来源于《中国统计年鉴（2018）》。

院、卫生院床位数平均值为7.46张，仍低于全国城市地区的床位数平均值，而且相较于2016年反而减少了0.06张；其中，仍有南昌、石家庄、南宁、重庆、福州5个城市的每千人床位数低于全国总体水平，相较于2016年增加了南昌1个城市，医疗卫生的基础设施供给不足。此外，医疗卫生资源配置在城市之间分配不均衡，每千人拥有医疗机构床位数最少的城市是福州，仅为4.35张，而每千人拥有医疗机构床位数最多的城市是乌鲁木齐，为12.32张，两者之间的差距是7.97张，甚至高于重点城市的平均值。

第二，经济发达城市中等职业教育发展不足。2017年，36个重点城市每万人中等职业学校在校生平均数为175.74人，24个城市低于平均数，12个城市高于平均数。每万人中等职业学校在校生最多的五个城市分别是海口、南宁、郑州、太原、贵阳，分别为445.37、428.85、359.44、324.65、317.36人；最少的五个城市分别是长春、北京、南京、上海、深圳，每万人中等职业学校在校生分别为62.53、67.90、68.68、72.93、90.19人，与2016年相比城市间配置持续不均衡；此外，相较于中西部城市，东部发达地区城市的中等职业教育虽然整体规模较大，但是人均供给不足，最少的五个城市中有4个为东部发达地区城市。

（五）社会公平问题依然突出，社会救助保障水平需继续提高

第一，城市社会公平问题依然突出。城市社会公平水平以城乡居民收入比这一指标来反映。数据统计结果显示，作为逆指标，除深圳市之外的35个重点城市，城乡居民收入差距较小的五个城市分别是长沙、宁波、郑州、杭州和天津，相应的城乡收入比（农村居民人均支配收入=1）分别为1.72、1.80、1.80、1.85、1.85；而城乡收入差距较大的五个城市分别是昆明（2.90）、兰州（2.86）、西宁（2.85）、济南（2.81）、呼和浩特（2.77），而这五个城市的城乡居民收入比均高于年度全国城乡居民收入比约2.71，[①]

① 《中国统计年鉴（2018）》显示，城镇居民人均可支配收入36396.2元，农村居民人均可支配收入13432.4元，城乡收入比36396.2/13432.4≈2.71。

与2016年城乡收入比相比，只有昆明略微变小，其余则有所增长或保持不变，反映了重点城市内部城乡之间社会公平问题依然存在，而且比较突出。

第二，城市社会救助保障仍需继续完善。以城市低保标准的年度增长为依据，2017年全国城市低保平均标准为540.6元/月，比上年增长9.3%。[①]从绝对值来看，36个重点城市中有30个的低保标准均高于全国平均水平，经济发达、社会平均工资较高城市的低保平均标准相应也较高，上海、广州、深圳、北京、天津的低保标准分别为970元/月、900元/月、900元/月、900元/月、860元/月；而经济欠发达、社会平均工资较低的中西部地区城市的低保平均标准较低一些，其中乌鲁木齐、西宁、重庆、海口、南昌、长沙6个城市的低保标准低于全国城市低保平均标准，相较于2016年减少了1个城市低于全国城市低保平均标准。从城市低保标准的增长情况来看，17个城市低保标准年度增长率低于9.3%的全国平均增长率，相较于2016年有9个城市增长率由低于全国平均增长率变为高于全国平均增长率；其中3个城市增长率不足全国平均水平1/2，相较于2016年减少了11个城市，城市社会保障水平得到有效提升。此外，2017年全国城镇非私营单位就业人员平均工资年度增长10%，36个城市中19个低保标准增长率低于这个数字，且17个城市低保标准年度增长率低于全国平均增长率，城市社会救助保障仍需继续完善。

六　重点城市社会管理水平提升的建议

重点城市社会管理水平的跟踪综合评价结果显示，城市的社会管理水平与其经济发展水平不同步，城市的民生服务水平与经济发展水平也不同步。尽管城市在社会服务和民生领域的投入在不断增长，但仍不能充分满足城市发展的需要。随着经济发展，城乡居民生活水平不断提升，但不同城市之间、城乡之间的发展差距仍然比较大，公共服务供求关系依然紧张，并且资

① 截至2017年底，全国有城市低保对象741.5万户1261.0万人。全年各级财政共支出城市低保资金640.5亿元。2017年全国城市低保平均标准为540.6元/月，比上年增长9.3%（《2017年社会服务发展统计公报》）。

源配置不均衡。经济发展中的社会公平问题依然突出，社会救助保障水平需继续提高。总而言之，城市社会管理水平评价结果充分显示，社会投入与发展、社会服务和民生、社会公平与保障不仅存在发展水平的不充分，而且存在不同区域、不同类型的城市之间和城乡之间发展水平的不平衡，当前我国社会的主要矛盾已经转变为“人民日益增长的美好生活需要和不平衡不充分的发展之间的矛盾”，这些发展不平衡不充分已经成为满足人民日益增长的美好生活需要的主要制约因素。因此，必须不断提升社会治理能力和推进社会治理体系的现代化进程，不断提升社会发展的质量和效益，不断消弭社会发展的不公平和不均衡，为增进人民福祉和促进人的全面发展提供良好的社会基础和保障。

（一）在发展中持续提高民生服务能力与水平

发展是党执政兴国的第一要务，而增进人民福祉、促进人的全面发展是我们党立党为公、执政为民的本质要求。保持适度的经济速度和规模，既是实现更高质量发展的根本要求，也是解决民生问题的根本保障。而保持经济增长速度、推动经济发展，根本还是要解决好人民群众普遍关心的突出问题。

要在经济增长的同时增加社会和民生领域投入，提升民生保障、公共服务和社会管理水平。围绕幼有所育、学有所教、劳有所得、病有所医、老有所养、住有所居、弱有所扶等人民群众的民生和发展需求，健全和完善基本公共服务体系，坚持和完善统筹城乡民生保障制度，使改革发展和经济建设成果能够更广泛、更公平地惠及全体人民。持续加强教育、医疗卫生、社会保障、劳动就业、社区建设、住房保障等资金投入，提升基本公共服务供给能力。以满足人民群众需求为依据，推进公共服务领域供给侧结构性改革，进一步优化投入结构，拓展资金来源，鼓励民间资本进入医疗、教育、养老、文化、体育等社会领域，开展深入研究和创新实践，不断释放社会领域的活力与创造力。

（二）不断优化结构和深化改革，促进公平与均衡发展

美好社会是以良好社会结构为保障的。我国已经迈进中等收入国家水

平，绝大多数重点城市的居民生活水平已经达到国际富裕水平，住房水平已经达到中等收入国家水平，但是居民生活水平、社会保障水平、公共服务资源配置等在城乡之间、地区间发展存在不均衡情况。需要下大力气补齐短板，推动经济与社会、地区间、城乡间、群体间的统筹配置和协调发展，补齐区域性或群体性欠账，解决好发展不平衡不充分的问题。

持续加强社会保障体系建设，加紧推动基本公共服务均等化，弥补社会收入分配差距所产生的“不公平”问题。完善教育体系，推动教育公平，提高教育质量，优化教育结构，加强职业培训。稳定和扩大就业，提升就业质量，提供全方位就业公共服务，防范就业不充分引发的社会风险。

（三）鼓励社会治理创新实践，构建社会治理共同体

社会治理是国家治理的重要方面。十九届四中全会提出，要坚持和完善共建共治共享的社会治理制度，保持社会稳定，维护国家安全。“必须加强和创新社会治理，完善党委领导、政府负责、民主协商、社会协同、公众参与、法治保障、科技支撑的社会治理体系，建设人人有责、人人尽责、人人享有的社会治理共同体，确保人民安居乐业、社会安定有序，建设更高水平的平安中国。”

要努力提高社会治理的社会化、法治化、智能化和专业化水平，鼓励基层社会治理创新实践，提升社会治理水平和质量。坚持社会治理和社区治理中的党委领导和党建引领，在政府负责的同时，充分调动多元主体的积极参与，发挥基层群众自治、企事业单位以及社会组织的主动性和创造力，进一步推动“政府－市场－社会”协同发展、社会主体多元参与的协商治理机制，不断调动发挥社会力量的作用，培育和规范社会组织的发展，提高人民群众自我管理、自我服务的能力。要加强社会领域相关法治化建设，以法治化建设作为社会治理的保障，为社会治理提供规范性和合法性支撑。要运用大数据、人工智能等技术，提高社会治理的智能化水平，运用互联网和信息技术手段为社会治理提供科技支撑。

B.3

中国重点城市经济管理评价报告

胡雅芬*

摘　要： 城市经济管理水平，是城市政府引领、促进本辖区经济实现良性、健康发展的能力体现，也是城市政府制定经济政策，并持续有效执行其政策的能力体现。本报告构建了包括经济发展水平、经济调节水平、市场监管水平和基础财力水平四个维度的城市经济管理水平评价指标体系。对36个重点城市经济管理水平进行了综合评价与排名，结果显示，“北上深广”位居前四位，拉萨、银川等经济发展水平较低的城市排名垫底，城市的经济管理水平与其经济发达程度基本契合。最后，报告提出要从加快转变城市政府经济发展理念，切实履行经济调节职能，强化市场监管中政府的责任担当，缩小区域财力差异，合理分配财政资源等方面提高城市经济管理水平。

关键词： 城市管理　经济管理　综合评价

一　城市经济管理水平评价指标体系的构建

（一）城市经济管理水平评价指标体系框架

城市经济管理水平评价指标体系涵盖经济发展水平、经济调节水平、

* 胡雅芬，北京城市学院副教授，管理学博士，研究方向为城市经济、城市管理。

市场监管水平和基础财力水平 4 个二级指标，下设人均地区生产总值、城镇居民人均可支配收入、居民消费价格弹性系数、私营个体从业人员增长率、公共财政收入增长率等 14 个三级指标，指标的选取遵循指标内容完整性、逻辑结构合理性、指标测度科学可操作性和权重设立合理性等原则，具体见表 1。

表 1　城市经济管理水平评价指标体系

一级指标	二级指标	三级指标	单位
城市经济管理水平(J)	经济发展水平(J1)	人均地区生产总值(J11)	元
		城镇居民人均可支配收入(J12)	元
		实际就业率(J13)	%
		第三产业占 GDP 的比重(J14)	%
	经济调节水平(J2)	经济增长波动系数(J21)	%
		居民消费价格弹性系数(J22)	%
		城镇登记失业率浮动系数(J23)	%
		全社会固定资产投资效果系数(J24)	%
	市场监管水平(J3)	私营个体从业人员增长率(J31)	%
		人均金融机构本外币存款余额(J32)	元
		社会消费品零售额增长率(J33)	%
	基础财力水平(J4)	财力规模(J41)	%
		公共财政收入增长率(J42)	%
		财政赤字率(J43)	%

（二）数据来源与评价城市的选择

1. 数据来源

数据收集时，本研究根据建立的指标体系特点，主要参考了《中国城市统计年鉴（2017）》、《中国城市统计年鉴（2018）》、《中国省市经济发展年鉴（2017）》、《中国省市经济发展年鉴（2018）》和各城市统计年鉴及国民经济统计公报（2017 ~ 2018）等（见表 2）。个别城市的某些数据缺失，采用类似数据或相邻年份数据进行估计。各指标的统计数据、样本统计口径基本一致，数据具有较高可信度。

表 2　数据来源参考

分类	涉及相关资料
国家	《中国城市统计年鉴》《中国省市经济统计年鉴》《中国统计年鉴》《中国区域经济统计年鉴》《中国经济年鉴》等
省份	各省份统计年鉴、各省份国民经济发展统计公报、各省份经济年鉴、各省份经济发展报告、各省级政府网站发布的信息等
市	各市统计年鉴、各市国民经济发展统计公报、各省份经济社会发展报告等

2. 评价城市的选择

考虑到数据的可获得性和评价标准的相对统一和完整，本研究选择了 36 个全国重点城市进行城市经济管理水平分析与评价，其中包括 4 个直辖市、27 个省会（首府）和 5 个计划单列市，详见表 3。

表 3　36 个重点城市分布

4 个直辖市	北京、上海、天津、重庆
27 个省会(首府)	杭州、南京、广州、长沙、武汉、乌鲁木齐、郑州、呼和浩特、合肥、福州、太原、济南、贵阳、南昌、西安、成都、兰州、拉萨、石家庄、沈阳、长春、银川、海口、南宁、哈尔滨、昆明、西宁
5 个计划单列市	大连、宁波、厦门、青岛、深圳

二　重点城市经济管理评价结果

（一）经济发展水平排名

36 个重点城市经济发展水平得分与排名情况见表 4 和图 1。

表4　36个重点城市经济发展水平得分与排名情况

城市	排名	分值
深圳	1	82.729
北京	2	79.843
杭州	3	75.287
广州	4	73.787
上海	5	73.443
宁波	6	68.024
南京	7	68.015
长沙	8	66.252
青岛	9	57.473
厦门	10	52.896
济南	11	51.528
福州	12	46.337
呼和浩特	13	43.440
武汉	14	43.124
大连	15	42.880
天津	16	42.158
成都	17	38.617
昆明	18	35.917
郑州	19	34.782
合肥	20	33.523
南昌	21	32.785
乌鲁木齐	22	32.055
哈尔滨	23	29.873
兰州	24	28.620
沈阳	25	28.417
太原	26	27.963
海口	27	27.442
贵阳	28	26.655
西安	29	26.630
重庆	30	24.620
南宁	31	23.324
银川	32	22.784
西宁	33	22.270
拉萨	34	21.028
石家庄	35	18.570
长春	36	16.121
平均分		42.20

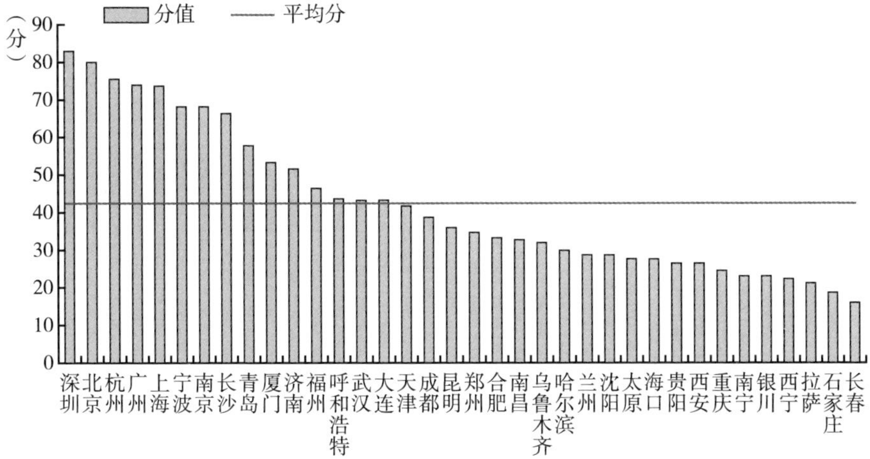

图1　36个重点城市经济发展水平分值与平均分值

从表4和图1可以看出，36个重点城市经济发展水平位居前10位的分别是深圳、北京、杭州、广州、上海、宁波、南京、长沙、青岛和厦门，得分分别是82.729、79.843、75.287、73.787、73.443、68.024、68.015、66.252、57.473和52.896分，36个重点城市平均得分为42.200分。其中除长沙之外，其余9个城市均为京津冀、长三角和珠三角等东部经济发达区域城市。作为中部地区城市代表，长沙既不在沿海地区也不是副省级城市，甚至不位于内河黄金航道长江的沿岸，但在中部崛起的十年中，长沙成了国家战略风口下的受益者，进入了全国视野中的发展快车道。2017年，长沙全市地区生产总值突破万亿元，达10535.51亿元，比上年增长9.0%，堪称中国主要城市中GDP增长最快的地区。长沙经济发展水平的领先得益于重工业、媒体行业以及文化教育产业、移动互联网产业、高科技领域取得的快速发展，在全国都有很大的影响力。尤其是长沙的服务业，特别是在互联网网游和娱乐两个板块拔得头筹，可以说长沙所在的湖南在传媒娱乐领域开创了传统媒体的先河，引领了一波又一波的娱乐风潮，也打造了符合自己的节目定位。

（二）经济调节水平排名

36 个重点城市经济调节水平得分与排名情况见表 5 和图 2。

表 5　36 个重点城市经济调节水平得分与排名情况

城市	排名	分值
贵阳	1	91. 337
昆明	2	90. 010
北京	3	85. 677
厦门	4	82. 311
深圳	5	81. 691
杭州	6	80. 144
福州	7	79. 035
南京	8	78. 631
青岛	9	77. 573
上海	10	77. 387
宁波	11	77. 351
哈尔滨	12	76. 816
石家庄	13	76. 758
西安	14	76. 734
沈阳	15	76. 489
南宁	16	76. 276
长沙	17	75. 487
成都	18	74. 915
合肥	19	74. 894
武汉	20	74. 878
济南	21	74. 283
广州	22	74. 057
重庆	23	73. 917
呼和浩特	24	73. 554
长春	25	73. 123
南昌	26	72. 975
银川	27	72. 655
天津	28	71. 057
西宁	29	70. 271
兰州	30	70. 125
太原	31	69. 905
乌鲁木齐	32	69. 378

续表

城市	排名	分值
郑州	33	59.934
大连	34	55.140
海口	35	48.906
拉萨	36	47.662
平均得分		73.93

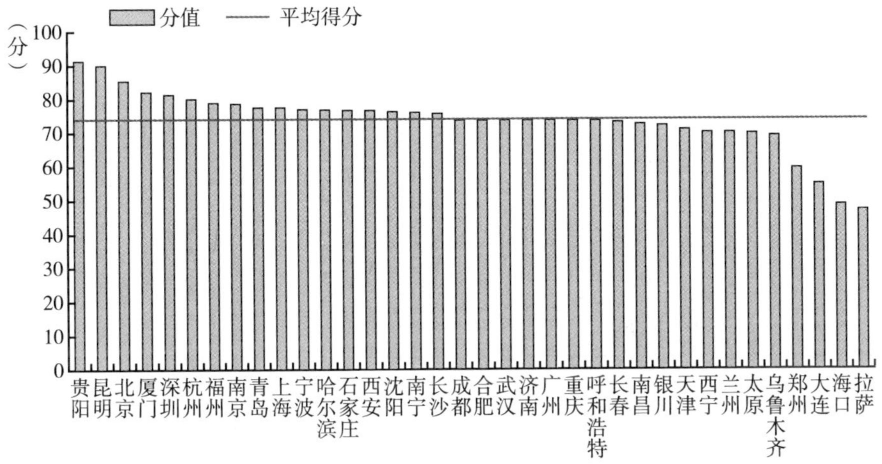

图 2　36 个重点城市经济调节水平分值与平均分值

从表 5 和图 2 可以看出，36 个重点城市经济调节水平平均得分为 73.93 分，其中，位居前 10 位的城市分别是贵阳、昆明、北京、厦门、深圳、杭州、福州、南京、青岛和上海，得分分别是 91.337、90.010、85.677、82.311、81.691、80.144、79.035、78.631、77.573 和 77.387 分。其中最为引人注目的是两个西部城市，贵阳和昆明。2017 年贵阳市实现地区生产总值 3537.96 亿元，同比增长 11.3%，位居全国省会（首府）第一，经济总量持续增大，全面小康指数在全国 294 个地级城市中位列第 49 名。近年来，在国家政策扶持及精准的决策之下，贵阳在旅游、交通建设以及大数据产业等方面都具有重大发展，其中大数据产业是贵阳重要的经济支柱，先后获批“国家大数据综合试验区”“国家生态文明试验区”“内陆开放试验区”，贵安新区也升级为国家级新区。2017 年，贵阳市以大数据为代表的新动能对经济增长的贡献率为 33%，大数据与实体经济融合指数达 45.3%，居全省第一。梳理昆明的数据不难发现，其高分值主要得益于 GDP 的高增速和居民消费价格指数的稳定。2017 年，昆明 GDP 增速保持在 9% 以上，增速仅次于贵阳，跃居全国省会（首府）第二位。此外，昆明市居民消费价格指数总水平虽然有所波动，但是呈现逐年回落的态势，居民消费价格指数由 2012 年上涨 3.1% 逐步回落到 2017 年上涨 0.5%，在 36 个重点城市中上涨幅度最小。党的十八大以来，昆明市采取各项“稳物价、惠民生”等积极措施，有效缓解了昆明市物价上行压力，物价管理调控体系已经基本建立。

（三）市场监管水平排名

36 个重点城市市场监管水平得分与排名情况见表 6 和图 3。

表 6　36 个重点城市市场监管水平得分与排名情况

城市	排名	分值
南昌	1	60.939
宁波	2	58.438
深圳	3	54.928
大连	4	50.014
西安	5	49.859
青岛	6	47.621
贵阳	7	46.580
海口	8	42.075
厦门	9	40.930
拉萨	10	39.978
上海	11	39.247
杭州	12	38.584
北京	13	38.168
南京	14	37.583
合肥	15	36.378
长沙	16	36.288
福州	17	35.375
南宁	18	35.094

续表

城市	排名	分值
济南	19	34.299
郑州	20	33.711
广州	21	32.081
重庆	22	30.426
昆明	23	29.364
武汉	24	28.893
成都	25	27.997
银川	26	27.563
乌鲁木齐	27	26.932
兰州	28	25.196
哈尔滨	29	24.997
长春	30	23.247
太原	31	23.247
西宁	32	21.371
天津	33	15.798
呼和浩特	34	13.415
沈阳	35	9.605
石家庄	36	6.368
平均得分		33.96

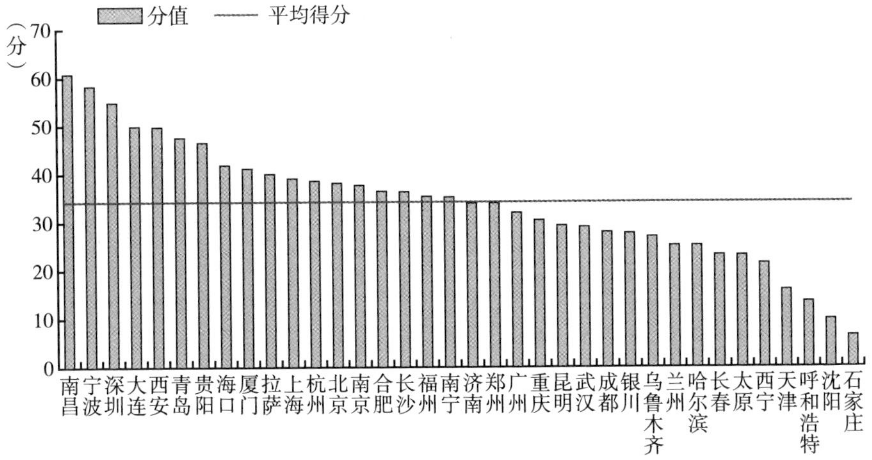

图3　36个重点城市市场监管水平分值与平均分值

从表6和图3可以看出，36个重点城市市场监管水平平均得分为33.96分，其中约一半城市位于平均线以上。位居前10位的城市分别是南昌、宁波、深圳、大连、西安、青岛、贵阳、海口、厦门、拉萨，得分分别是60.939、58.438、54.928、50.014、49.859、47.621、46.580、42.075、40.930和39.978分。市场监管部门直接面对市场主体和社会公众，往往与百姓最根本利益挂钩，“心系”百姓的柴米油盐，肩负着深化改革“先行官”、市场秩序“守护神”、市场监管“主力军”的重任。2017年，南昌市个体经济发展迅速。统计数据显示，截至2017年8月底，南昌全市注册登记个体工商户208503户，相当一部分个体工商户发展成具有一定规模的大户。2017年南昌城镇私营和个体从业人员数为133.9万人，与2016年的81.7万人相比增长了63.89%，居36个重点城市之首。为了充分调动市场主体自主转型、自求发展的积极性、主动性，南昌市政府通过便捷准入服务、资金扶持、税费优惠、金融社保四个方面的政策扶持“个转企”工作。

（四）基础财力水平排名

36个重点城市基础财力水平得分与排名情况见表7和图4。

表7　36个重点城市基础财力水平得分与排名情况

城市	排名	分值
上海	1	99.313
北京	2	86.840
深圳	3	64.483
天津	4	52.030
重庆	5	51.644
广州	6	51.161
武汉	7	39.257
杭州	8	38.524
南京	9	36.391
成都	10	34.659
青岛	11	30.709
宁波	12	28.340
西安	13	24.863

续表

城市	排名	分值
长沙	14	24.663
济南	15	24.562
郑州	16	24.528
大连	17	22.539
沈阳	18	22.410
厦门	19	21.937
合肥	20	21.394
福州	21	20.401
长春	22	20.013
昆明	23	19.660
南昌	24	18.111
哈尔滨	25	17.937
乌鲁木齐	26	17.654
石家庄	27	17.285
太原	28	16.953
南宁	29	16.615
贵阳	30	16.262
兰州	31	14.108
呼和浩特	32	14.021
海口	33	13.255
银川	34	11.150
西宁	35	9.074
拉萨	36	0.073
平均得分		28.96

基础财力，是衡量一个城市硬实力的重要指标，也是城市民生支出的重要来源。从表7可以看出36个重点城市基础财力水平排名与分值情况。位居前10位的城市分别是上海、北京、深圳、天津、重庆、广州、武汉、杭州、南京和成都，得分分别是99.313、86.840、64.483、52.030、51.644、51.161、39.257、38.524、36.391和34.659分，36个重点城市平均得分为28.96分。此外，图4显示，大约只有1/3的城市位于平均线之上，大部分城市的得分低于平均得分，可以说，36个重点城市之间基础财力水平差距

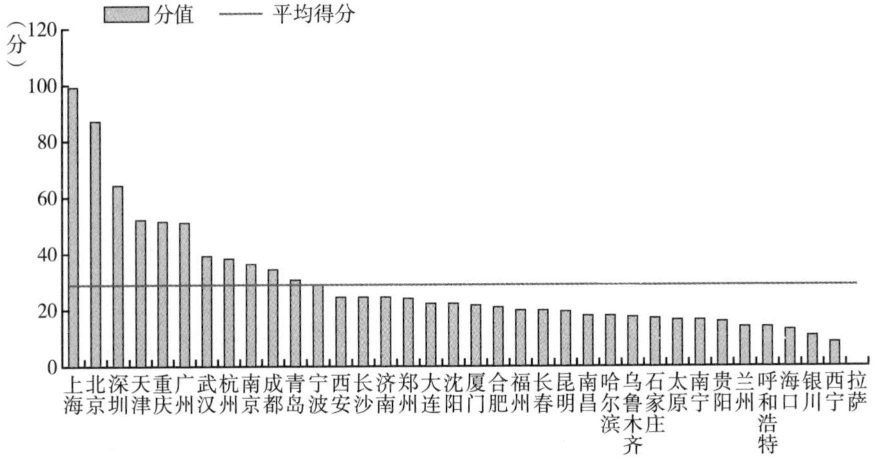

图4　36个重点城市基础财力水平分值与平均分值

较大。从城市等级看，四个一线城市排在第1、2、3和6名，基础财力水平基本与各城市经济发达程度契合。分区域来看，前10名城市主要分布在东部沿海地区，西部地区依然表现欠佳。城市基础财力最直接的体现，就是城市的公共财政预算收入。因为这一收入主要用于保障和改善民生、维持政府行政职能正常运转、保障公共安全等方面。排名垫底的拉萨，2017年公共财政预算收入为896288万元，地区生产总值为2878800万元，分别排第35名和第36名。此外，较高的政府财政支出和较低的税收收入背后，是日益扩大的财政赤字。2017年，拉萨市公共预算财政支出2574658万元，和公共财政预算收入相比，差额为1678370万元，财政赤字率为58.3%。

（五）总指标排名

36个重点城市经济管理水平总指标得分与排名情况见表8和图5。

表8　36个重点城市经济管理水平总指标得分与排名情况

城市	排名	分值
北京	1	76.218
深圳	2	74.935

续表

城市	排名	分值
上海	3	74. 847
广州	4	64. 507
杭州	5	62. 370
宁波	6	61. 095
南京	7	60. 735
长沙	8	56. 719
青岛	9	56. 588
福州	10	51. 927
厦门	11	51. 122
天津	12	50. 990
武汉	13	50. 971
济南	14	50. 940
昆明	15	48. 876
成都	16	48. 263
贵阳	17	47. 021
西安	18	46. 410
南昌	19	45. 172
呼和浩特	20	44. 381
合肥	21	44. 303
重庆	22	44. 151
大连	23	42. 907
哈尔滨	24	41. 880
沈阳	25	40. 543
南宁	26	40. 401
郑州	27	40. 394
乌鲁木齐	28	40. 212
长春	29	39. 583
太原	30	38. 410
兰州	31	38. 262
西宁	32	37. 402
石家庄	33	37. 269
银川	34	37. 067
海口	35	32. 566
拉萨	36	27. 145
平均得分		48. 52

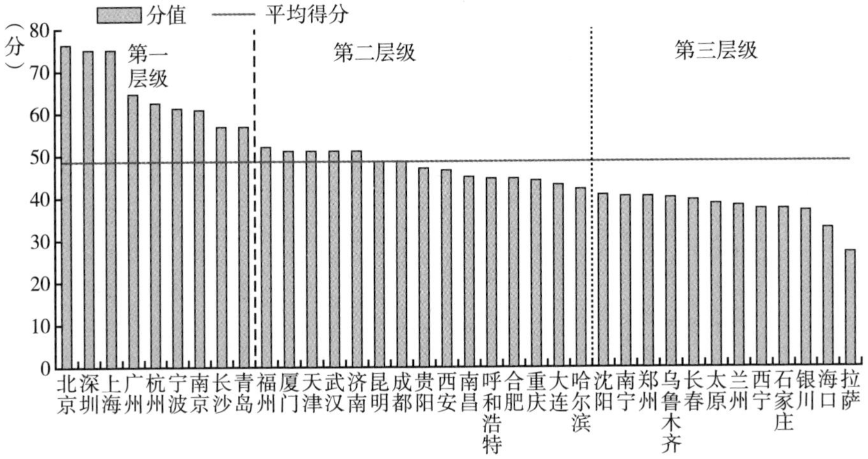

图5　36个重点城市经济管理水平总指标得分与排名情况

从表8和图5可以看出，2017年，36个重点城市经济管理水平综合得分均值为48.52分。根据得分可以大致将36个重点城市的经济管理水平划分为三个层级：第一层级是得分在55分以上的城市，共9个，分别是北京、深圳、上海、广州、杭州、宁波、南京、长沙和青岛；第二层级是得分在41~55分的城市，共15个，分别是福州、厦门、天津、武汉、济南、昆明、成都、贵阳、西安、南昌、呼和浩特、合肥、重庆、大连和哈尔滨；第三层级是得分在41分以下的城市，共12个，分别是沈阳、南宁、郑州、乌鲁木齐、长春、太原、兰州、西宁、石家庄、银川、海口和拉萨。从总体上看，四大一线城市位居前四，拉萨、海口、银川等经济发展水平较低的城市排名垫底，城市经济管理水平总体情况基本与各城市经济发达程度相契合。

三　区域城市经济管理水平评价与分析

按照《中国区域经济统计年鉴》上的划分，我国可以划分为四大经济区域：东部10省（市），包括北京、天津、河北、上海、江苏、浙江、福建、山东、广东和海南；中部6省，包括山西、安徽、江西、河南、湖北和湖南；西部12省（区、市），包括内蒙古、广西、重庆、四川、贵州、云南、西藏、陕西、甘肃、青海、宁夏和新疆；东北3省，包括辽宁、吉林和黑龙江。按照这个标准将本报告中的36个重点城市进行划分，可分为东部地区14个城市，中部地区6个城市，西部地区12个城市，以及东北地区4个城市，具体见表9。本小节将从区域差异的角度来分析城市经济管理指标排名中，位于四大经济区域的城市经济管理水平差异。

表9　36个重点城市区域分布

东部地区	深圳、北京、上海、杭州、南京、厦门、广州、宁波、天津、青岛、济南、福州、海口、石家庄
中部地区	长沙、武汉、郑州、南昌、太原、合肥
西部地区	呼和浩特、兰州、昆明、成都、乌鲁木齐、西安、重庆、贵阳、拉萨、南宁、银川、西宁
东北地区	大连、长春、哈尔滨、沈阳

36个重点城市经济管理水平分区域得分与排名对比情况如表10和图6所示。

表10　36个重点城市经济管理水平分区域得分与排名

区域	城市	排名	得分	平均得分	平均排名
东部地区	北京	1	76.218	57.58	10.86
	深圳	2	74.935		
	上海	3	74.847		
	广州	4	64.507		
	杭州	5	62.370		
	宁波	6	61.095		
	南京	7	60.735		
	青岛	9	56.588		
	福州	10	51.927		
	厦门	11	51.122		
	天津	12	50.990		
	济南	14	50.940		
	石家庄	33	37.269		
	海口	35	32.566		

续表

区域	城市	排名	得分	平均得分	平均排名
中部地区	长沙	8	56.719	45.99	19.67
	武汉	13	50.971		
	南昌	19	45.172		
	合肥	21	44.303		
	郑州	27	40.394		
	太原	30	38.410		
东北地区	大连	23	42.907	41.23	25.25
	哈尔滨	24	41.880		
	沈阳	25	40.543		
	长春	29	39.583		
西部地区	昆明	15	48.876	41.63	24.58
	成都	16	48.263		
	贵阳	17	47.021		
	西安	18	46.410		
	呼和浩特	20	44.381		
	重庆	22	44.151		
	南宁	26	40.401		
	乌鲁木齐	28	40.212		
	兰州	31	38.262		
	西宁	32	37.402		
	银川	34	37.067		
	拉萨	36	27.145		

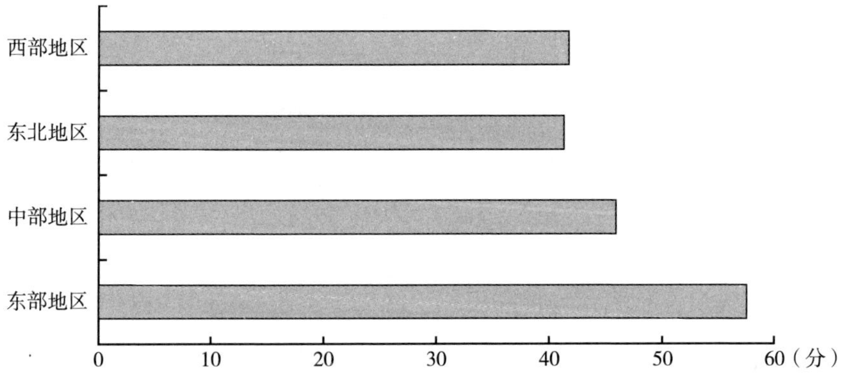

图6　36个重点城市经济管理水平分区域得分对比

从排名结果看，前 10 名的城市除中部城市长沙位于第 8 名外，其余全被东部城市包揽，一线城市北上深广位居前四，其中广州从上年的第 7 名上升至第 4 名。厦门、天津和济南分别排在第 11 名、第 12 名和第 14 名，其中厦门和天津的排名都有所上升。石家庄和海口的排名从上年的第 27 和 31 名分别滑落至第 33 和 35 名，可见，东部地区城市经济管理仍存在两极分化问题。从得分情况来看，东部地区城市经济管理平均得分是 57. 58 分，遥遥领先于其他区域。东部地区的长江三角洲经济区、珠江三角洲经济区以及京津冀经济区，都以中心城市为代表，显示了区域中心城市的强大力量。总的来说，东部地区城市经济管理总体情况良好，经济生态环境优越。

中部地区在我国经济社会发展中具有相当重要的地位。加快中部地区发展是提高我国国家竞争力的重大战略举措，是东西融合、南北对接，推动区域经济发展的客观需要。从排名看，中部地区的 6 个城市排名较为分散，长沙和武汉分列第 8 名和第 13 名，合肥和郑州分列第 21 和 27 名，太原列第 30 名。与上年相比，最大的变化是长沙跻身前 10。除长沙与郑州外，其余 4 个城市的排名均有不同程度的下降。从得分结果看，中部地区城市的平均得分（45. 99 分）稳居第二，近年来，在中部崛起政策的刺激下，中部地区的经济社会取得了快速发展，部分城市的经济管理状况也可圈可点，总体呈现基本稳定的格局。总体来说，中部地区城市的经济管理水平较为平均，其中也不乏表现突出的城市，且没有排在 30 名之外的城市，但总体经济管理水平上仍低于东部地区。

在西部地区 12 个城市中，昆明跻身前 15 名，成都、贵阳、西安分别排在第 16 ~ 18 名。与上年相比，排名在 30 名之后的城市有所减少。呼和浩特、兰州、乌鲁木齐、贵阳、拉萨和南宁排位有所提升，昆明、成都、西安、重庆、银川的排名均有小幅回落。可见，虽然西部地区城市整体经济管理水平欠佳，但也出现了表现较为突出的城市。随着中国西向战略的调整，以及“一带一路”建设向西推进，西部地区已经成为国家大战略中的重心之一，西部地区也迎来了前所未有的发展机遇。

从排名结果来看，东北地区城市经济管理状况也在逐渐向好。东北地区4个城市，大连、哈尔滨、沈阳和长春分别排在第23、24、25、29名。与上年相比，大连和长春的排名基本维持不变，但哈尔滨和沈阳的位次均有所上升。区域经济的发展离不开中心城市的带动，它不仅可以带动周边区域的发展，而且对周边城市也有辐射作用。沈阳、大连、长春、哈尔滨是东北地区四大重点城市，据统计，这四个城市的地区生产总值之和占东北地区生产总值的47.1%，对东北地区经济振兴具有关键性作用。从得分结果看，东北地区城市经济管理的平均得分是41.23分，虽得分最低，但与第3名的西部地区仅差0.40分。总的来说，东北地区正在走出低谷，触底企稳。

总体评价结果显示，东部地区的经济管理水平仍旧遥遥领先，而中部和东部之间差距也有缩小的趋势，西部经济管理水平随着其经济快速发展提升，已经呈现赶超东北和追赶中部的特征。随着东北经济逐渐走出低谷，其经济管理水平也正在触底企稳。因此，应当依据各经济区域发展短板，各自调整管理思路。对于东部地区来讲，整体经济发展与管理水平较高，但传统的依赖要素投入的增长方式必然使其面临资源与环境约束、产业结构失调等诸多问题，继续转变经济发展方式，深化供给侧结构性改革是其必然之选择。对于中西部地区来讲，整体水平仍然落后于东部地区，因此，避免走传统经济发展方式的老路，在大力发展经济的同时注重经济发展各个维度的均衡是其必须面对的重要战略选择。对于东北地区来讲，其经济发展与管理的形势仍旧较为严峻，因此政府更应关注经济基本面，注重经济的恢复和产业的转型，持续优化营商环境，建设面向东北亚的开放合作平台。

四　典型超大城市经济管理水平评价与分析

本节选择北京、上海、深圳和广州四个较为典型的超大城市，对其2017年城市经济管理水平进行对比分析。

（一）经济管理水平优势明显

经过40多年改革开放，北上广深已经发展成为我国大陆最顶尖的城市，经济发展水平在国内处于领先地位。北京是我国的首都和国际交往中心，上海是我国的经济金融中心，深圳是我国的科技创新中心，广州则是我国的商贸中心，2017年这四座城市的经济规模占到了全国GDP总量的13%。如前所述，这4个城市的经济管理水平在全国36个重点城市排名中占据了前4名，稳居榜首。从表11、图7可以看出，北京、深圳和上海都在70分以上，且上海和深圳分数十分接近，只有广州稍显落后，得分为64.507分。从分项指标看，广州在经济调节、市场监管和基础财力上与北京、上海和深圳都具有明显差距。从平均得分来看，四个典型超大城市平均分值72.627分远高于36个重点城市的平均得分48.52分。可见，其经济管理水平总体上具有突出优势。

表11　四个典型超大城市经济管理各项指标得分比较情况

城市	经济发展	经济调节	市场监管	基础财力	经济管理
北京	79.843	85.677	38.168	86.840	76.218
深圳	82.729	81.691	54.928	64.483	74.935
上海	73.443	77.387	39.247	99.313	74.847
广州	73.787	74.057	32.081	51.161	64.507
平均得分	77.450	79.703	41.106	75.449	72.627
36个重点城市平均得分	42.20	73.93	33.96	28.96	48.52

（二）经济发展水平较为均衡

2017年，北京、深圳、上海和广州经济发展水平指标的得分分别是79.843、82.729、73.443和73.787分，其中深圳位居第一，北京、广州和上海分别排在第2~4位，但分数差距都不大。2017年，深圳市坚持稳中求进工作总基调，以供给侧结构性改革为主线，加快建设社会主义现代化先行区，全市经济实现高质量的稳定发展，全年实现地区生产总值22490.06亿

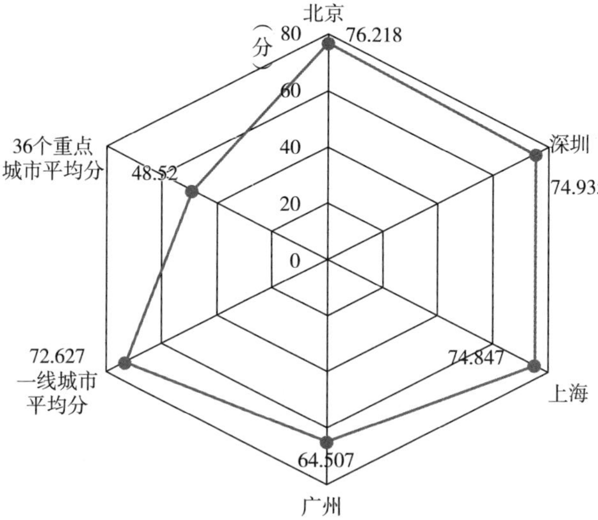

图7　四个典型超大城市经济管理水平得分雷达

元，比上年增长8.8%。经济增速升中趋稳，2017年第一季度、上半年、前三季度、全年的增速分别为8.6%、8.8%、8.8%和8.8%，此外，2017年深圳市的人均GDP达到184068元，位居四个典型超大城市之首。北京市2017年全年经济发展稳中有进，实现地区生产总值28014.9亿元，人均GDP达128994元，城镇人均可支配收入为62406元。与排名第一的深圳相比，经济总量上略有差距。从平均得分来看，四个典型超大城市经济发展水平平均得分为77.450分，远高于36个重点城市该项指标的平均得分42.20分（见图8），可见，四个典型超大城市在经济发展总体水平上具有明显优势，且总体上经济发展较为均衡。

（三）经济调节水平示范性不足

2017年，北京、深圳、上海和广州经济调节水平指标的得分分别是85.677、81.691、77.387和74.057分，其中北京位居第一，深圳、上海和广州分别排在第2~4位。2017年，北京市全年实现地区生产总值28014.9亿元，同比增长6.7%，CPI比上年上涨1.9%。全年完成全社会固定资产

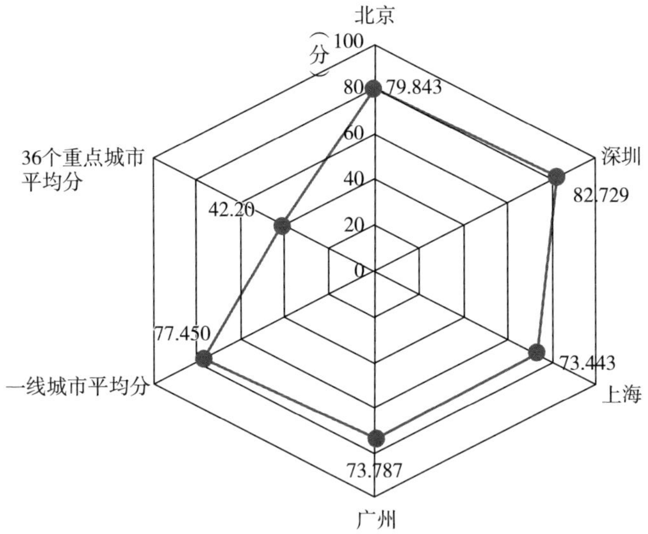

图8 四个典型超大城市经济发展水平得分雷达

投资8307.3亿元，比上年增长5.3%。全市二手住宅价格和新建商品住宅价格分别于4月、5月结束上涨，并保持稳中有降态势。从平均得分看，四个典型超大城市经济调节水平平均得分为79.703分，与36个重点城市该项指标的平均得分73.93分相比差别不大（见图9），可见，在经济调节总体水平上与36个重点城市之间没有明显区别，并没有体现与其城市地位相匹配的示范与引领水平。

（四）市场监管水平深圳高居榜首且遥遥领先

2017年，北京、深圳、上海和广州市场监管水平指标的得分分别是38.168、54.928、39.247和32.081分，其中深圳位居第一且优势明显，上海、北京和广州分别排在第2～4位。作为建设中国特色社会主义先行示范区的深圳，在市场监管方面有着傲人的成绩与崭新的经验。深圳市2017年在全国率先推行“双随机、一公开”监管新模式，市场公平竞争环境不断优化，创业创新热情不断激发。2020年2月，深圳市政府又印发了《关于在市场监管领域全面推行部门联合“双随机、一公开”监管的实施意见》，

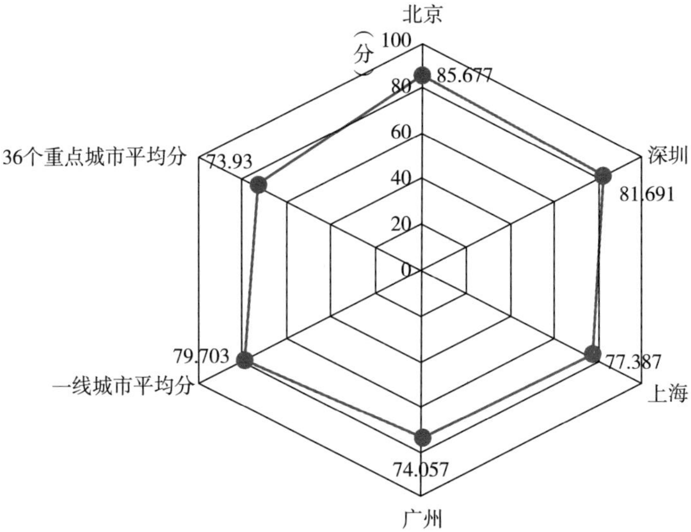

图 9　四个典型超大城市经济调节水平得分雷达

该意见的实施加快形成了由深圳市政府统一领导、各部门高效协同的联合监管新模式，全方位提升了深圳市场监管领域治理体系和治理能力的现代化水平。从平均得分来看，四个典型超大城市市场监管水平平均得分为 41.106 分，与 36 个重点城市该项指标的平均得分 33.96 分相比略有优势，其中需要注意的是，广州市以 32.081 的分值处于 36 个重点城市平均分以下（见图 10）。这说明，四个典型超大城市之间市场监管水平存在两极分化现象。

（五）基础财力水平与其经济发达程度相契合

2017 年，北京、深圳、上海和广州基础财力水平指标的得分分别是 86.840、64.483、99.313 和 51.161 分（见图 11），其中上海和北京领先优势明显，深圳第三，广州第四。2017 年，全国一般公共预算收入超过 1000 亿元的城市为 14 个，其中，上海和北京两大直辖市超过了 5000 亿元，在各大城市中遥遥领先。上海市财政局发布的数据显示，2017 年，上海市一般公共预算收入完成 6642.3 亿元，比 2016 年增长 9.1%。财政收入增长主要得益于供给侧结构性改革深入推进，创新驱动发展战略有效实施，科技和实

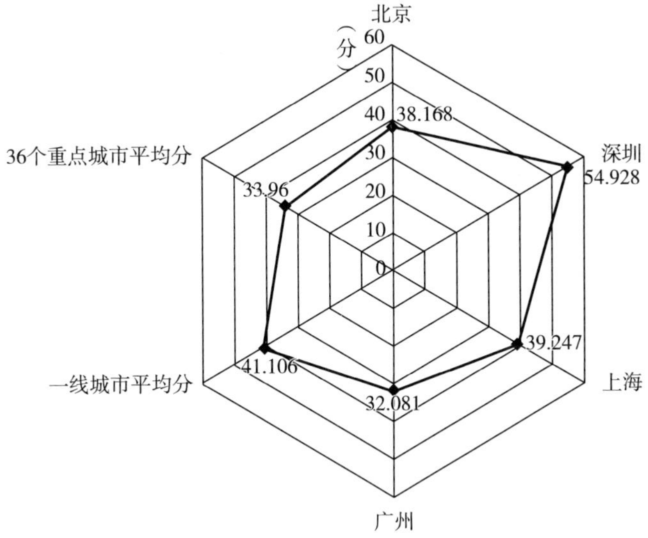

图 10　四个典型超大城市市场监管水平得分雷达

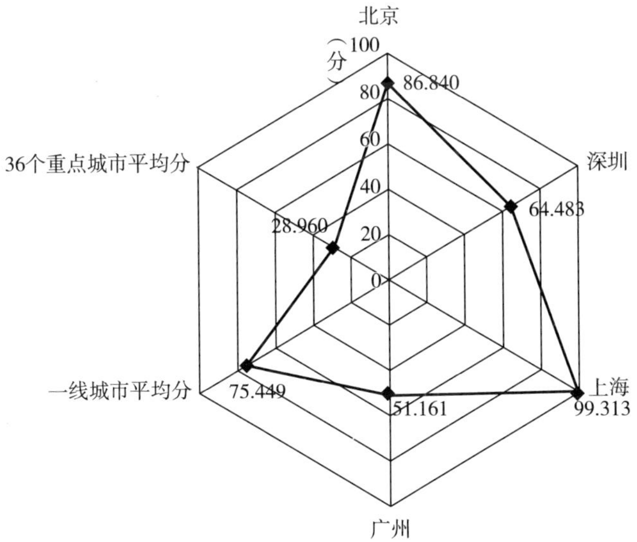

图 11　四个典型超大城市基础财力水平得分雷达

体经济的支撑作用不断增强。GDP 第二的北京，去年一般公共预算收入 5430 亿元，位居第二。总体来看，上海和北京高度发达的第三产业和总部经济，让其他城市难以望其项背。

值得一提的是，从大城市的情况来看，财力前 10 名的城市，刚好 GDP 也都位于前 10 行列。前 10 名中，财力的位次与 GDP 的位次大体相差不大，唯一落差较大的是广州。广州的 GDP 超过了 2 万亿元，位居第四，相比后面的城市还有不小的领先优势，但一般公共预算收入只有 1536.73 亿元，位列第八，总量不到深圳的一半。但由于口径问题，广州与直辖市、计划单列市等经济体并不具有完全的可比性，其财政收入较少也在情理之中。

五　直辖市经济管理水平评价与分析

本节选择北京、天津、上海和重庆四个直辖市，对其 2017 年城市经济管理水平进行对比分析。

（一）经济管理平均水平领跑全国

就我国来说，直辖市的主要功能是作为中心城市辐射带动周边区域的经济发展。其中，北京的定位是全国政治、文化中心，但作为首都，其经济管理水平也代表着我国的对外经济形象；天津和北京都是京津冀城市群的中心城市，同时天津也是我国北方最大的对外贸易港口；上海是我国的经济、金融和商贸中心，是长三角经济群的核心带动力；而重庆则是我国西部地区最大的商业城市，同时也是我国内陆地区唯一的直辖市。

从排名结果中可知，四大直辖市经济管理水平总体排名情况是，北京第二名、上海第四名、天津第 15 名、重庆第 22 名。表 12 和图 12 中的得分结果也显示，四大直辖市大致可以分为两个层级，其中北京和上海为第一层级，得分都在 70 分以上；天津和重庆为第二层级，得分分别是 50.990 分和 44.151 分。从平均分值来看，四大直辖市的平均分值 61.55 分，远高于 36 个重点城市的平均分值 48.52 分，可见四大直辖市在经济管理平均水平上领先于其他城市。

2017 年，上海 GDP 突破 3 亿元大关。相较于上海来说，北京虽存在一定差距，但就基本数据来看，差距在不断缩小。2016 年上海 GDP 比北京多 2566.85 亿元，2017 年经济差距缩小至 2133.46 亿元。值得注意的是，四大直辖市中只有重庆市的分数低于 36 个重点城市的平均分值。重庆市 2017 年实现地区生产总值 19424.73 亿元，总量上与北京和上海还存在较大差距，2017 年重庆全市人均地区生产总值达 63442 元，三次产业结构比为 6.9∶44.1∶49.0，与其他三个直辖市相比，第三产业比重最低，甚至低于全国的平均值 61.05%。据悉，目前重庆传统行业仍存在产能过剩的问题，竞争比较大，需要加快结构升级，计算机等新的产业也还需要提升研发和创新能力。

表 12　四大直辖市经济管理各项指标得分比较情况

城市	经济发展	经济调节	市场监管	基础财力	经济管理
北京	79.843	85.677	38.168	86.840	76.218
天津	42.158	71.057	15.798	52.030	50.990
上海	73.443	77.387	39.247	99.313	74.847
重庆	24.620	73.917	30.426	51.644	44.151
平均得分	55.02	77.01	30.91	72.46	61.55
36 个重点城市平均得分	42.20	73.93	33.96	28.96	48.52

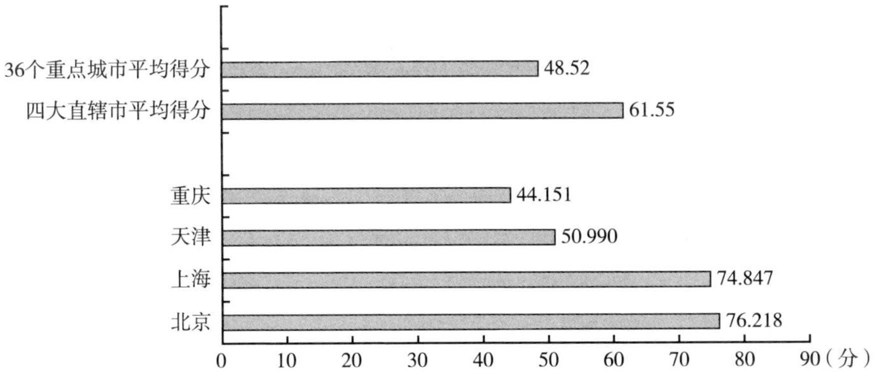

图 12　四大直辖市经济管理水平得分比较

（二）经济增速放缓并出现分化

2017 年，北京、天津、上海和重庆经济发展水平指标的得分分别是 79.843、42.158、73.443 和 24.620 分，其中北京位居第一，上海、天津和重庆分别排在第 2～4 位。从平均得分来看，四大直辖市经济发展水平平均得分 55.016 分，高于 36 个重点城市平均分 42.20 分，天津以 42.158 分的成绩略低于 36 个重点城市平均分，而重庆的得分 24.620 分则远低于该平均分值（见图 13）。从 GDP 增速来看，近几年北京和上海经济增速放缓，2017 年，京沪两地经济增速分别为 6.7%、6.9%，基本与全国经济的平均增速持平。上海经济放缓是由于动能转换。北京经济增速略低于全国水平，其原因可能是近年来的非首都功能疏解政策加速了企业的外迁，对经济增速产生了一定影响，但这也是还原北京城市发展的核心功能必经的阵痛。重庆从 2002 年开始经济增速都保持在两位数左右，2014～2016 年更是连续三年稳居全国第一，但 2017 年 GDP 增速仅为 9.3%，十年来首次降至个位数。

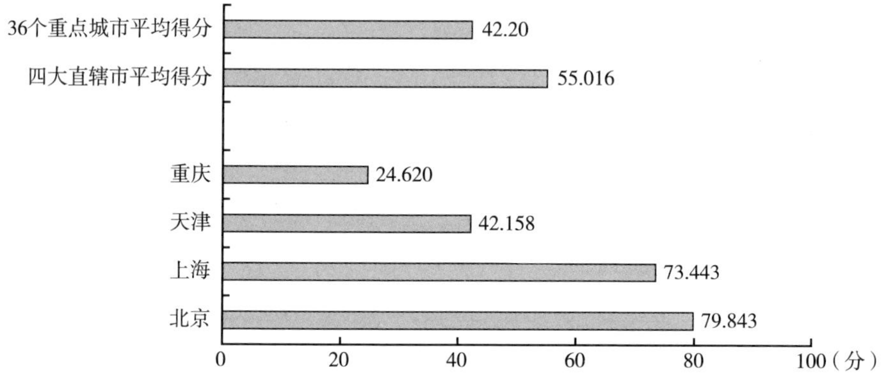

图 13　四大直辖市经济发展水平得分比较

从产业结构上来看，目前相对于天津与重庆，北京、上海的产业结构更加优化。2017 年北京、上海的第三产业占 GDP 比重均超 60%，其中北京 80.6%，上海 69%，且第三产业增加值增速均保持在 7% 以上。此外，虽然在产业结构上天津优于重庆，但第三产业增加值的增速较重庆慢。据统计，

2017 年天津和重庆第三产业占比分别为 58.0% 和 49.1%，重庆第三产业增加值增速 9.9%，然而天津仅增长 6.0%。

（三）经济调节指标各有所长但短板明显

2017 年，北京、天津、上海和重庆经济调节水平指标的得分分别是 85.677、71.057、77.387 和 73.917 分。其中北京以 85.677 分领跑，上海、重庆和天津分列第 2 ~4 名，且三者分数较为接近。从平均得分来看，四大直辖市的平均得分为 77.01 分，比 36 个重点城市的平均得分 73.93 分略高，其中，重庆市的得分基本与 36 个重点城市平均得分基本持平，而天津市的得分则低于 36 个重点城市平均得分（见图 14）。可见在经济调节水平上，天津市与重庆市对全国的示范性效应并不强。

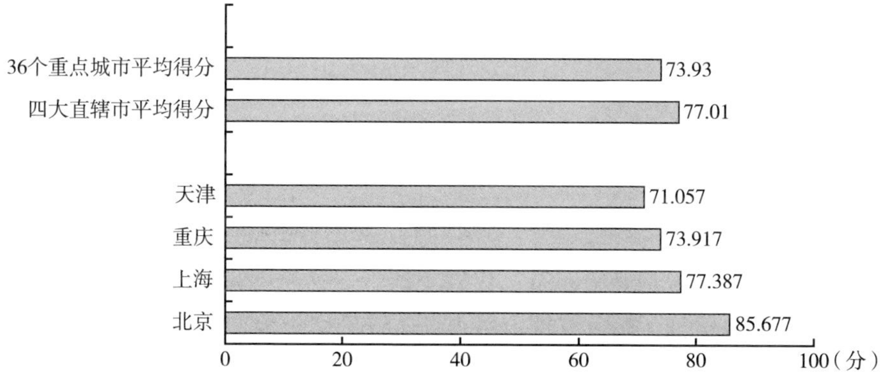

图 14　四大直辖市经济调节水平得分比较

2017 年，北京、上海、重庆、天津居民消费价格指数分别比上年增长 1.9%、1.7%、1.0%、2.1%，可见，在维持物价平稳的能力上，重庆市具有一定优势。此外，四大直辖市居民消费价格指数平均值为 1.68%，高于当年全国 1.6% 的平均值。从固定资产投资来看，天津和重庆的固定资产投资力度都比较大，据统计，2017 年天津和重庆的固定资产投资额分别为 11274.69 亿元和 17440.57 亿元。从增速上看，重庆依旧保持高增长，与

2016 年的 15931.80 亿元相比，2017 年重庆固定资产投资同比增长 9.4%。而由于产能过剩和供给侧改革压力，2017 年天津固定资产投资出现负增长，下降 11.62%。

2017 年，北京和上海的固定资产投资总额分别为 8307.3 亿元和 7240.9 亿元，均不及天津与重庆。从增长率来看也表现平平，分别为 5.3% 和 7.3%。但固定资产投资效果系数表现更好，固定资产投资效果系数表示某一城市 GDP 每增加一个单位需要跟进的固定投资增加量，它指的是 GDP 增长率每上升一个单位需要的固定资产增加率的提高程度。该指标反映了固定资产投资对促进地区经济整体发展中的投入产出效率。2017 年四大直辖市固定资产投资效果系数中，北京市的固定资产投资效果系数最低，为 0.79%，说明当年固定资产投资的投入对促进地区经济增长的投入产出效率较高。

（四）市场监管整体水平亟待提升

2017 年，北京、天津、上海和重庆市场监管水平指标的得分分别是 38.168 分、15.798 分、39.247 分和 30.426 分。其中上海和北京分别排在第一名和第二名，分数接近，重庆紧随其后，天津表现最差，以 15.798 分排在 36 个重点城市的倒数第四名，拉低了四大直辖市在该项的平均得分。从图 15 中也可以看到，四大直辖市的市场监管平均分为 30.91 分，低于 36 个重点城市的平均得分 33.96 分，可见，在该项中，四大直辖市发展欠均衡，且并没有体现与其城市定位相匹配的带动示范水平。2017 年上海社会消费品零售总额突破万亿元，共计 113125.26 亿元，同比增长 12.0%，增速同比提高了 4 个百分点。消费成为上海经济平稳健康发展的稳定器、压舱石。重庆也保持高速增速，2017 年重庆社会消费品零售总额 8067.67 亿元，增速 11.0%，排名第二。2017 年，北京社会消费品零售总额 11575.4 亿元，比 2016 年的 11005.1 亿元增长了 5.18%。而只有天津，总量和增速双低，社会消费品零售总额 5729.67 亿元，同比增长 1.67%。

此外，从私营个体从业人员增长情况来看，截至 2017 年底，我国民营

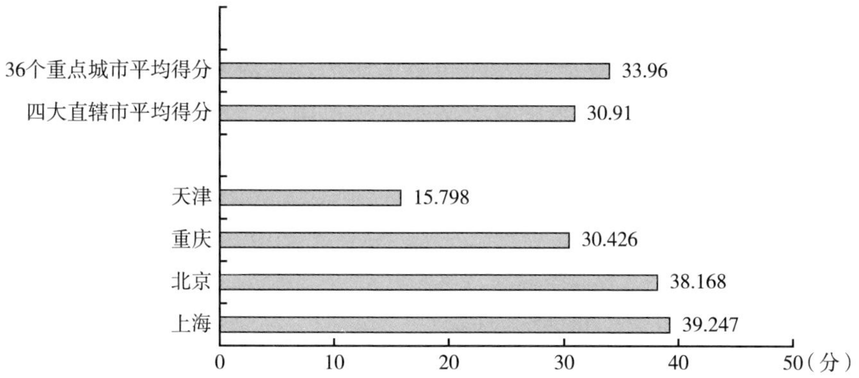

图 15 四大直辖市市场监管水平得分比较

经济占 GDP 的比重超过了 60%。个体私营经济在稳定增长、促进创新、增加就业、改善民生等方面发挥了重要作用。在 2017 年第十二届全国人大五次会议上，国务院总理李克强在做政府工作报告时表示，2017 年要更好地激发非公有制经济活力，深入落实支持非公有制经济发展的政策措施；加快构建新型政商关系；鼓励非公有制企业参与国有企业改革；坚持权利平等、机会平等、规则平等，进一步放宽非公有制经济市场准入。

2017 年，四大直辖市私营个体从业人员数都出现了不同程度的增长。2017 年，北京市提出以混合所有制改革为突破口，进一步放宽市场准入，促进民营经济发展。2017 年私营个体从业人员数为 734.2 万人，相比 2016 年的 685.2 万人，增长了 7.2%。2017 年 12 月和 2019 年 2 月，上海市委、市政府先后两次召开了“优化营商环境工作会议”，而“上海实体经济 50 条”和“上海民营经济 27 条”则是落实优化营商环境的重要行动指南。2017 年，上海私营个体从业人员数为 714.4 万人，同比增长 73.2%，排名第二。2017 年，重庆的私营个体从业人员增长率为 97.1%，排四大直辖市第一。2012 ~2017 年，重庆市私营企业和个体工商户对税收的贡献率超过 40%，如果加上港澳台等外资直接投资的企业，重庆市民营企业对税收的贡献率超过 50%。但数据显示，重庆市私营个体从业人员依然以汽车制造、铁路、传播、航空航天和其他运输设备制造等行业居多。在国家产能过剩、加速供给侧结构性改革的背景下，其发展后劲可能存在不足。天津在该项指标中依旧排在第四，2017 年，天津私营个体从业人员数为 201.4 万人，同比增长 22.3%。可见天津市民营经济总体规模偏小，且行业过于集中。民营企业集团主要集中于制造业、房地产业和批发零售业，三个行业中民营企业集团数量占了 92.1%，这也可能与民营企业可选择进入的行业不多，同时也存在准入过高等问题有关。

（五）基础财力水平差距悬殊

2017 年，北京、天津、上海和重庆基础财力水平指标的得分分别是 86.840、52.030、99.313 和 51.644 分。其中上海以 99.313 分排在第一，北京第二，天津和重庆分别以与北京相差 34.810 分和 35.196 分的距离排在第三和第四。可见，从基础财力得分情况看，四大直辖市被明显划分为两大梯队，且财力悬殊。从平均得分来看，四大直辖市的平均分为 72.46 分，比 36 个重点城市的平均得分高出 43.50 分，所以从平均得分来看，四大直辖市的基础财力远高于 36 个重点城市平均水平（见图 16）。

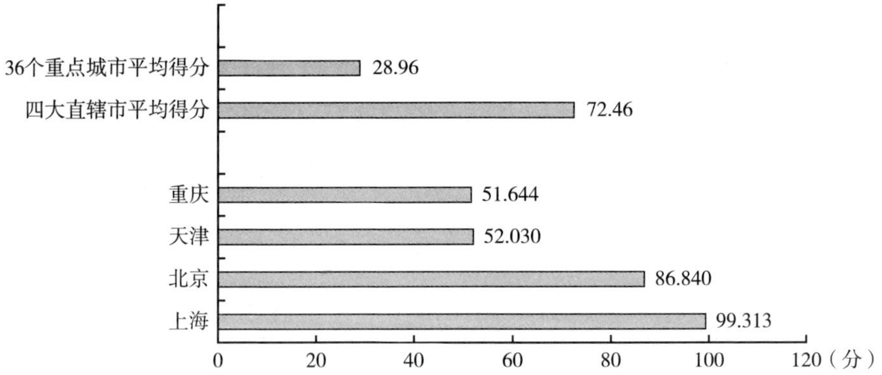

图 16　四大直辖市基础财力水平得分比较

一般来说，城市公共财政预算收入排名的贡献因素主要有：城市行政级别和规模、与 GDP 相对应的当地经济发展状况、产业结构选择、财政税收体制以及当年的偶发因素等。尤其是与当地 GDP 有一定的正相关性，GDP

高的城市，财力相应也要强些。如图 17 所示，2017 年，上海和北京两大直辖市的一般财政预算收入分别为 6642. 26 亿元和 5430. 79 亿元，在全国城市中遥遥领先。但同为直辖市的天津和重庆，其一般财政预算收入仅分别为 2310. 11 亿元和 2252. 38 亿元，约为北京的1/2，上海的1/3。同样相差悬殊的还有地区生产总值，2017 年，上海和北京分别实现地区生产总值 30632. 99 亿元和 28014. 5 亿元，而天津和重庆 2017 年地区生产总值分别为 18549. 19 亿元和 19424. 73 亿元。

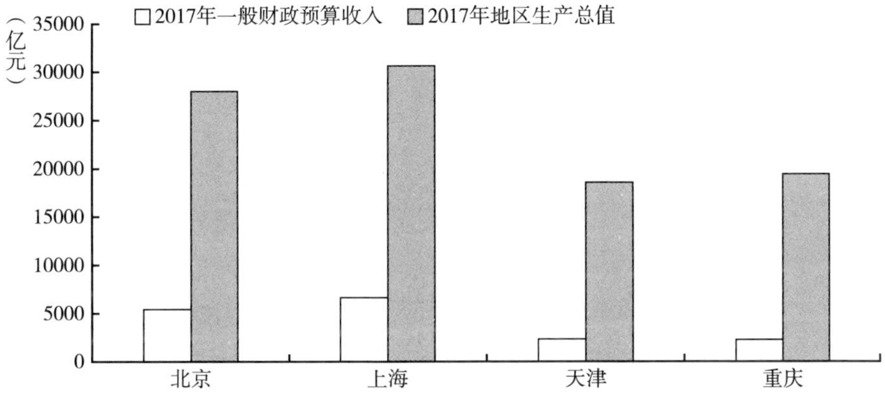

图 17　2017 年四大直辖市一般财政预算收入与地区生产总值对比

六　提升城市政府经济管理水平的建议

（一）加快更新城市经济发展理念，推动城市经济增长方式转变

城市政府是其所辖行政区域经济发展的重要行为主体。一个城市政府的经济发展观念，往往决定着它的经济管理理念和管理方式，甚至影响着这个城市的经济发展模式和发展战略。在过去的几十年里，唯 GDP 的经济发展理念使我们的城市经济获得了长足的发展，但也让我们承担了环境、公平和效率等多方面损失。中共十八届三中全会在《中共中央关于全面深化改革

若干重大问题的决定》中提出，“加强地方政府公共服务、市场监管、社会管理、环境保护等职责”，其实质是在淡化唯 GDP 的经济发展理念，这种淡化落到实处，一方面要求我们推动城市经济增长方式的转变。地方政府推动经济增长方式转变主要是通过发展规模经济和政策创新实现。经济增长方式由粗放型向集约型转变，是实现现代化社会大生产和市场经济属性的内在规律，是经济持续快速增长的根本动力。因此，地方政府制定适应本经济区域实际情况的发展规划和政策并有效落实和执行，对于本区域经济增长方式转变有着直接的推动作用。另一方面是改变唯 GDP 的绩效考核模式，这既是加快转变经济发展方式的必然要求，也是转变政府职能、提高政府管理效率的重要举措。各地应结合其客观资源禀赋与比较优势，建立与城市经济可持续发展相适应的多元化绩效评估考核体系，考核指标要突出创新，突出绿色，突出开放，突出共享，从而树立正确的经济发展理念，进而推动城市经济管理水平的提升。

（二）积极落实中央宏观调控政策，切实履行经济调节职能

经济调节是现代城市政府的一项重要职能。强化城市政府经济调节职能是推进城市经济建设的重要手段。随着改革的不断深入，国际经济波动对国内经济的影响不断加大，不确定因素增多，实现城市经济健康快速发展、优化经济结构、维持稳定价格水平和降低失业率等目标的难度大大增加，这对政府经济调节的及时性、有效性和前瞻性提出了更高要求。结合上述分析，我国城市政府经济调节能力还有较大提升空间，因此必须强化政府经济调节职能的履行。我们认为，经济调节具有全局性的影响，权力不可分割，城市政府的经济调节职能应当由中央政府主导，城市政府要发挥好辅助作用，在区域规划和财政政策上予以配合，同时积极制定符合自身实际的经济发展政策，运用法规、产业政策、价格政策、公共资源配置等调控手段保证本区域经济健康平稳发展。例如，为了实现充分就业，城市政府可以通过政策引导，促进劳动力市场发育和完善，促进劳动力流动，建立健全社会保障体系，为特困人员寻找就业岗位。同时在调控手段上，坚持以经济调控手段为

主，以法律和行政调控手段为辅进行综合调控，尤其是对于行政调控手段的使用，必须坚持必要性、局限性、临时性和法治性的原则，同时根据实际，注意把握好调控力度，避免经济出现大的波动。

（三）完善监管体制，强化市场监管中政府的责任担当

市场监管是政府在面对市场失灵时的一项重大职能，在面对市场充分自由发展后的无序状态时，政府应积极承担对市场的监管职能，但从实际取得的效果来看，并没有完全达到预期目标。因此，建议一方面要着力形成地方政府主导，监管部门各负其责，社会力量充分参与的科学合理的监管体制。要实现市场监管的统筹协调，合理把握和界定市场监管边界；加强垂直机构上下联系，要明确工商、金融等监管部门各自权责，加强各部门之间的协调，建立部际协调机制；整合现有监督力量，引入公众、社会组织、行业组织、网络媒体等社会力量，充分发挥社会力量对政府监管的辅助和补充作用。

另一方面，要大力强化城市政府在市场监管中的责任担当。一是逐步废除妨碍市场自由流通的限定性因素，切实打破地方保护壁垒，促进商品和生产要素的自由流动；二是对市场中竞争行为和交易行为进行有效监管，规避竞争行为破坏市场秩序和规则，加大对垄断行为、限制竞争行为和不正当竞争行为的规范，建立公平公开、竞争有序的市场环境；三是建立项目审批的科学机制，凡是市场机制能够有效调节的事项，可避免实施行政审批，凡是可采用事后监管和间接管理方式达到目的的事项，可取消前置审批，凡是不适应经济社会发展要求，被实践证明的无效审批，依法予以清理；四是以供给侧结构性改革为导向，不断强化对重点领域的监督，把重点放到人民群众反映强烈、对经济社会可能造成大的危害的领域上。

（四）缩小区域财力差异，合理分配财政资源

城市政府财力作为政府职能实现的物质基础，关系着辖区公民所能享有的基本公共服务水平，也反映了特定地区的社会福利水平。从排名结果看，城市政府间财力存在较大差异，这种差异不仅使得许多本该由政府职能承担

的事项无力承担，而且严重影响了政府经济管理能力的提升。在无法改变客观自然禀赋和特定经济环境制度因素的情况下，缩小区域财力差异就需要外界的制度安排予以实现。因此，增加城市政府财政收入，合理分配财政资源是值得考虑的改革方向。

要实现财政资源均衡，一方面，要合理确定各级政府的财权和收入，保障地方财政能力。这就需要做到合理划分各级政府事权，减少重叠和交叉管理；合理确定各级政府的财权和收入，保障地方财政能力，可以考虑赋予地方适度的举债权和税收立法权；此外，在营改增、费改税的背景下，还应构建地方主体税种，如设立房产税、社会保险税等。另一方面，纵向的转移支付也是消除财政赤字、扭转财力支出与责任不匹配现象的一个重要方面，根据地区之间自然条件、经济发展水平和公共服务需求水平的差异进行转移支付，是缩小地区间公共服务差异、促进地区间经济协调发展的重要手段。建议在增强信息透明度的基础上控制专项转移支付规模总体比重，提升预算专项转移支付占总体专项转移支付的比重，充分调动地方政府经济管理积极性。同时规范专项转移支付的管理机制，改进专项转移支付的管理方式，避免地方政府“等、靠、要”的依赖心理，提升资金使用效率。

B.4 中国重点城市环境管理评价报告

周秀玲　尚晋钢*

摘　要： 2017 年的城市环境管理评价是 2016 年城市环境管理评价工作的延续，为了保证评价结果的一致性和可比性，2017 年的环境管理评价指标和权重分配与 2016 年完全相同。本报告在 2016～2017 年城市环境管理评价结果的基础上，从横向和纵向两个维度对中国 36 个重点城市环境管理水平进行了对比分析。纵向比较结果显示，2017 年城市环境管理水平的平均得分有小幅提升，城市环境管理水平整体稳中有升；2016～2017 年城市环境管理水平排名变化比较剧烈，离散程度高，部分城市环境管理排名波动较大。横向比较结果显示，2017 年部分环境管理水平前 10 的城市也存在短板因素，影响了该城市整体的环境管理水平，城市环境管理水平在不同区域存在明显差异。

关键词： 城市管理　环境管理　综合评价

一　城市环境管理水平评价指标体系的构建

（一）城市环境管理水平评价指标体系

2017 年的城市环境管理评价是 2016 年城市环境管理评价工作的延

* 周秀玲，北京城市学院教授，理学博士，研究方向为城市信息；尚晋钢，北京城市学院工程师，工学硕士，研究方向为城市信息。

续，为了保证评价结果的一致性，本年度的环境管理评价保持了 2016 年环境管理评价的指标体系和权重分配。2017 年的城市环境管理水平评价指标体系如表 1 所示。2017 年的城市环境管理评价仍然采用层次分析法来确定各层指标的权重。

表 1　城市环境管理水平评价指标体系

<table>
<tr><th>一级指标</th><th>二级指标</th><th>三级指标</th></tr>
<tr><td rowspan="10">城市环境管理水平(H)</td><td rowspan="2">固体废物管理(H1)</td><td>生活垃圾无害化处理率(H11)</td></tr>
<tr><td>工业固体废物利用率(H12)</td></tr>
<tr><td rowspan="3">气体废物管理(H2)</td><td>工业二氧化硫排放降低比率(H21)</td></tr>
<tr><td>工业烟尘排放降低比率(H22)</td></tr>
<tr><td>细颗粒物(PM2.5)年平均浓度(H23)</td></tr>
<tr><td rowspan="2">液体废物管理(H3)</td><td>污水处理厂集中处理率(H31)</td></tr>
<tr><td>工业废水排放量减少比率(H32)</td></tr>
<tr><td>生态绿化管理(H4)</td><td>建成区绿化覆盖率(H41)</td></tr>
<tr><td rowspan="2">噪声环境管理(H5)</td><td>城市噪声路段超标率(H51)</td></tr>
<tr><td>等效声级 dBA(H52)</td></tr>
</table>

（二）数据来源

根据图书馆所能查找到的纸质资料和网上数据库所能查到的电子资料，原始数据主要来自《中国统计年鉴（2016～2018）》、《中国城市统计年鉴（2016～2018）》、《中国省市经济发展年鉴（2017～2018）》、《中国环境统计年鉴（2017～2018）》、各城市统计年鉴（2016～2018），以及各城市 2016～2017 年国民经济和社会发展统计公报，采用指标的数据主要为各城市的 2015～2017 年的数据。对于极个别的缺失数据，采用类似数据或相邻年份数据进行估计。

（三）城市选择

本研究选择 36 个重点城市进行城市环境管理水平评价和排名，其中包括 4 个直辖市、27 个省会（首府）和 5 个计划单列市。具体如表 2 所示。

表2　36个重点城市的名称

分类	数量	城市
直辖市	4	北京、上海、天津、重庆
省会(首府)	27	石家庄、太原、呼和浩特、沈阳、长春、哈尔滨、南京、杭州、合肥、福州、南昌、济南、郑州、武汉、长沙、广州、南宁、海口、成都、贵阳、昆明、拉萨、西安、兰州、西宁、银川、乌鲁木齐
计划单列市	5	大连、青岛、宁波、厦门、深圳

依据《中国区域经济统计年鉴（2011）》，中国可划分为4个经济区，即东部地区、中部地区、西部地区和东北地区。按照经济区域划分，将本研究中的36个重点城市进行划分，其区域分布如表3所示。

表3　36个重点城市区域分布

区域	数量	城市
东部地区	14	北京、深圳、天津、石家庄、上海、南京、杭州、宁波、福州、厦门、青岛、济南、广州、海口
中部地区	6	太原、合肥、南昌、郑州、武汉、长沙
西部地区	12	呼和浩特、南宁、重庆、成都、贵阳、昆明、拉萨、西安、兰州、西宁、银川、乌鲁木齐
东北地区	4	沈阳、大连、长春、哈尔滨

二　重点城市环境管理水平排名与评价

（一）重点城市环境管理水平总体得分与排名

2016~2017年中国36个重点城市环境管理水平得分和排名如表4所示。

表4　2016~2017年中国36个重点城市环境管理水平得分和排名

城市	2017年		2016年	
	得分	排名	得分	排名
深圳	84.50	1	63.21	29

续表

城市	2017 年		2016 年	
	得分	排名	得分	排名
大连	83.73	2	79.08	5
南昌	83.41	3	74.46	12
厦门	83.09	4	79.20	4
石家庄	81.32	5	73.08	16
上海	81.12	6	71.12	22
青岛	80.92	7	83.30	1
北京	78.09	8	71.73	20
海口	77.96	9	82.49	2
杭州	75.27	10	73.42	14
长沙	75.11	11	75.33	9
济南	74.54	12	75.43	8
广州	74.40	13	72.80	19
沈阳	73.53	14	74.10	13
成都	73.21	15	73.01	17
福州	73.08	16	75.26	10
郑州	72.97	17	78.68	6
重庆	72.63	18	70.62	23
合肥	72.11	19	72.88	18
宁波	71.91	20	69.17	24
武汉	71.38	21	71.62	21
昆明	71.21	22	52.27	35
兰州	70.28	23	60.22	32
天津	69.94	24	68.58	25
呼和浩特	69.80	25	59.34	33
南京	69.15	26	61.23	30
西安	68.96	27	73.25	15
长春	68.94	28	75.52	7
银川	68.53	29	81.57	3
南宁	68.19	30	75.18	11
太原	66.80	31	66.29	28
乌鲁木齐	61.21	32	61.02	31
西宁	59.41	33	67.94	26
贵阳	58.60	34	59.33	34
哈尔滨	48.45	35	67.82	27
拉萨	38.02	36	42.47	36

（二）重点城市环境管理水平分项得分与排名

1. 固体废物管理水平得分与排名

2016～2017 年中国 36 个重点城市固体废物管理水平得分和排名如表 5 所示。

表 5　2016～2017 年中国 36 个重点城市固体废物管理水平得分和排名

城市	2017 年		2016 年	
	得分	排名	得分	排名
福州	99.04	1	97.65	5
武汉	98.90	2	98.85	2
宁波	98.00	3	97.23	8
大连	97.67	4	97.51	6
上海	97.07	5	98.04	3
石家庄	95.86	6	96.83	9
青岛	95.79	7	96.54	11
南昌	95.56	8	97.32	7
厦门	95.27	9	88.70	26
兰州	94.97	10	38.22	36
南京	94.90	11	91.56	19
沈阳	94.71	12	86.58	28
济南	94.48	13	99.90	1
海口	93.90	14	93.87	16
合肥	91.11	15	83.96	29
长沙	90.00	16	96.69	10
南宁	89.96	17	94.82	12
西安	89.64	18	88.92	25
郑州	88.41	19	90.00	23
杭州	86.87	20	91.13	21
深圳	85.46	21	63.44	32
成都	84.60	22	97.98	4
北京	84.48	23	89.85	24
广州	81.84	24	94.32	14
重庆	79.84	25	90.69	22
长春	78.06	26	91.39	20

续表

城市	2017年		2016年	
	得分	排名	得分	排名
天津	74.15	27	93.52	17
西宁	73.07	28	94.66	13
太原	66.19	29	69.97	30
乌鲁木齐	65.13	30	91.94	18
昆明	62.08	31	55.43	35
呼和浩特	62.06	32	65.27	31
银川	60.00	33	94.05	15
贵阳	44.23	34	59.81	33
拉萨	43.10	35	57.95	34
哈尔滨	33.10	36	87.21	27

2. 气体废物管理水平得分与排名

2016～2017年中国36个重点城市气体废物管理水平得分和排名如表6所示。

表6　2016～2017年中国36个重点城市气体废物管理水平得分和排名

城市	2017年		2016年	
	得分	排名	得分	排名
深圳	89.48	1	43.93	33
上海	87.28	2	62.01	23
厦门	79.34	3	88.31	2
青岛	78.34	4	84.16	4
天津	76.00	5	50.58	30
海口	75.83	6	95.47	1
南京	73.66	7	77.10	8
宁波	73.22	8	73.49	11
大连	72.47	9	72.47	12
昆明	72.31	10	53.61	28
福州	71.65	11	70.02	18
北京	71.53	12	58.17	26
广州	69.50	13	72.05	13
长春	68.00	14	77.28	7

续表

城市	2017 年		2016 年	
	得分	排名	得分	排名
杭州	67.59	15	67.96	20
呼和浩特	66.14	16	43.73	34
长沙	65.66	17	70.47	16
沈阳	65.45	18	74.29	10
南宁	64.61	19	84.24	3
南昌	64.57	20	63.04	22
重庆	63.68	21	49.99	31
成都	62.81	22	61.72	24
济南	62.67	23	61.09	25
西宁	62.43	24	53.96	27
武汉	60.91	25	47.46	32
银川	60.82	26	70.44	17
太原	59.05	27	69.97	19
郑州	57.75	28	65.23	21
石家庄	56.02	29	39.69	35
兰州	53.42	30	76.62	9
哈尔滨	53.13	31	70.77	15
贵阳	51.98	32	70.99	14
西安	48.66	33	77.84	6
合肥	48.59	34	81.27	5
乌鲁木齐	44.69	35	50.92	29
拉萨	33.81	36	35.07	36

3. 液体废物管理水平得分与排名

2016~2017 年中国 36 个重点城市液体废物管理水平得分和排名如表 7 所示。

表 7　2016~2017 年中国 36 个重点城市液体废物管理水平得分和排名

城市	2017 年		2016 年	
	得分	排名	得分	排名
南昌	99.38	1	72.87	18
石家庄	94.77	2	85.79	4

续表

城市	2017 年		2016 年	
	得分	排名	得分	排名
呼和浩特	90.41	3	76.81	13
深圳	88.08	4	87.78	3
青岛	87.24	5	88.72	2
银川	86.27	6	77.72	10
郑州	85.96	7	99.70	1
哈尔滨	85.29	8	67.32	25
长沙	83.37	9	82.57	5
武汉	83.17	10	75.84	16
杭州	82.51	11	72.93	17
济南	82.41	12	77.47	11
大连	81.85	13	77.18	12
贵阳	81.85	14	59.15	30
重庆	81.43	15	79.03	7
上海	81.30	16	71.09	22
成都	81.16	17	71.95	19
西安	80.93	18	71.16	21
合肥	80.73	19	63.04	27
昆明	80.48	20	46.27	34
兰州	80.45	21	76.43	14
广州	79.28	22	64.40	26
厦门	79.23	23	71.57	20
沈阳	79.14	24	79.77	6
海口	77.57	25	78.43	8
天津	75.20	26	78.12	9
北京	74.93	27	60.73	29
太原	72.38	28	62.23	28
乌鲁木齐	68.64	29	40.39	35
长春	68.10	30	76.19	15
宁波	56.62	31	49.75	32
福州	52.08	32	71.03	23
南宁	51.41	33	57.18	31
西宁	44.93	34	69.83	24
拉萨	43.57	35	48.10	33
南京	34.73	36	18.87	36

4. 生态绿化管理水平得分与排名

2016～2017 年中国 36 个重点城市生态绿化管理水平得分和排名如表 8 所示。

表 8　2016～2017 年中国 36 个重点城市生态绿化管理水平得分和排名

城市	2017 年		2016 年	
	得分	排名	得分	排名
北京	100.00	1	100.00	1
大连	87.33	2	52.33	5
深圳	77.38	3	52.96	4
南京	76.02	4	51.90	6
石家庄	72.75	5	53.93	3
福州	72.34	6	49.56	7
厦门	67.10	7	46.62	10
太原	66.01	8	27.56	32
合肥	63.56	9	43.44	13
南昌	60.90	10	40.87	17
广州	59.67	11	43.50	12
南宁	58.17	12	44.59	11
昆明	56.61	13	37.50	24
银川	56.27	14	88.95	2
乌鲁木齐	54.91	15	40.93	16
成都	53.75	16	42.39	15
长沙	52.86	17	22.56	34
长春	51.91	18	34.16	28
西安	50.20	19	47.53	9
西宁	49.46	20	39.99	20
贵阳	48.77	21	28.82	31
海口	48.09	22	34.19	27
济南	47.62	23	39.16	22
郑州	45.37	24	39.30	21
重庆	42.64	25	40.50	18
杭州	42.37	26	40.45	19
呼和浩特	41.76	27	33.50	29
宁波	41.62	28	37.70	23
上海	36.51	29	34.33	25
青岛	36.17	30	34.30	26

续表

城市	2017年		2016年	
	得分	排名	得分	排名
沈阳	35.01	31	32.89	30
天津	20.30	32	17.82	35
兰州	19.41	33	24.59	33
武汉	4.97	34	48.93	8
拉萨	4.63	35	0.00	36
哈尔滨	0.00	36	42.65	14

5. 噪声环境管理水平得分与排名

2016～2017年中国36个重点城市噪声环境管理水平得分和排名如表9所示。

表9　2016～2017年中国36个重点城市噪声环境管理水平得分和排名

城市	2017年		2016年	
	得分	排名	得分	排名
乌鲁木齐	99.15	1	77.82	2
昆明	90.91	2	70.68	4
重庆	89.87	3	67.64	6
厦门	88.00	4	65.98	7
银川	82.72	5	65.71	8
石家庄	82.69	6	72.32	3
太原	82.61	7	91.76	1
南宁	78.78	8	60.36	11
天津	78.57	9	59.77	13
南京	78.34	10	48.43	22
杭州	76.49	11	57.16	15
南昌	75.78	12	68.27	5
大连	73.23	13	59.83	12
呼和浩特	72.33	14	53.40	18
兰州	68.32	15	56.68	16
合肥	66.22	16	61.03	9
西宁	65.89	17	32.71	34
青岛	64.74	18	56.37	17

续表

城市	2017 年		2016 年	
	得分	排名	得分	排名
贵阳	64. 59	19	42. 09	28
拉萨	64. 51	20	36. 77	32
宁波	63. 53	21	47. 51	23
广州	62. 40	22	49. 84	20
海口	61. 99	23	52. 16	19
成都	61. 77	24	48. 48	21
长春	61. 50	25	44. 64	24
北京	56. 21	26	43. 64	25
福州	56. 05	27	43. 64	26
郑州	54. 01	28	41. 64	30
深圳	48. 04	29	42. 96	27
沈阳	45. 70	30	41. 74	29
上海	45. 68	31	35. 35	33
长沙	44. 13	32	37. 07	31
武汉	41. 11	33	57. 95	14
济南	40. 41	34	60. 57	10
西安	38. 64	35	19. 63	35
哈尔滨	0. 00	36	0. 00	36

三　重点城市环境管理水平横向比较分析

（一）环境管理水平整体和分项比较分析

1. 环境管理水平整体比较分析

2017 年中国 36 个重点城市环境管理水平得分如图 1 所示。2017 年中国 36 个重点城市环境管理水平得分前八和后五排序参见图 2。

2017 年中国 36 个重点城市的环境管理水平平均得分为 71. 44 分，其中有 20 个城市高于平均分。标准差为 9. 49，36 个城市中得分位于单倍标准差范围内的城市个数为 25 个，占比 69. 44%；得分位于两倍标准差范围内的城市个数为 34 个，占比 94.44%。重点城市环境管理水平得分分布比较集中。

得分位于前八名的城市分别为深圳、大连、南昌、厦门、石家庄、上海、青岛和北京，相应的得分分别为 84.50、83.73、83.41、83.09、81.32、81.12、80.92 和 78.09 分。得分位于后五名的城市分别为乌鲁木齐、西宁、贵阳、哈尔滨和拉萨，相应的得分分别为 61.21、59.41、58.60、48.45 和 38.02 分。

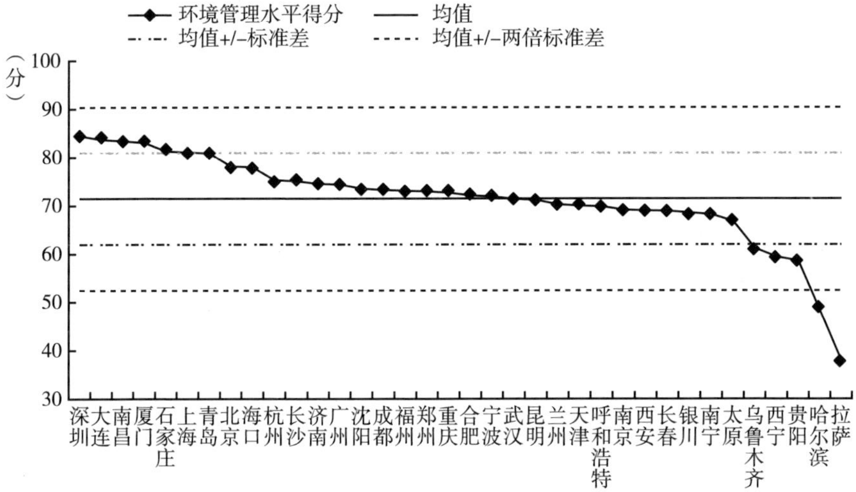

图 1　2017 年中国 36 个重点城市环境管理水平得分

总体上看，36 个重点城市环境管理水平的得分位于 38 分和 85 分之间。深圳市（84.50 分）位居 36 个重点城市之首，而拉萨市（38.02 分）位于 36 个重点城市最后一位，两者之间得分差值为 46.48 分。宁波（71.91 分）、武汉（71.38 分）和昆明（71.21 分）与平均值接近。这说明深圳市环境管理水平最强，拉萨市环境管理水平最弱，而宁波、武汉和昆明环境管理水平处于中等水平。

2. 固体废物管理水平比较分析

2017 年中国 36 个重点城市固体废物管理水平得分如图 3 所示。2017 年

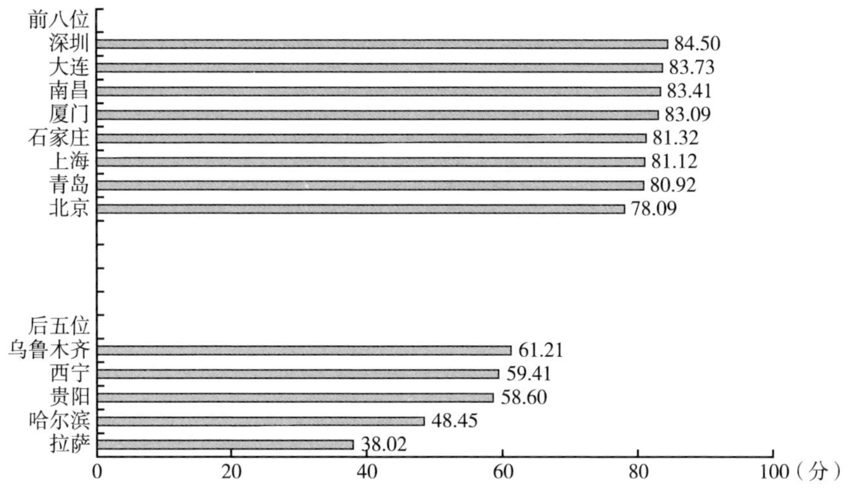

图 2　2017 年中国 36 个重点城市环境管理水平得分前八和后五排序

中国 36 个重点城市固体废物管理水平得分前五和后五排序参见图 4。

在固体废物管理水平分项指标上，2017 年中国 36 个重点城市的平均得分为 82.21 分，其中有 23 个城市不低于平均分。标准差为 17.32，36 个城市中得分位于单倍标准差范围内的城市个数为 30 个，占比为 83.33%；得分位于两倍标准差范围内的城市个数为 33 个，占比为 91.67%。重点城市固体废物管理水平得分分布比较集中。

得分位于前五名的城市分别为福州、武汉、宁波、大连和上海，相应的得分分别为 99.04、98.90、98.00、97.67 和 97.07 分。得分位于后五名的城市分别为呼和浩特、银川、贵阳、拉萨和哈尔滨，相应的得分分别为 62.06、60.00、44.23、43.10 和 33.10 分。

总体上看，在固体废物管理水平方面，36 个重点城市固体废物管理水平的得分位于 30 分和 100 分之间。第一名和最后一名城市间差距较大。福州市（99.04 分）位居 36 个重点城市之首，而哈尔滨市得分 33.10 分，位于 36 个重点城市最后一位，两者之间得分差值为 65.94 分。成都（84.60 分）、北京（84.48 分）和广州（81.84 分）与平均值接近。这说明福州市固体废物管理水平最强，哈尔滨市固体废物管理水平最弱，而成都、北京和

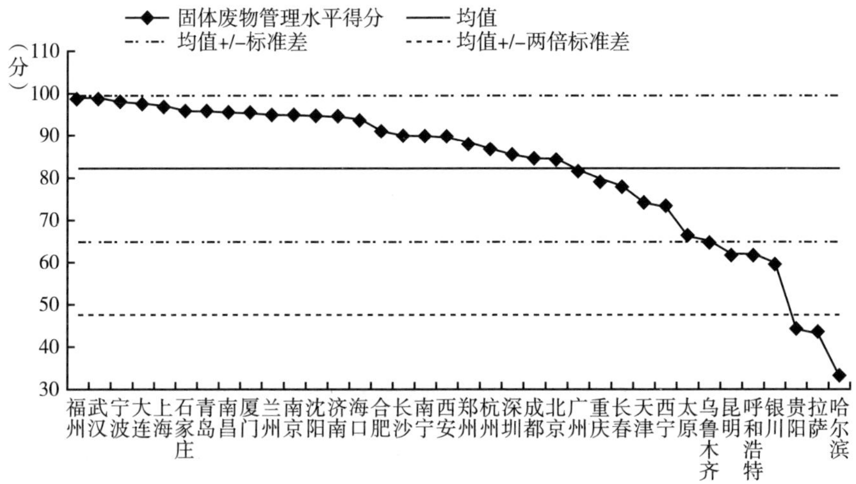

图 3　2017 年中国 36 个重点城市固体废物管理水平得分

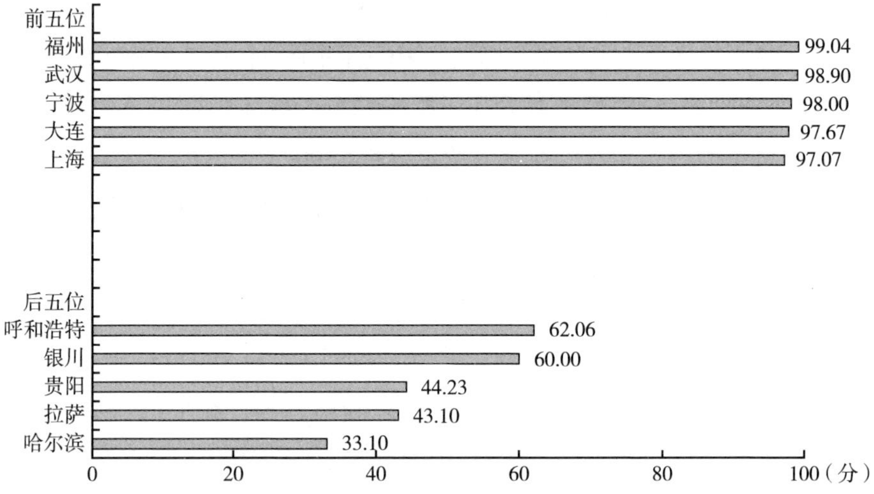

图 4　2017 年中国 36 个重点城市固体废物管理水平得分前五和后五排序

广州固体废物管理水平处于中等水平。

3. 气体废物管理水平比较分析

2017 年中国 36 个重点城市气体废物管理水平得分如图 5 所示。2017 年中国 36 个重点城市气体废物管理水平得分前五和后五排序参见图 6。

在气体废物管理水平分项指标上，2017 年中国 36 个重点城市的平均得分为 64.81 分，其中有 18 个城市不低于平均分。标准差为 11.56，36 个城市中得分位于单倍标准差范围内的城市个数为 26 个，占比为 72.22%；得分位于两倍标准差范围内的城市个数为 34 个，占比为 94.44%。

得分位于前五名的城市分别为深圳、上海、厦门、青岛和天津，相应的得分分别为 89.48、87.28、79.34、78.34 和 76.00 分。得分位于后五名的城市分别为贵阳、西安、合肥、乌鲁木齐和拉萨，相应的得分分别为 51.98、48.66、48.59、44.69 和 33.81 分。

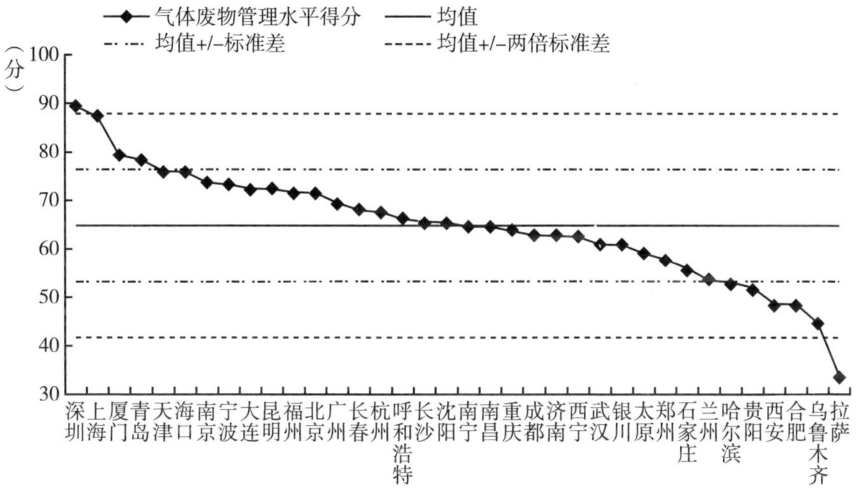

图 5　2017 年中国 36 个重点城市气体废物管理水平得分

总体上看，在气体废物管理水平方面，36 个重点城市气体废物管理水平的得分位于 30 分和 90 分之间。第一名和最后一名城市间差距较大。深圳市（89.48 分）位居 36 个重点城市之首，而拉萨市得分 33.81 分，位于 36 个重点城市最后一位，两者之间得分差值为 55.67 分。沈阳（65.45 分）、南宁（64.61 分）和南昌（64.57 分）与平均值接近。这说明深圳市气体废物管理水平最强，拉萨市气体废物管理水平最弱，而沈阳、南宁和南昌气体废物管理水平处于中等水平。

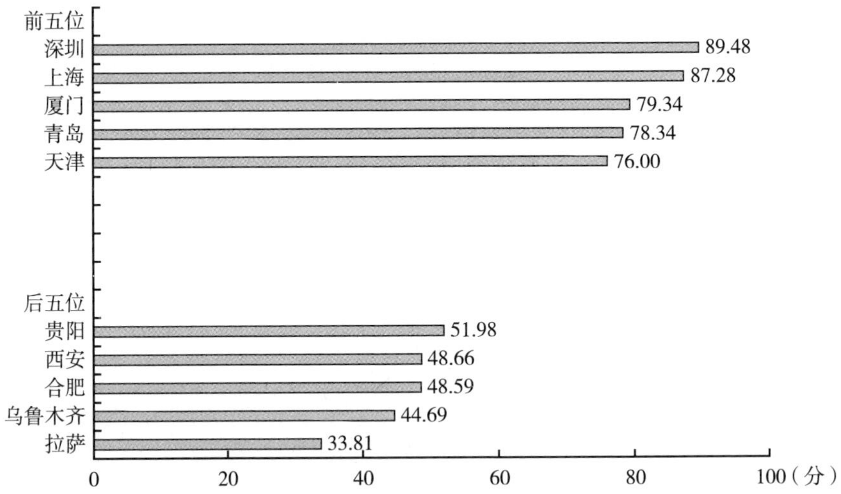

图6　2017年中国36个重点城市气体废物管理水平得分前五和后五排序

4. 液体废物管理水平比较分析

2017年中国36个重点城市液体废物管理水平得分如图7所示。2017年中国36个重点城市液体废物管理水平得分前五和后五排序参见图8。

在液体废物管理水平分项指标上，2017年中国36个重点城市的平均得分为76.02分，其中有25个城市不低于平均分。标准差为14.67，36个城市中得分位于单倍标准差范围内的城市个数为28个，占比为77.78%；得分位于两倍标准差范围内的城市个数为33个，占比为91.67%。重点城市液体废物管理水平得分分布比较集中。

得分位于前五名的城市分别为南昌、石家庄、呼和浩特、深圳和青岛，相应的得分分别为99.38、94.77、90.41、88.08和87.24分。得分位于后五名的城市分别为福州、南宁、西宁、拉萨和南京，相应的得分分别为52.08、51.41、44.93、43.57和34.73分。

总体上看，在液体废物管理水平方面，36个重点城市液体废物管理水平的得分位于30分和100分之间。第一名和最后一名城市间差距较大，南昌市（99.38分）位居36个重点城市之首，而南京市得分34.73分，位于36个重点城市最后一位，两者之间得分差值为64.65分。海口（77.57

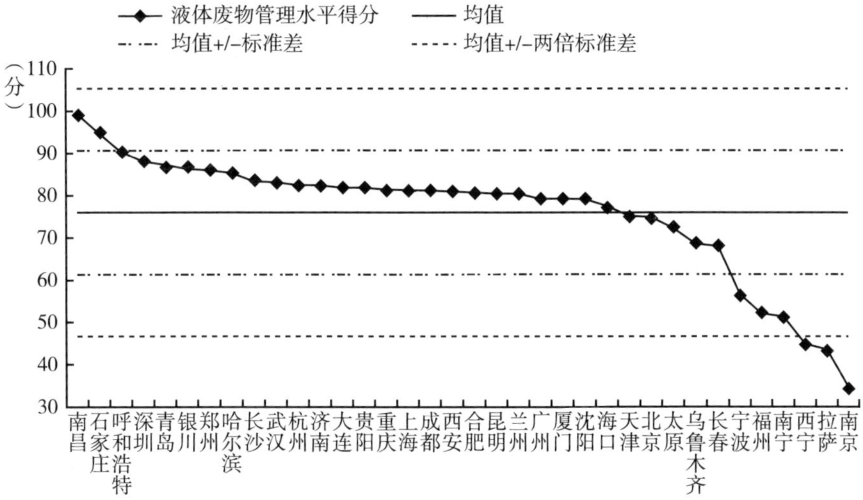

图 7　2017 年中国 36 个重点城市液体废物管理水平得分

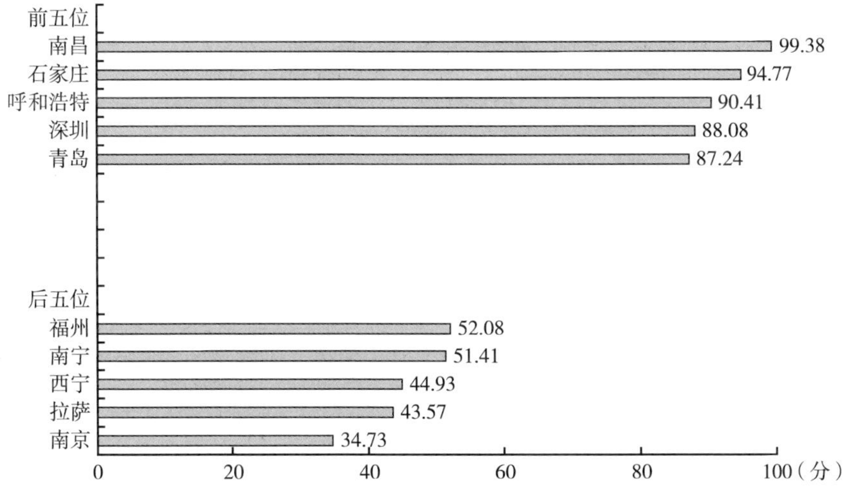

图 8　2017 年中国 36 个重点城市液体废物管理水平得分前五和后五排序

分）、天津（75.20 分）和北京（74.93 分）与平均值接近。这说明南昌市液体废物管理水平最强，南京市液体废物管理水平最弱，而海口、天津和北京液体废物管理水平处于中等水平。

5. 生态绿化管理水平比较分析

2017 年中国 36 个重点城市生态绿化管理水平得分如图 9 所示。2017 年中国 36 个重点城市生态绿化管理水平得分前五和后五排序参见图 10。

在生态绿化管理水平分项指标上，2017 年中国 36 个重点城市的平均得分为 50.07 分，其中有 19 个城市不低于平均分。标准差为 21.89，36 个城市中得分位于单倍标准差范围内的城市个数为 25 个，占比为 69.44%；得分位于两倍标准差范围内的城市个数为 32 个，占比为 88.89%。

得分位于前五名的城市分别为北京、大连、深圳、南京和石家庄，相应的得分分别为 100.00、87.33、77.38、76.02 和 72.75 分。得分位于后五名的城市分别为天津、兰州、武汉、拉萨和哈尔滨，相应的得分分别为 20.30、19.41、4.97、4.63 和 0.00 分。

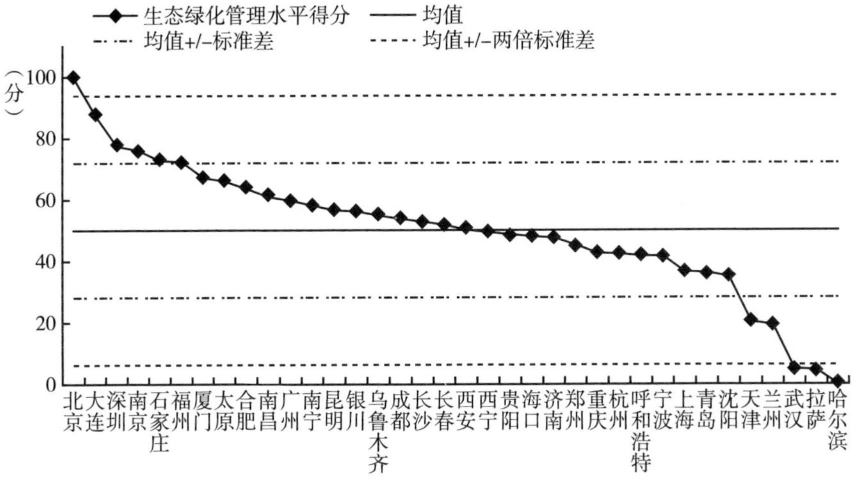

图 9　2017 年中国 36 个重点城市生态绿化管理水平得分

总体上看，在生态绿化管理水平方面，36 个重点城市生态绿化管理水平的得分位于 0 分和 100 分之间。第一名和最后一名城市间差距较大，北京市（100.00 分）位居 36 个重点城市之首，而哈尔滨市得分 0.00 分，位于 36 个重点城市最后一位，两者之间得分差值为 100 分。西安（50.20 分）、

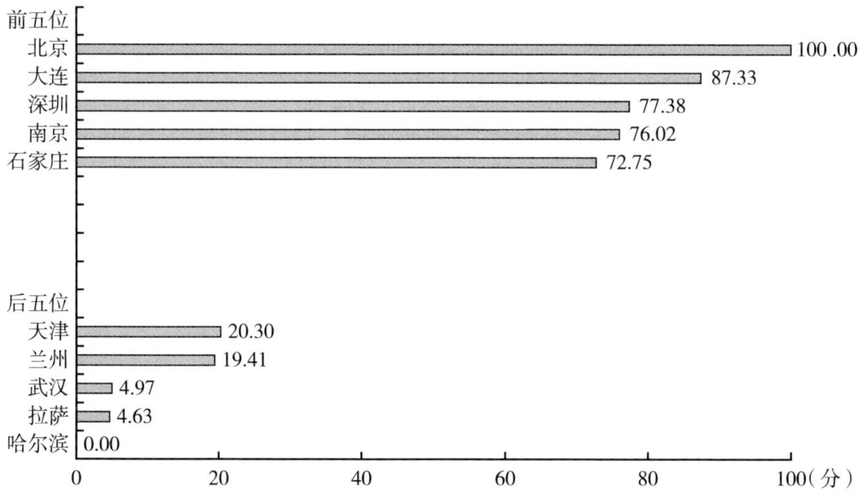

图 10　2017 年中国 36 个重点城市生态绿化管理水平得分前五和后五排序

西宁（49.46 分）和贵阳（48.77 分）与平均值接近。这说明北京市生态绿化管理水平最强，哈尔滨市生态绿化管理水平最弱，而西安、西宁和贵阳生态绿化管理水平处于中等水平。

6. 噪声环境管理水平比较分析

2017 年中国 36 个重点城市噪声环境管理水平得分如图 11 所示。2017 年中国 36 个重点城市噪声环境管理水平得分前五和后五排序参见图 12。

在噪声环境管理水平分项指标上，2017 年中国 36 个重点城市的平均得分为 64.58 分，其中有 19 个城市不低于平均分。标准差为 19.07，36 个城市中得分位于单倍标准差范围内的城市个数为 27 个，占比为 75%；得分位于两倍标准差范围内的城市个数为 35 个，占比为 97.22%。重点城市噪声环境管理水平得分分布比较集中。

得分位于前五名的城市分别为乌鲁木齐、昆明、重庆、厦门和银川，相应的得分分别为 99.15、90.91、89.87、88.00 和 82.72 分。得分位于后五名的城市分别为长沙、武汉、济南、西安和哈尔滨，相应的得分分别为 44.13、41.11、40.41、38.64 和 0.00 分。

总体上看，在噪声环境管理水平方面，36 个重点城市噪声环境管理水

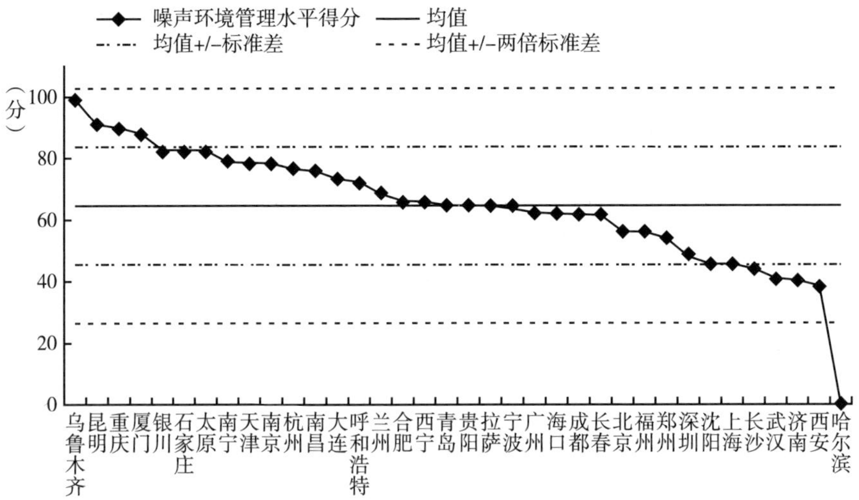

图 11　2017 年中国 36 个重点城市噪声环境管理水平得分

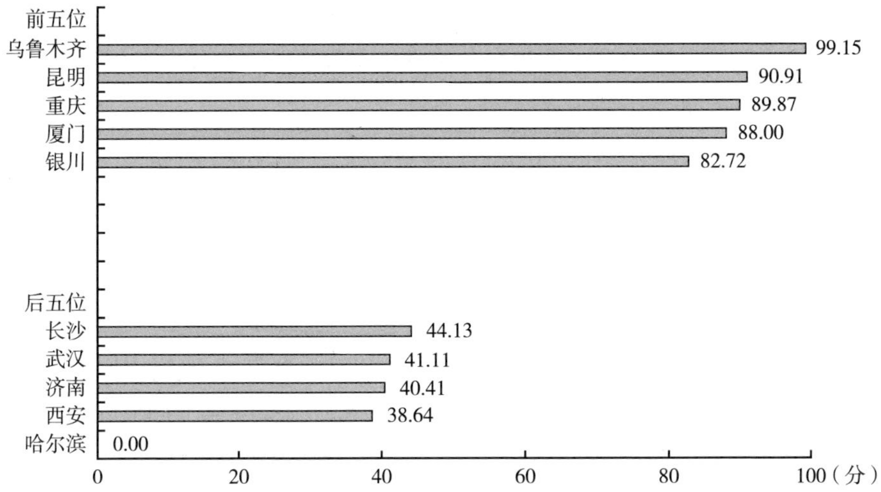

图 12　2017 年中国 36 个重点城市噪声环境管理水平得分前五和后五排序

平的得分位于 0 分和 100 分之间。第一名和最后一名城市间差距较大，乌鲁木齐市（99. 15 分）位居 36 个重点城市之首，而哈尔滨市得分 0. 00 分，位于 36 个重点城市最后一位，两者之间得分差值为 99. 15 分。青岛（64. 74 分）、贵阳（64. 59 分）和拉萨（64. 51 分）与平均值接近。这说明乌鲁木齐市噪声环境管理水平最强，哈尔滨市噪声环境管理水平最弱，而青岛、贵阳和拉萨噪声环境管理水平处于中等水平。

（二）环境管理水平短板因素分析

固体废物管理水平、气体废物管理水平、液体废物管理水平、生态绿化管理水平和噪声环境管理水平这五项加权平均，得到城市整体的环境管理水平，这五项中每一项的得分和排名都对城市整体环境管理水平有着非常重要的影响。因此，固体废物管理水平、气体废物管理水平、液体废物管理水平、生态绿化管理水平和噪声环境管理水平是城市整体的环境管理水平的五个重要影响因素。

2017 年中国 36 个重点城市环境管理水平分项和整体排名如表 10 所示。在各分项排名中，排名在后 10 位的称这一分项为该城市的短板因素，表示在不考虑权重影响的情况下，相比于其他分项，该分项严重影响了该城市的整体环境管理水平，如果要提升其整体环境管理水平，可以先从该短板因素入手。

表 10　2017 年中国 36 个重点城市环境管理水平分项和整体排名

城市	固体废物管理	气体废物管理	液体废物管理	生态绿化管理	噪声环境管理	环境管理
深圳	21	1	4	3	29	1
大连	4	9	13	2	13	2
南昌	8	20	1	10	12	3
厦门	9	3	23	7	4	4
石家庄	6	29	2	5	6	5
上海	5	2	16	29	31	6
青岛	7	4	5	30	18	7
北京	23	12	27	1	26	8
海口	14	6	25	22	23	9
杭州	20	15	11	26	11	10
长沙	16	17	9	17	32	11
济南	13	23	12	23	34	12

续表

城市	固体废物管理	气体废物管理	液体废物管理	生态绿化管理	噪声环境管理	环境管理
广州	24	13	22	11	22	13
沈阳	12	18	24	31	30	14
成都	22	22	17	16	24	15
福州	1	11	32	6	27	16
郑州	19	28	7	24	28	17
重庆	25	21	15	25	3	18
合肥	15	34	19	9	16	19
宁波	3	8	31	28	21	20
武汉	2	25	10	34	33	21
昆明	31	10	20	13	2	22
兰州	10	30	21	33	15	23
天津	27	5	26	32	9	24
呼和浩特	32	16	3	27	14	25
南京	11	7	36	4	10	26
西安	18	33	18	19	35	27
长春	26	14	30	18	25	28
银川	33	26	6	14	5	29
南宁	17	19	33	12	8	30
太原	29	27	28	8	7	31
乌鲁木齐	30	35	29	15	1	32
西宁	28	24	34	20	17	33
贵阳	34	32	14	21	19	34
哈尔滨	36	31	8	36	36	35
拉萨	35	36	35	35	20	36

根据表10，可以得到2017年城市环境管理水平的短板因素，如表11所示。受限于3个及以上短板因素的城市，都是排名为后10名的城市。太原和乌鲁木齐受限于3个短板因素：固体废物管理水平、气体废物管理水平和液体废物管理水平。哈尔滨受限于4个短板因素：固体废物管理水平、气体废物管理水平、生态绿化管理水平和噪声环境管理水平。拉萨受限于全部

5 个短板因素：固体废物管理水平、气体废物管理水平、液体废物管理水平、生态绿化管理水平和噪声环境管理水平。其余城市受限于2 个、1 个短板因素或没有短板因素限制。

表 11　2017 年中国 36 个重点城市环境管理水平的短板因素

短板因素		城市
1 个因素	固体废物管理	昆明、银川
	气体废物管理	石家庄、合肥
	液体废物管理	北京、南京、长春、南宁
	生态绿化管理	青岛
	噪声环境管理	深圳、长沙、济南
2 个因素	固体废物管理 & 气体废物管理	贵阳
	固体废物管理 & 液体废物管理	西宁
	固体废物管理 & 生态绿化管理	天津、呼和浩特
	气体废物管理 & 生态绿化管理	兰州
	气体废物管理 & 噪声环境管理	郑州、西安
	液体废物管理 & 生态绿化管理	宁波
	液体废物管理 & 噪声环境管理	福州
	生态绿化管理 & 噪声环境管理	上海、沈阳、武汉
3 个因素	固体废物管理 & 气体废物管理 & 液体废物管理	太原、乌鲁木齐
4 个因素	固体废物管理 & 气体废物管理 & 生态绿化管理 & 噪声环境管理	哈尔滨
5 个因素	固体废物管理 & 气体废物管理 & 液体废物管理 & 生态绿化管理 & 噪声环境管理	拉萨
无		大连、南昌、厦门、海口、杭州、广州、成都、重庆

（三）环境管理水平分区域比较分析

1. 环境管理水平分区域平均得分比较

中国 36 个重点城市环境管理水平分项分区域平均得分比较如表 12 和图 13 所示。从总体上看，东部地区环境管理水平平均得分最高，76.81 分；中部地区次之，73.63 分；东北地区第三，68.66 分；西部地区最低，65.00

分。东部地区和中部地区平均得分都高于 36 个重点城市的平均得分 71.44 分；而西部地区和东北地区平均得分都低于 36 个重点城市的平均得分，尤其是西部地区，比 36 个重点城市的平均得分低 6.44 分。

表 12　中国 36 个重点城市环境管理水平分项分区域平均得分比较

区域	环境管理	固体废物管理	气体废物管理	液体废物管理	生态绿化管理	噪声环境管理
东部地区	76.81	91.22	73.72	74.71	57.00	64.51
中部地区	73.63	88.36	59.42	84.17	48.95	60.64
西部地区	65.00	70.72	57.11	72.63	44.72	73.12
东北地区	68.66	75.89	64.76	78.60	43.56	45.11
36 个城市	71.44	82.21	64.81	76.02	50.07	64.58

从分项上看，在固体废物管理方面，平均得分降序排列为：东部地区、中部地区、东北地区和西部地区。西部地区和东北地区差距不大，中部地区和东部地区差距也不是很大，但西部地区和东部地区的差距比较大。在气体废物管理方面，平均得分降序排列为：东部地区、东北地区、中部地区和西部地区。中部地区和西部地区的平均得分比较接近，东部地区的平均得分高于 36 个重点城市平均得分，其余三个地区都低于 36 个重点城市平均得分。在液体废物管理方面，平均得分降序排列为：中部地区、东北地区、东部地区和西部地区。东部地区和西部地区平均得分差距不大，且都低于 36 个重点城市平均得分。在生态绿化管理方面，平均得分降序排列为：东部地区、中部地区、西部地区和东北地区。西部地区和东北地区平均得分比较接近，除了东部地区以外，其余三个地区的平均得分都低于 36 个重点城市平均得分。在噪声环境管理方面，平均得分降序排列为：西部地区、东部地区、中部地区和东北地区。中部地区和东部地区的平均得分比较接近，除了西部地区以外，其余三个地区的平均得分都低于 36 个城市平均得分，东北地区和西部地区的差距比较大。

2. 环境管理水平分区域排名分布

中国 36 个重点城市环境管理水平分项排名前 10 名和后 10 名分布如表 13 所示。

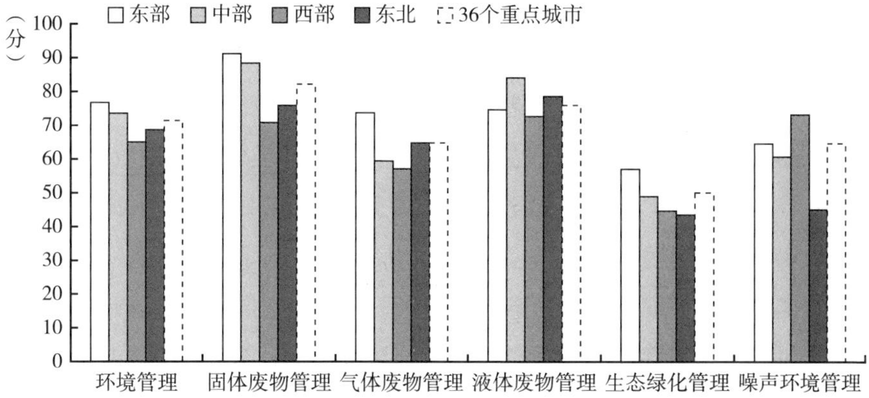

图 13　中国 36 个重点城市环境管理水平分项分区域平均得分比较

表 13　中国 36 个重点城市环境管理水平分项排名前 10 名和后 10 名分布

指标		东部地区	中部地区	西部地区	东北地区
环境管理	前 10 名	8	1	0	1
	后 10 名	0	1	7	2
固体废物管理	前 10 名	6	2	1	1
	后 10 名	1	1	7	1
气体废物管理	前 10 名	8	0	1	1
	后 10 名	1	3	5	1
液体废物管理	前 10 名	3	4	2	1
	后 10 名	4	1	4	1
生态绿化管理	前 10 名	6	3	0	1
	后 10 名	4	1	3	2
噪声环境管理	前 10 名	4	1	5	0
	后 10 名	4	3	1	2

（1）东部地区城市环境管理水平最高

在城市环境管理水平前 10 名中，东部地区占 8 名，分别为深圳、厦门、石家庄、上海、青岛、北京、海口和杭州，除了第二名和第三名，其余名次都囊括其中。位于城市环境管理水平前 10 名的这些东部城市，在城市环境管理水平的各分项指标方面也都比较靠前，尤其在气体废物管理方面水平最高。固体废物管理水平前 10 名中，东部城市有 6 个，占 60%；气体废物管理水平前 10 名中，东部城市有 8 个，占 80%；生态绿化管理水平前 10 名中，东部城市有 6 个，占 60%。

（2）中部地区城市环境管理水平较高

中部地区进行评价的城市主要有 6 个，城市环境管理水平位于前 10 名的有 1 个，即南昌，位于第 3 名；位于后 10 名的有 1 个，即太原，位于第 31 名；其余 4 个位于中间第 11～21 名。太原在生态绿化管理和噪声环境管理方面排名比较靠前，分别为第 8 名和第 7 名，但在固体废物管理、气体废物管理和液体废物管理这三项指标排名都比较靠后，分别为第 29 名、第 27 名和第 28 名，所以影响了其总排名。

中部地区城市在液体废物管理和生态绿化管理分项指标上比较突出，在液体废物管理分项指标前 10 名中，中部城市有 4 个，占 40%；在生态绿化管理分项指标前 10 名中，中部城市有 3 个，占 30%；而在气体废物管理分项指标上比较薄弱，在该分项指标前 10 名中，没有一个中部城市入围。

（3）东北地区城市环境管理位于中等偏下水平，同区域城市之间环境管理水平差距较大

东北地区进行评价的城市有 4 个：沈阳、大连、长春和哈尔滨。城市环境管理水平位于前 10 名的有 1 个，即大连，位于第 2 名；位于后 10 名的有 2 个，即长春和哈尔滨，分别位于第 28 和 35 名。在东北地区中，城市之间环境管理水平差距较大。

这种同区域城市之间差距在各分项指标上也有所体现，在固体废物管理、气体废物管理和液体废物管理这三个分项指标上，位于前 10 名和后 10 名的都有 1 个城市；在生态绿化管理方面，位于前 10 名的有 1 个城市，而位于后 10 名的有 2 个城市。

（4）西部地区城市环境管理水平整体比较落后，需进一步提高

西部地区进行评价的城市有 12 个，这 12 个城市没有一个进入城市管理水平前 10 名，位于后 10 名的有 7 个，占 70%。在城市环境管理分项指标上，除了噪声环境管理以外，其余四个都比较落后，在固体废物管理分项指标后 10 名中，西部城市有 7 个，占 70%；在气体废物管理分项指标后 10 名

中，西部城市有5个，占50%；在液体废物管理分项指标后10名中，西部城市有4个，占40%；在生态绿化管理分项指标后10名中，西部城市有3个，占30%。因此，西部地区城市环境管理水平整体不高。

四 重点城市环境管理水平纵向比较分析

（一）环境管理水平得分比较分析

2016~2017年中国36个重点城市环境管理水平和各分项指标的平均得分如表14和图14所示。

表14 2016~2017年中国36个重点城市环境管理水平和各分项指标的平均得分

年份	环境管理	固体废物管理	气体废物管理	液体废物管理	生态绿化管理	噪声环境管理
2016	70.33	86.72	65.71	69.65	41.40	51.99
2017	71.44	82.21	64.81	76.02	50.07	64.58

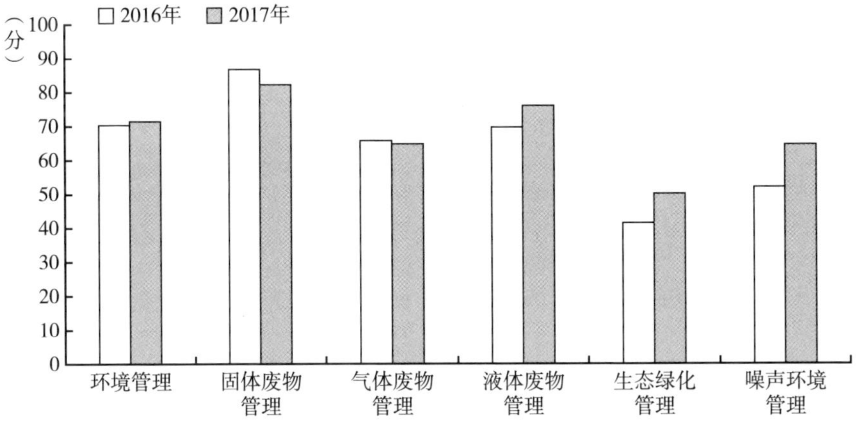

图14 2016~2017年中国36个重点城市环境管理水平和各分项指标平均得分

从表14和图14可以看出，2016~2017年中国36个重点城市环境管理水平的平均得分有所增加，呈上升趋势，这说明城市环境管理水平普遍都在提升。对于各分项指标，平均得分有部分上升，也有部分下降，且上升的幅度要大于下降的幅度。在液体废物管理、生态绿化管理和噪声环境管理这三个方面，2017 年的平均得分高于 2016 年的平均得分，总体呈上升趋势，特别是在噪声环境管理方面，增加幅度比较大；在固体废物管理和气体废物管理这两个方面，2017 年的平均得分低于 2016 年的平均得分，这两个分项的平均管理水平有所下降，但下降的幅度不是很大。

（二）环境管理水平排名比较分析

2016 ~2017 年中国 36 个重点城市环境管理水平排名变化情况如图 15 所示。2016 ~2017 年排名变化为 2016 年城市环境管理水平排名减去 2017 年的相应排名，用符号“V”表示。

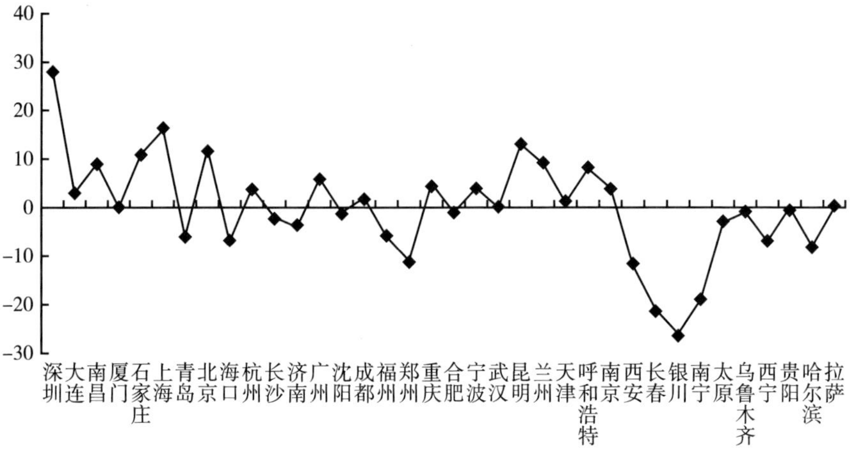

图 15　2016 ~2017 年中国 36 个重点城市环境管理水平排名变化情况

通过计算，可以得到变量 V 的标准方差近似为 10. 46，这表明从整体上看，2016 ~2017 年城市环境管理水平排名变化比较剧烈，波动大，离散程度高。36 个重点城市中，排名没有变化的城市（V =0）共计 4 个，排名上升 1 ~5 位的城市（1≤V≤5）有 7 个，排名上升至少 6 位（V≥6）的城市有 9 个，排名下降 1 ~5 位的城市（ -5≤V≤-1）有 6 个，排名下降至少6位（V≤-6）的城市有10个。

2016~2017年城市环境管理水平排名没有变化的4个城市为厦门、武汉、贵阳和拉萨，排名分别为第4、21、34、36名。

排名上升1~5位的7个城市为天津、成都、大连、南京、宁波、杭州和重庆。天津从第25名上升到第24名，上升1位；成都从第17名上升到第15名，上升2位；大连从第5名上升到第2名，上升3位；南京从第30名上升到第26名，上升4位；宁波从第24名上升到第20名，上升4位；杭州从第14名上升到第10名，上升4位；重庆从第23名上升到第18名，上升5位。

排名上升至少6位的9个城市为广州、呼和浩特、兰州、南昌、石家庄、北京、昆明、上海和深圳。这9个城市中，除了广州之外，其他城市有的退出排名后10位的队列：呼和浩特从第33名上升到第25名，上升8位；兰州从第32名上升到第23名，上升9位；昆明从第35名上升到第22名，上升13位。有的进入排名前10位的队列：南昌从第12名上升到第3名，上升9位；石家庄从第16名上升到第5名，上升11位；北京从第20名上升到第8名，上升12位；上海从第22名上升到第6名，上升16位；深圳从第29名上升到第1名，上升28位。

排名下降1~5位的6个城市为沈阳、合肥、乌鲁木齐、长沙、太原和济南。沈阳、合肥和乌鲁木齐均下降1位；长沙从第9名下降到第11名，下降2位；太原从第28名下降到第31名，下降3位；济南从第8名下降到第12名，下降4位。

排名下降至少6位的10个城市为青岛、福州、海口、西宁、哈尔滨、郑州、西安、南宁、长春和银川。其中有的退出前10名的队列，如福州从第10名下降到第16名，下降6位；郑州从第6名下降到第17名，下降11位。有的进入排名后10位的队列，如西安从第15名下降到第27名，下降12位；南宁从第11名下降到第30名，下降19位。排名变化剧烈的，从前10位进入后10位中，如长春从第7名下降到第28名，下降21位；银川从第3名下降到第29名，下降26位。

（三）环境管理水平前10位和后5位比较分析

2016～2017年中国36个重点城市环境管理水平排名前10位城市如表15所示，排名后5位城市如表16所示。

表15　2016～2017年中国36个重点城市环境管理水平排名前10位城市

年份	1	2	3	4	5	6	7	8	9	10
2016	青岛	海口	银川	厦门	大连	郑州	长春	济南	长沙	福州
2017	深圳	大连	南昌	厦门	石家庄	上海	青岛	北京	海口	杭州

从表15可以看出，与2016年相比，2017年中国36个重点城市环境管理水平排名前10位的城市，无论名次还是所包含的城市，都有较大变化。2016年和2017年连续两年城市环境管理水平都位于前10位的城市共有4个：青岛、海口、厦门和大连。除了厦门连续两年位于第四以外，青岛和海口的名次都有所下降，青岛从2016年的第一降到2017年的第七，海口从第二降到第九；大连的名次有所提升，从2016年的第五提升到2017年的第二。2017年，有6个城市，即深圳、南昌、石家庄、上海、北京和杭州，取代了上一年位于前10位的城市（银川、郑州、长春、济南、长沙和福州），成为城市环境管理水平排名前10位的城市。

表16　2016～2017年中国36个重点城市环境管理水平排名后5位城市

年份	1	2	3	4	5
2016	拉萨	昆明	贵阳	呼和浩特	兰州
2017	拉萨	哈尔滨	贵阳	西宁	乌鲁木齐

从表16可以看出，与2016年相比，2017年城市环境管理水平排名后5位的城市变化也比较大。拉萨和贵阳连续两年都位于城市环境管理水平排名后5位，且名次保持不变，分别为倒数第一和倒数第三。2017年，昆明、

呼和浩特和兰州这三个城市提升了自身的环境管理水平，而哈尔滨、西宁和乌鲁木齐这三个城市取代了它们，降至城市环境管理水平排名后5位。

五　重点城市环境管理水平分析结论及提升建议

（一）分析结论

1. 城市环境管理水平整体稳中有升

与2016年相比，2017年中国36个重点城市环境管理水平的平均得分增加了1.11分，有小幅增加，总体呈上升趋势，这说明2017年城市环境管理水平整体稳中有升。2017年是全面实施《“十三五”生态环境保护规划》的重要一年。36个重点城市以生态文明思想为指导，以改善生态环境质量为核心，以建设生态文明标志性举措为突破口，继续推进生态环境保护各项工作，在环境管理整体方面取得了一定进展和成效。特别是在液体废物管理、生态绿化管理和噪声环境管理这三个方面，平均得分提升比较明显，管理成效显著。大气污染情况持续改善，细颗粒物的年平均浓度从2016年的50.5微克/立方米降到2017年的46.1微克/立方米，《大气污染防治行动计划》中空气质量改善目标和重点工作任务全面完成。

2. 城市环境管理水平排名变动比较剧烈

通过计算得到2016~2017年排名变化的标准方差近似为10.46，这表明从整体上看，这两年城市环境管理水平排名变化比较剧烈，离散程度高。部分城市环境管理排名波动较大，从后10名上升到前10名，如深圳、上海和北京；也有部分城市从前10名下降到后10名，如长春和银川。

深圳市从2016年的第29名上升到2017年的第一名，主要得益于城市固体废物管理和城市气体废物管理的提升。城市固体废物管理中，工业固体废物利用率大幅度提高，从2016年的40.85%提高到2017年的74.72%，从而使城市固体废物管理排名从第32名提升到第21名；城市气体废物管理中，工业二氧化硫排放降低比率从负值提升到72.02%，工业烟尘排放降低比率也从负值提升到 48.77%，从而使城市气体废物管理排名从第 33 名提升到第 1 名。上海市从 2016 年的第 22 名上升到 2017 年的第 6 名，主要得益于城市气体废物管理的提升。城市气体废物管理中，工业二氧化硫排放降低比率从 32.5% 提升到 81.22%，工业烟尘排放降低比率从 15.2% 提升到 58.42%，细颗粒物（PM2.5）年平均浓度从 45 微克/立方米降到 39 微克/立方米，从而使城市气体废物管理排名从第 23 名提升到第 2 名。北京市从 2016 年的第 20 名上升到 2017 年的第 8 名，也是得益于城市气体废物管理的提升。城市气体废物管理中，工业二氧化硫排放降低比率从 45.3% 提升到 62.96%，工业烟尘排放降低比率从 42.8% 提升到 45.62%，细颗粒物（PM2.5）年平均浓度从 73 微克/立方米降到 58 微克/立方米，从而使城市气体废物管理排名从第 26 名提升到第 12 名。

这些名次提升幅度大的城市在环境管理的各个方面，如法制法规、政策措施、投入和技术等进行了完善和提升。深圳市率先试点改革环境污染强制责任保险，联合深圳市保监局制定《深圳市环境污染强制责任保险试点工作方案》，经市委全面深化改革小组审议后印发实施，首创环境污染责任保险风险预防费提取制度。上海市加大环保投入，2017 年全市环保投入资金约 923.53 亿元，相当于同年上海市地区生产总值（GDP）的 3.1%，比 2013 年增长 300 多亿元。北京市充分发挥科技引领支撑作用，完成“基于新一代卫星遥感、地面监测与分析模式的区域空气质量综合监测研究与应用”项目的研究任务；开展“基于大数据技术的北京地区 PM2.5 精细化来源研究”与“基于深度学习的环境影响评价大数据应用示范”等研究项目；组织开展“2+26”城市大气污染防治“一市一策”跟踪研究中的“全市大气污染防治综合解决方案研究”，为环境管理提供技术支撑。

长春市从 2016 年的第 7 名下降到 2017 年的第 28 名，主要由于城市气体废物管理和液体废物管理的下降。城市气体废物管理中，工业二氧化硫排放降低比率从 58.2% 减少到 34.68%，工业烟尘排放降低比率从 69.7% 减少到 25.29%，从而使城市气体废物管理排名从第 7 名下降到第 14 名。城市液体废物管理中，工业废水排放量减少比率从 32.39% 下降到 1.84%，导致城市液体废物管理排名从第 15 名下降到第 30 名。银川市从 2016 年的第 3 名下降到 2017 年的第 29 名，主要由于城市固体废物管理和气体废物管理的下降。城市固体废物管理中，工业固体废物利用率从 44.01% 减少到 32.45%，从而使城市固体废物管理排名从第 15 名下降到第 33 名；城市气体废物管理中，工业二氧化硫排放降低比率从 62.4% 减少到 43.66%，工业烟尘排放降低比率从 40.3% 减少到负值，导致城市气体废物管理排名从第 17 名下降到第 26 名。城市环境管理水平取决于自然环境和社会环境相互作用和治理水平，存在一定的不稳定性和不确定性。这些排名变动较大的城市，需要重点从薄弱处着手，提升城市环境管理水平。

3. 部分环境管理水平排名前10的城市也具有短板因素

城市环境管理水平从五个方面进行衡量：固体废物管理水平、气体废物管理水平、液体废物管理水平、生态绿化管理水平和噪声环境管理水平，可持续、高水平的城市环境管理需要在这五个方面均衡发展。从 2017 年 36 个重点城市环境管理水平来看，部分环境管理水平前 10 的城市也存在短板因素，影响了该城市整体的环境管理水平。位居第一的深圳市，噪声环境管理排名第 29 位，成为影响其发展的短板因素。构成噪声环境管理的两个分指标，城市噪声路段超标率为 47.7%，远高于平均值 32.32%，排名倒数第八，等效声级 dBA 为 70.0，高于平均值 68.86，排名倒数第五。位居第五的石家庄市，气体废物管理排第 29 名，是限制其发展的短板因素。构成气体废物管理的分指标，细颗粒物（PM2.5）年平均浓度为 86 微克/立方米，排名倒数第一，远高于平均值 46.14 微克/立方米，石家庄市需要在大气污染控制方面进一步加强。位居第六的上海市，生态绿化管理排第 29 名，噪声环境管理排第 31 名，是其两个短板因素。上海市的建成区绿化覆盖率为 39.10%，排名倒数第八，低于平均值 41.09%；城市噪声路段超标率为 55.8%，远高于平均值 32.32%，排名倒数第四；等效声级 dBA 为 69.9，高于平均值 68.86，排名倒数第八。位居第七的青岛市，生态绿化管理排第 30 名，为其短板因素。其建成区绿化覆盖率为 39.05%，排名倒数第七，低于平均值 41.09%。位居第八的北京市，液体废物管理排第 27 名，成为影响其发展的短板因素。构成液体废物管理的分指标污水处理厂集中处理率为92.4%，低于平均水平92.67%；工业废水排放量减少比率为0.25%，远低于平均值3.72%。这些短板因素是未来进一步全面提升这些城市环境管理水平的着力点。

4. 环境管理水平在不同区域存在明显差异

按照经济区域划分，将36个重点城市分别归入东部地区、中部地区、西部地区和东北地区，区域环境管理水平分布存在明显差异性。2017年，中国36个重点城市环境管理水平具有如下区域特征：一是东部地区城市环境管理水平整体最高，其环境管理水平平均得分最高，为76.81分。在城市环境管理水平前10名中，东部地区囊括8名；气体废物管理分项指标表现优异，前10名中，东部地区城市占据8位。二是中部地区城市环境管理水平次之，其环境管理水平平均得分为73.63分，高于36个重点城市的平均分（71.44分）。所评价的6个中部城市中，除了1个位于前10名和1个位于后10名之外，其余4个城市位于中间第11~21名；在液体废物管理分项指标上比较突出，前10名中，中部城市有4个。三是东北地区城市环境管理位于中等偏下水平，其环境管理水平平均得分为68.66分，低于所有城市的平均分。所评价的4个东北城市1个位于前10名，2个位于后10名，同区域城市之间环境管理水平具有较大差距。四是西部地区城市环境管理水平整体比较落后，其环境管理水平平均得分最低，为65.00分。所评价的12个西部城市中，没有一个进入前10名，位于后10名的有7个，西部地区整体环境管理水平不高，需加强提升。

（二）重点城市提升环境管理水平的建议

1. 补足短板因素，全方位提升城市环境管理水平

城市环境管理中的短板因素会影响环境管理的整体水平和能力，所以，从短板因素入手，重点弥补这方面的不足，可以使城市环境管理能力均衡发展，进而全方位提升城市环境管理水平。根据第三节中环境管理水平短板因素分析和2017年城市环境管理水平的短板因素统计，提出补足各城市环境管理能力短板的相应策略。如位居第5名的石家庄，需要从气体废物管理入手；排第14名的沈阳，需要在生态绿化管理和噪声环境管理两个方面加强；

排第 31 名的太原，需要在固体废物管理、气体废物管理和液体废物管理三个方面提升；排第 36 名的拉萨，城市环境管理的五个分项指标，固体废物管理、气体废物管理、液体废物管理、生态绿化管理和噪声环境管理都存在不足，需要进行全面增强。

2. 依托科技支撑，助力城市环境管理能力发展

习近平总书记在党的十九大报告中指出："加快建设创新型国家。创新是引领发展的第一动力，是建设现代化经济体系的战略支撑。要瞄准世界科技前沿，强化基础研究。"目前我国环境形势依然严峻，对环境管理的科学决策和精准施策需要科学技术的支撑。一方面，积极响应创新驱动发展战略，推动技术创新。在城市环境管理中引入"互联网+"、人工智能、大数据等先进信息技术，通过数据挖掘和数据分析，为城市环境管理决策提供依据和支撑，实现精细化和精准化管理。如北京市开展的"基于大数据技术的北京地区 PM2.5 精细化来源研究"和"基于深度学习的环境影响评价大数据应用示范"等研究项目，起到了很好的科技引领作用。另一方面，加强交流合作，促进科技创新成果的转化和应用。加强政府、企业、高校（研究机构）之间的交流合作，加大科研投入，推进技术创新；建立健全科技成果转化机制；将相关科研成果应用到城市环境管理的实践中，助力城市环境管理能力的进一步提升。

3. 加强环保意识，维护城市自然和社会环境

环境保护意识不强也是造成环境污染问题的原因之一，因此，通过增强城市居民的环保意识，鼓励城市居民参与环保行动，维护城市生态环境，进而提高城市环境管理水平。一方面，各城市政府要加大环保经费投入，建设和完善气体、液体和固体废物的处理设施，加强环境监测，加强环保执法和监管，加大环境违法惩罚力度，切实提升城市环境质量；另一方面，政府要联合各环保组织、媒体单位、网络"大 V"、知名博主等，开展线上线下互动，以多种方式传播环保信息和绿色理念，组织各种环保公益活动和环境文化活动。通过不断的宣传和实际参与，在潜移默化中增强城市居民的环保意识，从而构建健康和谐的绿色生态环境。

B.5
中国重点城市科技创新管理评价报告

汤文仙 *

摘　要：　城市科技创新是国家创新的重要组成部分，在我国建设创新型国家进程中发挥着举足轻重的作用。本报告构建了基于创新投入、创新潜力、创新载体、创新效率和创新产出五个维度的城市创新管理评价指标体系，对36个重点城市进行城市创新管理水平评价和排名，重在反映这些城市的城市创新管理及推进创新工作的总体状况。最后针对不同层次的城市的创新能力和管理水平，提出有针对性的建议，同时，对于存在的共性问题，提出普适性政策建议。

关键词：　城市科技创新　创新管理　评价指标体系

当前，新一轮科技革命和科技创新处于密集活跃期，颠覆性技术创新蓬勃兴起，科技创新已经成为增强综合国力和维护国家安全的决定性因素。创新这一要素已成为经济发展的重要内在驱动力和具有决定性的影响因素，逐渐形成了包括国家、区域和城市系统在内的创新体系。当前，世界主要发达国家纷纷把创新驱动作为提升国家竞争力的国家重大战略，围绕核心技术、顶尖人才、标准规范等强化部署，努力在新一轮国际科技竞争中掌握主导权。

党的十九大提出，创新是引领发展的第一动力，是建设现代化经济体系的战略支撑，并对加快建设创新型国家做出战略部署。城市在实施创新型国

---

* 汤文仙，北京城市学院副教授，管理学博士，长期从事技术创新、城市治理、产业规划等研究。

家战略中发挥着重要的作用。全面掌握当前各城市的科技创新能力，对于建立更加有效的区域创新协调发展新机制，打造区域创新高地，解决各城市之间的创新能力不平衡和创新管理不充分问题，带动更多地区加快走创新驱动发展之路，支撑国家重大区域发展战略具有十分重要的意义，将有利于进一步提升城市创新能力，加快创新型城市的建设进程。

一 国家创新型城市建设基本情况

（一）最新情况

创新是引领城市发展的第一动力，是建设现代化城市体系的战略支撑，加快进入创新型国家行列的战略部署之一就是创新型城市的建设，在整个国家创新体系中处于重要节点。据统计，目前我国287个地级以上城市虽然仅集中全国28%的人口，却拥有全国98%的高等院校及科研机构等科研资源，以及63%的经济总量。其中，78个创新型城市以占全国10%的土地面积、33%的人口，汇聚了全国78.5%的R&D经费投入和78.7%的地方财政科技投入，拥有全国85%以上的有效发明专利，培育了全国80%以上的高新技术企业。这些数据说明，科技创新具有区域集聚规律，创新要素只有高度集聚，才会产生聚合裂变效应，形成爆发力和驱动力。

习近平总书记曾明确提出“建设若干具有强大带动力的创新型城市和区域创新中心”。为落实国家自主创新战略，加快建立、完善各具特色和优势的区域创新体系，探索中国特色的创新发展道路，促进经济社会发展向创新驱动转变，2008年以来，科技部、国家发改委分别选取部分创新基础良好、优势特色突出、区域辐射作用明显的城市开展创新型城市试点。2010年1月，国家发改委《关于推进国家创新型城市试点工作的通知》原则同意大连、青岛等16个城市开展创建国家创新型城市试点。4月，科技部出台《关于进一步推进创新型城市试点工作的指导意见》。2016年，两部委联合印发《建设创新型城市工作指引》，对新形势下做好各创新型城市各项工作做出系统部署。2017年，两部委联合印发《关于进一步做好2017年创新型城市建设有关工作的通知》，该通知对充分发挥区域示范引领具有重要指导效应。2018年，两部委联合发文支持新一批17个城市开展创新型城市建设。截至目前，科技部、国家发改委先后共支持78个城市建设国家创新型城市，其中包括72个地级市，北京市海淀区、上海市杨浦区、天津市滨海新区、重庆市沙坪坝区4个直辖市城区，以及昌吉市、石河子市2个县级市。

本次研究选取的36个重点城市均为国家创新型试点城市，同时也是建设创新型国家的重要节点上的关键，对国家创新型城市建设成果也是很好的梳理和总结，在新时代进一步深化城市科技创新的再部署、再落实，助力每一个城市在科技于产业、城市运行管理、政府服务等方面的全面创新。

（二）建设要点

创新型城市在我国经济社会发展中具有举足轻重的地位，是开展创新活动的重要基地，是推动国家创新发展的关键。当前，我国创新型国家建设已进入攻坚阶段，需要充分发挥城市特别是创新型城市的引领、示范和带动作用，率先突破制约创新发展的瓶颈，加快创新型国家建设的进程。

按照《建设创新型城市工作指引》的要求，不同城市根据资源禀赋、产业特征、区位优势、发展水平等基础条件，发挥各自在创新发展中的积极性和主动性，引导城市探索各具特色的创新发展模式。发挥科技创新对城市经济社会发展的核心战略和引领作用，培育新动能，发展新经济。尊重科技创新的区域集聚规律，强化区域协同和开放共享，因地制宜探索差异化的创新发展路径，建设若干具有强大带动力的创新型城市和区域创新中心。具体要求归纳如下。

培育战略性新兴产业。大力发展节能环保、新一代信息技术、生物制药、高端装备制造、新型能源、新材料等战略性新兴产业。针对新一代信息技术网络化、泛在化、智能化的发展趋势，推动云计算、大数据、移动互联网、物联网、宽带通信、智慧城市等技术研发和综合应用，通过应用互联网技术催生新产业、新业态，促进大数据产业基地建设。开发利用风能、太阳能、生物质能等清洁能源，建设以太阳能利用为特色的新能源城市和绿色能源城市。

强化科技成果转化和应用。支持以企业为主承担的重大科技项目和引领产业升级的重大科技成果落地转化。优先支持一批具有自主知识产权、市场潜力大的科技成果在企业实现产业化。推动企业成为技术创新决策、投入、研发和成果推广应用的主体。支持高校、科研院所整合科研资源，面向市场提供专业化的研发服务。鼓励科技型中小微企业与高校、科研院所开展产学研合作，培育具有较强竞争力的创新型领军企业和一批小而强、小而专、小而精的科技型中小企业。

加快建设生产力促进中心、知识产权服务中心、技术转移中心等服务机构，重点培育和引进一批创业孵化、研发外包、工业设计、科技评估、信息咨询、技术经纪、技术交易、融资担保等科技中介服务组织。支持科技中介服务机构、科研院所和高校建立专业化技术服务机构与人才队伍。

优化创新生态的营商环境。加强创新政策措施的制定和完善，深化商事制度改革，降低创新创业制度门槛。发挥创新政策引导作用，创新政府财政科技投入方式，建立健全财政科技投入稳定增长机制，推进科技体制、经济体制、社会体制、文化体制和金融体制的大统筹、大改革，形成大众创新、万众创业的氛围，进一步营造有利于科技进步和创新的环境。

提升政府创新治理能力。城市政府加快推进简政放权、放管结合、优化服务改革，强化政府抓战略、抓规划、抓政策、抓服务等职能，构建和完善城市科技管理基础制度，形成多元参与、协同高效的创新治理格局。加强城市管理和服务体系智能化建设，促进大数据、物联网、云计算等现代信息技术与城市管理服务融合，提升城市创新治理和服务水平。

二　城市创新管理水平评价指标体系

（一）现有典型评价指标

城市创新能力评价一般是在区域创新能力评价研究的基础上展开的，涉及有关城市经济、科技创新、政府公共管理等相关领域以及它们之间的交叉与扩展，涉及内容属于区域创新范畴。目前国际上关于区域创新能力的评价研究主要由学者和机构两类群体展开，基本上采用了创新投入－创新产出的指标构建体系，如全球知识竞争力指数（WCI）、欧盟总体创新指数（SII）、全球创新指数（GII）和全球创新城市评估指标体系等。与国际研究一样，我国也主要由学者和研究机构完成。国内比较有影响力的创新能力的评价研究机构有中国科学院科技战略咨询研究院、中国科技发展战略研究小组和首都科技发展战略研究院等。

1. 全球知识竞争力指数（WCI）

著名研究机构——英国罗伯特·哈金斯协会于2002年建立和发布了全球知识竞争力指数（WCI），首次对全球主要国家和地区的知识竞争力进行综合度量和分析，是衡量各地区知识容量、能力、可持续性，以及将知识转换成经济价值和该地区居民财富程度的整体综合基准。全球知识竞争力指数（WCI）由五大知识竞争力要素和19个知识经济基准点构成。人力资本、金融资本、知识资本、区域经济、知识的可持续性构成五大知识竞争力要素。其中，人力资本由经济活动比率、每千居民中管理者人数、每千居民中IT和计算机制造业从业人数、每千居民中生化行业从业人数、每千居民中汽车和机械制造业从业人数、每千居民中电器业从业人数、每千居民中高技术服务业从业人数等7个知识经济基准点构成；金融资本由人均私人股票投资1个知识经济基准点构成；知识资本由人均政府R&D投资、人均企业R&D投资、每百万居民中注册专利数3个知识经济基准点构成；区域经济由产出劳动生产率、月均总收入、失业率3个知识经济基准点构成；知识的可持续性由在初中等教育上的人均公共支出、在高等教育上的人均公共支出、每百万居民的可靠服务器数、每千居民中的互联网主机数、每千居民中的宽带网路数5个知识经济基准点构成。

2. 欧盟总体创新指数（SII）

欧盟从2000年开始颁布欧盟创新政策的年度报告，为了进一步定性分析和展望各成员国的创新政策，欧盟创新政策研究中心设计了总体创新指数

（SII），到目前为止已经修订了6次。2010年，指标由25个增加到29个，指标分为创新驱动、企业活动和创新产出3个一级指标，分别反映企业外部的主要创新驱动力，创新过程中企业的表现和创新的中间结果，以及创新结果和成效。下设人力资源、资助和支持、企业投资、创业与合作、创新中间产出、创新企业、经济效益7个二级指标。该指标采用综合指数法，通过标准化、赋权等步骤得出各个国家的综合创新指数。指标既总体评价和结构性分析，又突出了创新过程的系统性并强调了企业的创新主体地位，在内容上既包括创新活动的投入和中间产出情况，又包括创新对经济的影响等。

3. 全球创新指数（GII）

全球创新指数（Global Innovation Index，GII）于2007年首次由欧洲工商管理学院启动，旨在评估国家或经济体的创新能力和相关政策表现，使政策制定者更加重视创新的相关政策。从2007年设定以来，全球创新指数体系不断更新，根据全球创新发展趋势，不断得到改进和完善，到2012年形成概念框架，其中包括五个创新投入指标和两个创新产出指标共84个变量。五个创新投入指标：一是体制，包括政治环境、管理环境和商业环境等；二是人力资本和研究，包括基础教育、高等教育和研发等；三是基础设施，包括信息通信技术、一般性基础设备和生态可持续性等；四是市场成熟度，包括信贷、投资和贸易竞争力等；五是商业成熟度，包括知识型员工、创新协作和知识吸收等。创新产出体现的是创新成果的实质证据，共有两个指标：一是知识与技术产出，包括知识创新、知识影响和知识扩散等；二是创造性产出，包括创造性无形资产、创意产品和服务以及在线创造等。

4. 创新型城市创新能力评价体系

为了科学客观地对我国区域创新能力监测和综合评价提供数据支撑，科学技术部发展计划司组织制订了创新型城市创新能力评价指标体系。创新型城市创新能力评价体系包括城市基础条件、创新投入、创新绩效、创新环境4个一级指标，以及18个二级指标。其中，城市基础条件指标包括人均GDP、每万人拥有的受大专及以上教育程度人口数和城市环境3个二级指标。创新投入指标由全社会R&D经费支出占GDP的比重、企业R&D经费支出占主营业务收入的比重、科学技术财政支出占财政支出的比重和每万名就业人员中 R&D 人员数 4 个具体指标构成。创新绩效指标由百万人口发明专利申请授权数、高技术产业当年价总产值占工业总产值的比重、万元 GDP 综合能耗、技术市场成交合同金额占 GDP 的比重和每万名 R&D 人员国际科技论文数 5 个二级指标构成。创新环境指标由创新政策制定和落实、科技人才队伍建设、科技公共服务平台和创新基地、科学技术普及、科技管理机构建立和健全，以及组织实施及考核评价实施情况等 6 个二级指标构成。

5. 中国城市创新能力评价体系

中国城市发展研究会牵头组建中国城市创新能力科学评价课题组，依据新发展理念和经济高质量发展的要求，从创新环境、创新支撑能力、创新文化力和科技转化能力四个维度，选取 32 项指标，构建了中国城市创新能力评价体系。根据该评价体系，中国城市发展研究会对中国城市长期进行跟踪调查及数据分析，对城市创新进行了全面总结分析。

6. 国家高新区创新能力评价

中国科学院科技战略咨询研究院高新区研究中心发布的国家高新区创新能力评价，由创新资源集聚、创新创业环境、创新活动绩效、创新的国家化和创新驱动发展五大方面的 25 个二级指标构成，对全国国家高新区进行评价。首都科技发展战略研究院的"中国城市科技创新发展指数"由三个层次的指标构成，其中一级指标包括创新资源、创新环境、创新服务、创新绩效 4 个；二级指标包括创新人才、研发经费、政策环境等 13 个；三级指标共 35 个，综合反映了 287 个地级城市的创新发展水平和差异。

（二）本研究的评价指向

创新型城市是指主要依靠科技、知识、人力、文化、体制等创新要素驱动发展的城市，对其他区域具有高端辐射与引领作用。一个城市的创新能力既依赖于自身城市发展的经济、文化等综合实力和人口素质，这是创新产生的必备条件，又依赖于城市政府所营造的创新环境，包括创新的文化环境和制度环境。良好的创新文化环境有利于开展创新活动，为创新活动提供文化上的支撑。良好的制度环境是保障企业创新、产业创新、服务创新等各方面创新的重要条件。

党的十八届三中全会提出“推进国家治理体系和治理能力现代化”的战略任务，城市治理是国家治理体系的重要组成部分，这给城市政府在科技创新管理上提出了挑战。创新型城市的内涵一般体现在思想观念创新、发展模式创新、机制体制创新、对外开放创新、企业管理创新和城市管理创新等方面。由此可见，以指向于城市相关管理部门所创造的创新环境为背景，基于规范性研究的逻辑着重分析城市科技创新管理实践涉及的各个要素，并从实践层面，有必要构建侧重于城市管理的评价指标体系和评价方法，从而客观地评价一个城市管理者推动城市科技创新的治理能力与水平，探讨城市科技创新的治理能力、水平、机制和实现路径，成为本研究与以上国内外典型评价指标的重要关注点。

1. 创新投入

城市科技创新系统是一个创新资源投入与产出的生态系统，其中创新投入是系统的起点，对创新能力提高具有基础性作用。其中研究与试验发展经费（R&D）投入强度（研发投入占 GDP 比重）成为主要衡量科技创新的投入水平的重要参数，R&D 是指一个城市用于基础研究、应用研究和试验发展的经费支出，包括用于基础研究、应用研究和试验发展的经费。另外，科研支出占财政支出比重这一指标体现了城市政府使用财政收入用于科研的投入力度。

2. 创新潜力

创新潜力反映了一个城市创新能力的基础和前提，潜在创新能力离不开人才和教育。从投入产出的角度看，对教育的投入是一个城市创新能力的未来潜力值，指标上包括教育科技支出、高等学校老师与学生人数等。这些要素对一个城市创新能力的形成需要一定的时间积累，也体现了该城市当下对创新能力的重视情况和创新的可持续能力。

3. 创新载体

企业是城市创新系统的主体之一。企业自身加大创新能力建设和地方政府营造良好的政策环境均会促进企业创新活动。为此，本研究特别重视对一个城市内企业科技创新方面的评价，分别从规模以上工业企业、科学研究和技术服务业企业与外商投资企业三个方面，作为创新载体的企业来评价一个城市的创新能力。

4. 创新效率

技术创新必然促进现代经济效率的提升。创新型城市以知识和技术创新的集约型经济增长为主导，科技作用于生产，单位时间内生产的产品数量越多，或者生产单位产品所需要的劳动时间越少，劳动生产率就越高。具体指标包含第二产业劳动生产率、第三产业劳动生产率等。另外，拥有高技术及高知识密集型的产业，表明城市正在依靠创新驱动方式带动优化升级产业布局，并反向影响创新型城市的创新能力。

5. 创新产出

科技创新的投入，必然会集中反映高技术、高知识的创新成果的知识产权产出。新增发明专利申请量所体现的城市创新活动的活跃程度，新增专利授权量所体现的城市创新活动的实现成果的能力，这些代表了一个城市创新产出的总体情况，成为衡量一个城市创新能力的主要依据。以高技术产品出口作为对外交流能力的衡量指标，成为技术溢出效应和知识溢出效应在国际市场的创新成果检验，对创新产出的衡量具有同样的重要作用。

（三）构建评价指标体系

本次研究依据前面分析的城市创新投入、创新潜力、创新载体、创新效率和创新产出五个维度的理论基础，同时参考已有国内外研究成果，考量了科技创新管理水平的总体影响因素，在 5 个三级指标下设大于 2 个的四级指标作为创新指标，建立了本研究的城市创新管理水平评价指标体系。在衡量指标的选取上，所有的指标必须要求可以获得有效的数据或者可以进行有效的评估，且重点在一个城市与创新工作推进相关的部门的工作职责、主要工作内容和保障促进措施上，选取与创新关系最密切、最能体现关键工作过程的关键指标。建立的指标体系如表 1 所示。

表 1　城市创新管理水平评价指标体系

三级指标	四级指标	指标单位
创新投入(C1)	R&D 强度(C11)	%
	科研支出占财政支出比重(C12)	%
创新潜力(C2)	每万人高等学校人数(C21)	人/万人
	每万人学生拥有的教育支出(C22)	亿元/万人
	每百人高校学生拥有专任教师人数(C23)	人/百人
创新载体(C3)	每万人规模以上工业产值(C31)	亿元/万人
	科学研究和技术服务业从业人员占比(C32)	%
	每万人吸引外商投资额(C33)	亿元/万人
创新效率(C4)	第二产业劳动生产率(C41)	%
	第三产业劳动生产率(C42)	%
创新产出(C5)	新增人均发明专利申请量(C51)	件/人
	新增人均专利授权量(C52)	件/人
	高技术产品出口额占出口额的比重(C53)	%

评价体系的权重确定可分为两大类：一类是主观赋权法，即根据专家的经验主观判断确定，如德尔菲法、层次分析法等；另一类是客观赋权法，即根据评价指标的实际数据确定，如主成分分析法、熵值法、相关度法等。考虑到城市创新水平评价中各指标重要性的不同，本研究采用主观赋权法确定指标权重。为了提高主观赋权的科学性，同时运用层次分析法确定各层次指标的权重。层次分析法的优点在于能把定性因素定量化，并能在一定程度上检验和减少主观因素影响，使评价更科学。

具体过程首先通过专家打分，集成专家的意见，对层次分析法中的两两比较矩阵进行赋值，然后通过计算得到各层每项指标的权重，通过从下往上逐层递推得到最后一层指标相对于最上层的综合权重，最后进行一致性检验。利用层次分析法，我们得到权重设置（见总报告）。

以上指标的基础数据主要来源于 2017 年的《中国城市统计年鉴》、《中国科技统计年鉴》、《中华人民共和国国家知识产权局专利统计年报》和部分省份的科技统计年鉴等，以及 36 个重点城市国民经济和社会发展统计公报和政府工作报告等（见表2）。各项指标的统计数据、样本统计口径基本一致，数据的可信度和质量较高。

表2 数据收集来源

层面	涉及资料
国家层级	《中国城市统计年鉴》《中国科技统计年鉴》《中华人民共和国国家知识产权局专利统计年报》《高技术产业统计年鉴》《中国城市创新报告》《国家创新型试点城市发展监测报告》等
省级	各省份统计年鉴、各省份科技统计年鉴、各省份国民经济发展统计公报、各省份科技统计数据公报、各省份科技统计简报等
市级	各市统计年鉴、各市国民经济和社会发展统计公报、各市科技发展报告、各市科技局官网信息等

（四）数据预处理与综合得分

由于城市创新管理水平各项指标数据具有不同量纲，因此，有必要对这些数据进行预处理，使其成为无量纲数据。

相关指标可以分为两类：正向指标和逆向指标。正向指标是指假定直接评价的三级指标与最终评价的一级指标呈正向线性关系，即该指标数据越大越好。逆向指标是指直接评价的三级指标与最终评价的一级指标呈负向线性关系，即该指标数据越小越好。

对于正向指标，数据预处理的计算公式如下：

$$y_i = 100 \times \frac{x_i - \min(x_i)}{\max(x_i) - \min(x_i)}$$

对于逆向指标，为了使其数据与正向指标数据有一样的表示（越大越好），其数据预处理的计算公式如下：

$$y_i = 100 \times \frac{\max(x_i) - x_i}{\max(x_i) - \min(x_i)}$$

其中，y_i 为预处理后无量纲的数据，x_i 为该指标的原始值，$\max(x_i)$ 为该指标的最大样本值，$\min(x_i)$ 为该指标的最小样本值。

城市创新管理水平综合指数的计算如下：

$$E_1(X) = \sum_{i=1}^{m} a_i X_i$$

其中 $E_1(X)$ 是城市创新水平建设综合指标得分，a_i 是一级指标权重，X_i 是一级指标得分。

本研究基于创新投入、创新潜力、创新载体、创新效率和创新产出五个维度对城市创新进行全方位评价，重在创新管理水平的评价，最终反映 36 个重点城市的城市创新管理及推进创新工作的总体状况。

三　城市创新管理评价指标结果

本次对 36 个重点城市进行城市创新管理水平评价和排名，其中包括 4 个直辖市：北京、上海、天津、重庆；27 个省会（首府）：石家庄、太原、呼和浩特、沈阳、长春、哈尔滨、南京、杭州、合肥、福州、南昌、济南、郑州、武汉、长沙、广州、南宁、海口、成都、贵阳、昆明、拉萨、西安、兰州、西宁、银川、乌鲁木齐；5 个计划单列市：大连、青岛、宁波、厦门、深圳。

（一）创新投入水平排名

36 个重点城市创新投入水平分值、排名和平均值如表 3 和图 1 所示。

在 36 个重点城市创新投入水平分项指标上，平均得分为 33.15 分，较上年整体提升 2.21 分。位于前 10 名的城市分别为北京、深圳、西安、合肥、上海、武汉、广州、杭州、南京、厦门，大部分属于京津冀、长三角、珠三角等经济发达区域的城市，其中合肥、西安和武汉属于中西部城市，显示了中西部区域中心城市的崛起。位于后 10 名的城市分别为长春、贵阳、重庆、哈尔滨、乌鲁木齐、南宁、呼和浩特、拉萨、海口、西宁，基本属于中西部城市。与上年的创新投入评价比较，西安、广州、青岛、太原、银川、济南、福州、南昌、兰州、乌鲁木齐、南宁、拉萨等城市均有进步。

表3　36个重点城市创新投入水平分值和排名

排名	城市	分值	排名	城市	分值
1	北京	86.14	19	沈阳	27.11
2	深圳	83.91	20	福州	25.71
3	西安	70.74	21	大连	22.75
4	合肥	66.32	22	昆明	22.38
5	上海	65.22	23	南昌	21.12
6	武汉	62.65	24	石家庄	21.07
7	广州	60.92	25	郑州	20.21
8	杭州	59.66	26	兰州	19.11
9	南京	52.80	27	长春	18.97
10	厦门	44.41	28	贵阳	18.55
11	宁波	40.84	29	重庆	17.94
12	天津	37.37	30	哈尔滨	9.15
13	青岛	36.86	31	乌鲁木齐	9.04
14	太原	34.16	32	南宁	7.09
15	成都	33.36	33	呼和浩特	6.60
16	长沙	30.34	34	拉萨	4.23
17	银川	28.28	35	海口	0.50
18	济南	27.75	36	西宁	0.20

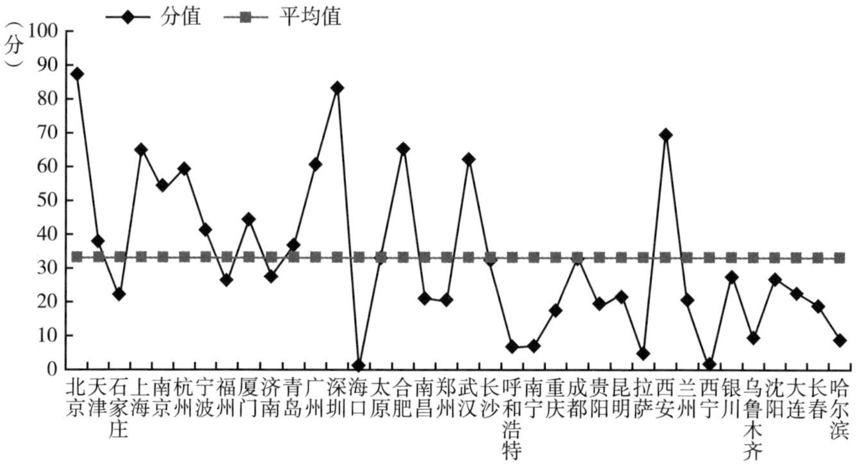

图1　36个重点城市创新投入水平分值和平均值

其中，西安市近两年大力推进科技创新，国家科技奖获奖数量、综合科技创新水平指数、技术合同交易额继续位居全国前列。抓科技成果转化，提升企业研发投入，建立面向企业技术需求的项目形成机制，培育了一些“硬科技”企业。广州市 2017 年正式启动创建国家知识产权强市行动计划（2017～2020 年），由中央财政、广州市等财政共出资 1.2 亿元，引导资金组建广州市重点产业知识产权运营基金，在科技研发投入加大和知识产权保护加强的双重推力下，专利申请量首次突破 10 万件，同比增长 19.44%，其中发明专利申请量增速较全国平均水平高 15.3 个百分点，专利授权量增速比全国平均水平高 13.6 个百分点。

（二）创新潜力水平排名

36 个重点城市创新潜力水平分值和排名及平均值如表 4 和图 2 所示。

表 4　36 个重点城市创新潜力水平分值和排名

排名	城市	分值	排名	城市	分值
1	北京	72.99	19	昆明	24.49
2	上海	56.33	20	宁波	24.46
3	拉萨	55.49	21	贵阳	23.94
4	深圳	39.33	22	济南	22.65
5	郑州	33.83	23	长春	21.46
6	青岛	32.27	24	太原	20.97
7	南京	30.68	25	大连	20.30
8	长沙	30.04	26	成都	20.02
9	天津	29.91	27	银川	19.96
10	杭州	29.63	28	哈尔滨	19.17
11	合肥	28.86	29	乌鲁木齐	18.32
12	南昌	27.22	30	沈阳	18.24
13	武汉	26.98	31	西安	18.09
14	厦门	26.75	32	石家庄	16.57
15	广州	26.62	33	西宁	16.54
16	兰州	26.45	34	重庆	16.41
17	呼和浩特	26.13	35	南宁	13.11
18	福州	25.48	36	海口	10.13

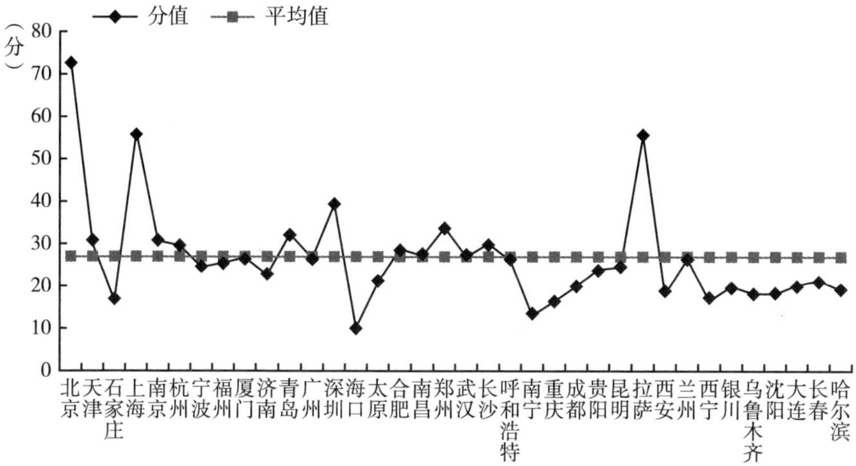

图 2　36 个重点城市创新潜力水平分值和平均值

在 36 个重点城市创新潜力水平分项指标上，平均得分为 26.94 分，较上年整体降低 2.63 分，原因可能是有些城市在扩大在校学生规模的同时，教育经费和师资投入没有跟上。位于前 10 名的城市为北京、上海、拉萨、深圳、郑州、青岛、南京、长沙、天津、杭州。位于后 10 名的城市有银川、哈尔滨、乌鲁木齐、沈阳、西安、石家庄、西宁、重庆、南宁、海口。与上年的创新潜力评价比较，排名前进较明显的有深圳、南京、青岛、广州、长春、乌鲁木齐等城市。一方面，北京、上海、天津、南京、杭州等一批由历史形成的教育资源优势城市使其在创新潜力评价中排名一直稳居在前；另一方面，一些城市越来越重视高等教育投入，发挥区域内教育资源优势，如郑州、长沙等，加大高等教育投入，实现高等教育的优质化发展，而新兴城市，如深圳，探索完善高等教育投入机制，初步形成了以日常办学经费和专项建设经费为主的高校经常性投入机制。

目前，深圳市财政对引进大学，如哈工大（深圳）、清华大学深圳国际校区、北大深圳研究生院，均按照深圳大学标准给予全额生均拨款。对引进国内名校合作办学以及新建高校，也基本按照这一标准给予全额生均拨款。特别需要指出的是，拉萨、乌鲁木齐等边疆城市实施教育事业优先发展策略。拉萨市2019年出台《拉萨市高等教育阶段家庭经济困难学生资助政策实施办法（试行）》，进一步完善学生资助体系，对免费教育大学生在校期间按照就读高校收费标准执行免费教育政策，即免除学费、住宿费、书本费，并补助生活费，确保对困难学生应助尽助，普通高中升学率达96.51%，本科上线率达59.76%。因此，拉萨市在创新潜力水平上获得不错的排名。

（三）创新载体水平排名

36个重点城市创新载体水平分值和排名及平均值如表5和图3所示。

表5　36个重点城市创新载体水平分值和排名

排名	城市	分值	排名	城市	分值
1	深圳	67.57	19	兰州	25.37
2	北京	66.81	20	石家庄	23.87
3	青岛	54.27	21	昆明	22.67
4	长沙	46.78	22	大连	22.38
5	西安	40.08	23	福州	20.29
6	天津	39.55	24	西宁	19.29
7	武汉	38.55	25	济南	18.96
8	上海	38.36	26	长春	18.22
9	杭州	37.16	27	哈尔滨	18.19
10	成都	35.57	28	沈阳	16.17
11	合肥	33.12	29	太原	15.88
12	广州	32.78	30	贵阳	15.82
13	郑州	31.15	31	南宁	15.05
14	宁波	30.57	32	乌鲁木齐	13.71
15	呼和浩特	30.25	33	银川	12.83
16	南京	29.75	34	重庆	12.11
17	南昌	29.62	35	海口	6.65
18	厦门	28.17	36	拉萨	5.40

在36个重点城市创新载体水平分项指标上，平均得分为28.14分，较上年整体提升1.93分。位于前10名的城市有深圳、北京、青岛、长

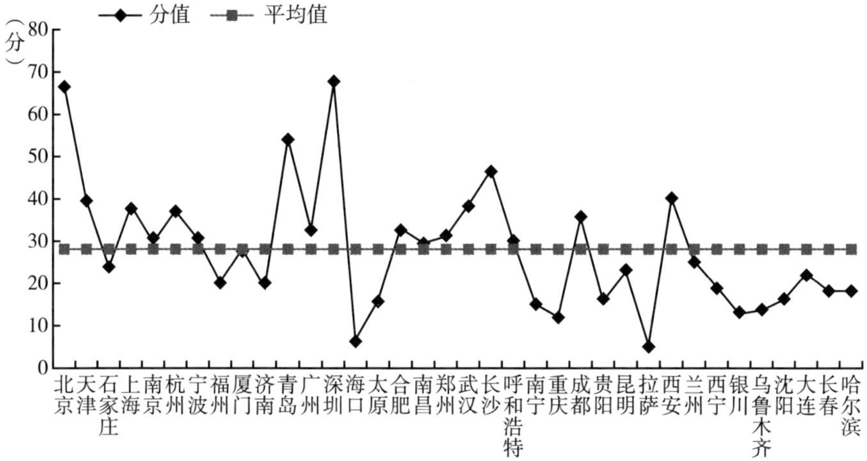

图 3　36 个重点城市创新载体水平分值和平均值

沙、西安、天津、武汉、上海、杭州和成都。位于后 10 名的城市有哈尔滨、沈阳、太原、贵阳、南宁、乌鲁木齐、银川、重庆、海口和拉萨。其中青岛、成都与上年的排名相比，分别前进了 7 名和 13 名，挤进创新载体的前 10。

近年来，青岛市着力增强自主创新能力，大力推进新旧动能转换重大工程，确定优先发展的“956”重点产业集群。坚持梯次培育高新技术企业，高、新企业占到全省的 30%、25% 左右。设立 55 只新旧动能转换基金，推进“双百千”行动和“一业一策”计划，生物医药、节能环保、商务服务等产业增加值均增长 10% 以上，大数据、云计算产业营业收入增长 20% 以上。成都市近年来，持续全面推进科技创新，从跟随创新向引领区域创新迈进，2018 年全社会研发投入增长 12%，每万人有效发明专利拥有量 22 件，获年度国家科学技术奖 29 项。高新技术企业超过 3000 家，高新技术产业总产值突破 1 万亿元。新建创新创业载体 36 家，共 51 万平方米，新增市场主体 54 万户，近三年年均增长 28%。深入落实“人才新政 12 条”，累计吸引超过 25 万名本科及以上学历毕业生落户，已成为全国创新创业活跃区域之一。

（四）创新效率水平排名

36 个重点城市创新效率水平分值和排名及平均值如表 6 和图 4 所示。

表 6　36 个重点城市创新效率水平分值和排名

排名	城市	分值	排名	城市	分值
1	长沙	95. 79	19	合肥	38. 88
2	青岛	89. 57	20	杭州	38. 85
3	天津	85. 36	21	福州	36. 68
4	广州	75. 38	22	西宁	34. 51
5	宁波	74. 92	23	乌鲁木齐	34. 49
6	呼和浩特	71. 66	24	南宁	33. 98
7	大连	71. 35	25	北京	32. 47
8	武汉	70. 62	26	南昌	31. 88
9	南京	63. 60	27	西安	31. 27
10	石家庄	63. 57	28	昆明	30. 36
11	济南	57. 37	29	郑州	29. 14
12	重庆	56. 61	30	厦门	24. 70
13	深圳	54. 00	31	太原	23. 67
14	上海	51. 43	32	兰州	23. 03
15	长春	50. 15	33	海口	16. 88
16	沈阳	45. 05	34	贵阳	15. 73
17	银川	40. 31	35	成都	6. 41
18	哈尔滨	40. 30	36	拉萨	2. 18

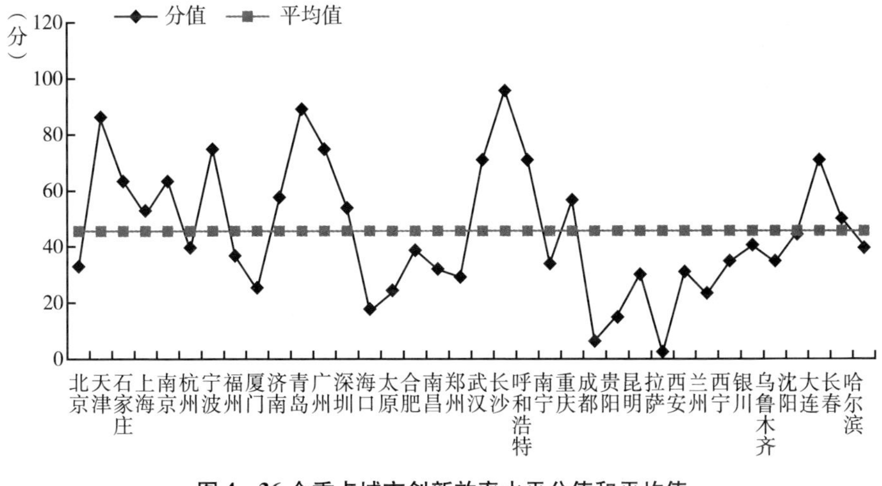

图 4　36 个重点城市创新效率水平分值和平均值

在36个重点城市创新效率水平分项指标上，平均得分为45.62分，较上年整体提升0.63分。位于前10名的城市有长沙、青岛、天津、广州、宁波、呼和浩特、大连、武汉、南京和石家庄。位于后10名的城市有西宁、乌鲁木齐、南宁、北京、南昌、西安、昆明、郑州、厦门、太原。与上年的创新效率评价比较，排名进步较明显、值得关注的城市有重庆、大连、福州、南宁、乌鲁木齐、银川、西安等城市。

2018年，重庆市全面深化改革持续释放市场活力，新产业新业态新模式不断发展，大数据智能化创新提速，智能产业实现销售收入4640亿元，增长19.2%，战略性新兴制造业、高技术产业增加值分别增长13.1%、13.7%，新登记市场主体41.2万户，创历年新高。民间投资增长12.8%，招商引资签约落地项目协议投资额超过1万亿元。大连市着力推进创新创业创投中心建设，自创区带动全市创新发展的增长极作用进一步彰显，技术合同交易额增长37%；科技成果转化数量增长75%；万人有效发明专利拥有量约是全国的2.1倍；科技创新能力显著提升，重大创新平台如精细化工国家重点实验室等加快推进。

（五）创新产出水平排名

36个重点城市创新产出水平分值和排名及平均值如表7和图5所示。

在36个重点城市创新产出水平分项指标上，平均得分为22.14分，较上年整体提升1.26分。位于前10名的城市有深圳、郑州、合肥、成都、宁波、天津、西安、青岛、北京和上海。位于后10名的城市有大连、兰州、沈阳、长春、石家庄、呼和浩特、乌鲁木齐、海口、西宁、拉萨。与上年的创新产出评价比较，排名进步特别大的有合肥、青岛、天津等城市，进入创新产出水平前10。杭州、大连、哈尔滨等城市进步也比较快，值得关注。

其中，合肥市创新驱动跑出加速度，2018年全社会研发投入占GDP比重达3.24%，入选全球科研城市50强，“大力培育创新平台，助力产业发展”典型经验获得国务院通报表彰，9项成果荣获2018年度国家科学技术奖。杭州市大力推进以科技创新为核心的全域创新，2018年全社会研发经费支出占地区生产总值比重预计提高到3.3%；财政科技支出增长28%，规

表7　36个重点城市创新产出水平分值和排名

排名	城市	分值	排名	城市	分值
1	深圳	88.29	19	贵阳	18.39
2	郑州	46.19	20	福州	17.00
3	合肥	43.08	21	昆明	16.35
4	成都	42.57	22	济南	14.56
5	宁波	41.74	23	南昌	14.35
6	天津	33.39	24	银川	13.24
7	西安	32.27	25	哈尔滨	12.40
8	青岛	31.71	26	南宁	12.17
9	北京	30.02	27	大连	10.14
10	上海	28.32	28	兰州	9.71
11	广州	27.13	29	沈阳	9.18
12	厦门	26.04	30	长春	9.01
13	杭州	25.81	31	石家庄	6.57
14	太原	25.57	32	呼和浩特	6.29
15	南京	25.29	33	乌鲁木齐	5.77
16	重庆	23.41	34	海口	5.35
17	武汉	20.47	35	西宁	4.78
18	长沙	20.35	36	拉萨	0.00

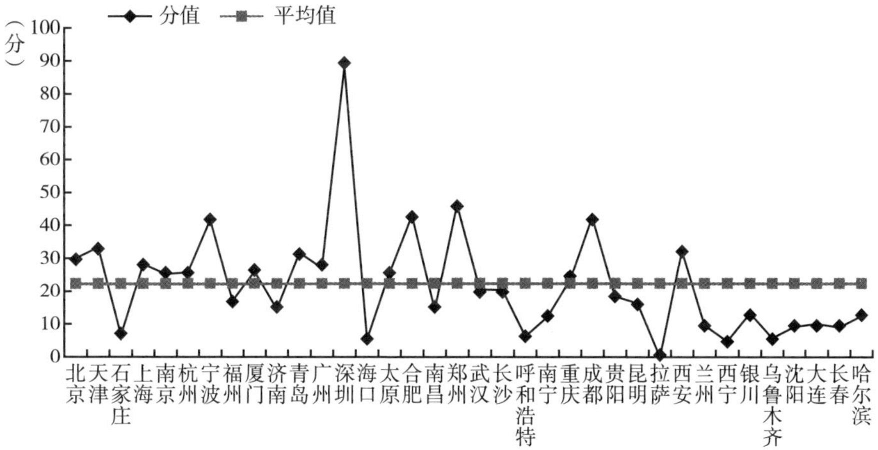

图5　36个重点城市创新产出水平分值和平均值

上工业技术（研究）开发费增长30%左右；新增发明专利有3个项目获得国家科技奖励。沈阳近年技术创新能力明显增强，国家机器人创新中心成立，全市新型研发机构达到8家，国际合作研发机构达到58家。以“先进材料+智能制造”为特色的创新平台体系日益完善。组建沈阳科技创新大联盟，完善科技成果转化服务体系，高新技术产品产值占规模以上工业产值比重达55.4%。

（六）总体指标排名

36个重点城市总体指标分值和排名及平均值如表8和图6所示。

表8 36个重点城市总体指标分值和排名

排名	城市	分值	排名	城市	分值
1	深圳	65.74	19	济南	26.11
2	北京	58.06	20	太原	24.86
3	上海	46.80	21	南昌	24.80
4	青岛	45.75	22	石家庄	24.16
5	天津	43.09	23	福州	23.99
6	广州	42.36	24	重庆	23.83
7	武汉	42.16	25	昆明	23.37
8	合肥	41.87	26	长春	22.39
9	长沙	41.81	27	银川	22.19
10	宁波	39.30	28	沈阳	21.85
11	西安	38.99	29	兰州	20.76
12	南京	38.84	30	贵阳	19.17
13	杭州	37.39	31	哈尔滨	18.97
14	郑州	33.40	32	南宁	16.04
15	成都	29.65	33	乌鲁木齐	15.65
16	厦门	29.29	34	拉萨	14.63
17	大连	26.68	35	西宁	14.56
18	呼和浩特	26.33	36	海口	7.72

在36个重点城市总体指标上，平均得分为30.35分，与上年相比较，总体指标分数提升8.21分。进入前10名的城市有深圳、北京、上海、青岛、天津、广州、武汉、合肥、长沙和宁波。位于后10名的城市有银川、沈阳、兰州、贵阳、哈尔滨、南宁、乌鲁木齐、拉萨、西宁和海口。其中，青岛为首次进入前10。

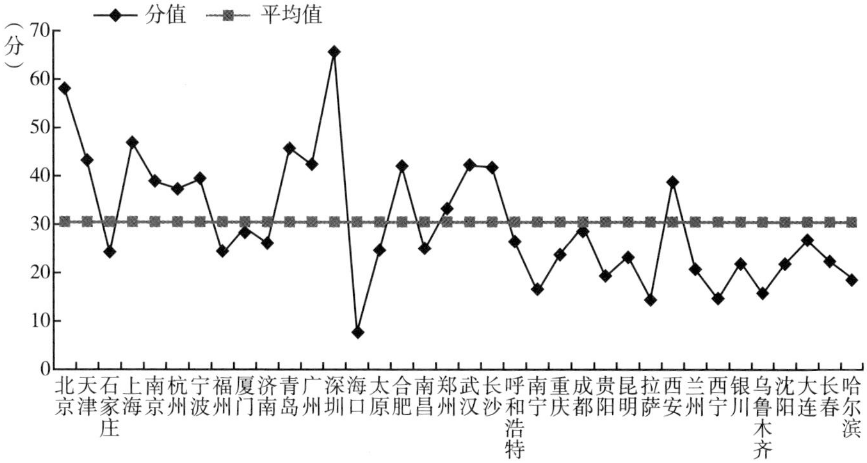

图 6　36 个重点城市总体指标分值和平均值

四　城市创新管理区域评价与分析

为反映我国不同区域的创新管理状况，本节以东北地区、东部地区、中部地区和西部地区等不同区域的城市创新管理进行比较分析，为相关部门制定区域发展政策提供科学参考。表 9 为国家统计局对我国的经济区域（不包括港澳台地区）划分的省份归类。

表 9　我国经济区域的划分

区域	省份
东部	北京市、天津市、河北省、上海市、江苏省、浙江省、福建省、山东省、广东省、海南省
中部	山西省、安徽省、江西省、河南省、湖北省、湖南省
西部	内蒙古自治区、广西壮族自治区、重庆市、四川省、贵州省、云南省、西藏自治区、陕西省、甘肃省、青海省、宁夏回族自治区、新疆维吾尔自治区
东北	辽宁省、吉林省、黑龙江省

（一）分区域的创新总体情况

36个重点城市在各自省域，由于作为直辖市、省会（首府）或计划单列市的角色，其政治、经济、科教、文化、交通等各方面的优势明显，在科技创新方面具有一定的竞争力。同时，36个重点城市又分属于不同区域，受自然禀赋、历史发展、经济政策、地方治理能力等多方面因素的影响，在科技创新方面存有一定的差距。

从连续两年的评价数据来看，我国36个重点城市的综合得分，东部城市和中部城市明显高于西部城市和东北城市，且高于全国的平均值（见图7），2017年东部城市和中部城市分别高出全国平均值约6.6和3.7分，而西部城市和东北城市分别低于全国平均值约8.5和8.8分，深圳、北京、上海等东部城市的引领发展地位愈加凸显，东部沿海地区在产业创新发展上的带动作用日益突出。

同时，我们也看到，由于经过多年的快速发展，中西部地区在创新资源投入和科技成果转化上呈现加速发展的态势，西安、成都、合肥、武汉等城市迅速崛起为区域创新的新亮点，已由东部一枝独秀向东中西协同发展转变，特别是中部城市的综合创新评价与东部城市的差距在缩小，2017年仅低于东部城市约2.8分。与上年的评价结果相比，2017年的西部城市和东北城市的综合创新评价分值处于增长态势，分别增长约0.66分和0.05分。

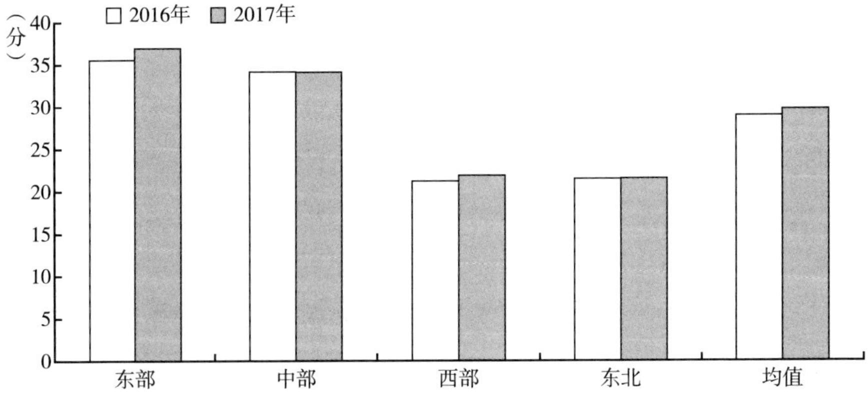

图7　分区域的总体创新分值和平均值

（二）分区域的创新水平分析

同时，36 个重点城市放在我国经济发展的四大区域中做比较，在区域发展中则表现了科技创新能力的差异性。2017 年，36 个重点城市的科技创新发展的空间格局总体呈现以下区域特征。

1. 东部地区

长三角、京津冀、珠三角三大城市群占全国经济份额超过 40%，因此，这三大城市群的经济水平，对整个东部地区的城市科技创新能力具有直接的提升作用，使得该地区较其他地区而言，明显处于稳居高位的水平，表现在排名前 10 城市中东部城市最多，所占比重最大。2017 年创新指数排名前 10、前 20 位的城市中，东部城市分别有 7、11 个，比较 2016 年的数据，前 10 位的城市增加 1 个。但由于该地区各省份所跨越的中国区域较大，区域间发展的不平衡同样也反映到科技创新管理水平的离散度也比较高，如同属东部城市的海口市在整个排名中为最后一名。

2. 中部地区

近年来，国家高度重视中部地区发展，《促进中部地区崛起规划（2016 ~ 2025 年）》进一步明确加大对中部地区发展的政策支持，推动中部地区全面崛起，更好地发挥对全国发展的支撑作用。在国家政策的支持下，中部地区的科技创新能力显著提升。创新指数排名前 10、前 20 位的城市中，中部城市分别有 3、5 个。与东部地区相比，中部地区的 R&D 投入无论在总量上还是在分省份平均数上，都低于东部地区，整体分值也低于东部城市，但各省份分值的离散度比东部城市低，说明中部地区城市的协同创新发展要比东部城市好。

3. 西部地区

西部大开发战略推动了欠发达地区的后发赶超。目前，在新时代背景下，国家出台了《关于新时代推进西部大开发形成新格局的指导意见》，西部地区城市的科技创新能力崛起态势显现，出现了一些创新驱动发展起来的区域科技创新中心，如西北的西安、西南的重庆和成都，这些城市创新水平进步提高，在西部地区率先突进的态势已经显露，并构成彼此相连的地带，在区域科技与经济发展中发挥着创新引领、带动和示范的作用。这与国家实施西部大开发战略以及实施创新驱动城市发展战略高度相关。但总体而言，创新还有待提升，2017 年创新指数排名前 20 位的城市中，西部城市仅有 3 个，而且连续两年的创新评价综合得分均低于全国平均分值约 8.5 分。

4. 东北地区

近年来，东北地区由于长期积累的体制性矛盾和短期的结构性问题，经济下行压力持续加大，反映在科技创新能力上，东北地区城市的科技创新能力总体偏弱，低于全国平均分值，也低于西部城市。在创新指数排名前 10 城市中，东北地区没有一个城市进入，排名前 20 城市中仅有大连 1 个城市进入，在全国的科技创新水平位次呈下降态势。深层次原因在于东北地区科技创新主体结构单一和国有主体比重偏高，沿袭着政府主导型的科技资源配置模式，科技资源配置偏向国有企业和国有科研院所，未完全通过市场配置科技要素资源，创新资源（资金、人力资本、技术资本）向外转移和流失比较严重等。

五　城市创新管理总体评价与分析

（一）创新综合评价水平的变动

从分项分值看，除了创新潜力与上一年相比有所降低之外，其余四个维度均比上一年的分值有所提高，创新投入、创新载体、创新效率和创新产出分别提高 2.21、1.92、0.62 和 1.25 分，总体评价与上年相比也处于上升状态，升幅为 1.35 分（见图 8）。

从总体排名看，2017 年创新综合评价水平前 10 名，与上一年相比，除了 1 个城市发生变化，即青岛市进入前 10 名，西安市退出前 10 名之外，其他城市只是在排位顺序上有所变化，基本保持稳定（见表 10）。

从城市变动看，与上一年相比，2017 年创新综合评价水平变动比较大

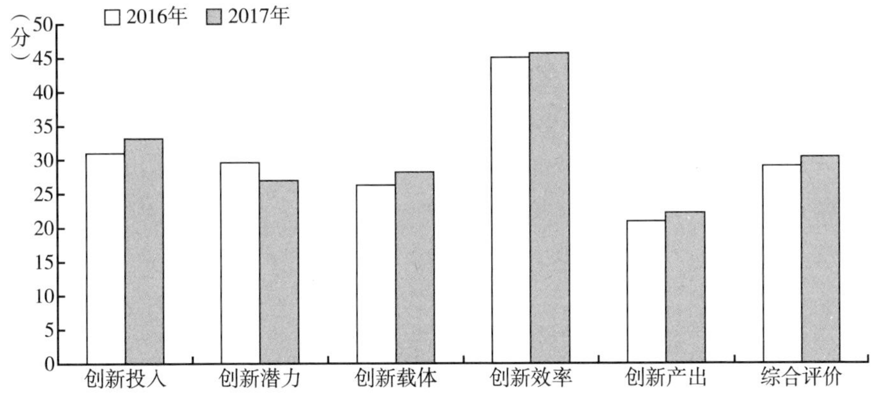

图 8　2016～2017 年创新分值比较

的城市有：大连、青岛、呼和浩特、太原和银川分别上升 11、7、6、5 和 5 位；长春、宁波、福州、重庆和昆明分别下降 9、7、7、5 和 4 位。

表 10　创新综合评价水平的排名比较

城市	2017 年排名	2016 年排名	排名变化	城市	2017 年排名	2016 年排名	排名变化
深圳	1	1	0	济南	19	22	+3
北京	2	2	0	太原	20	25	+5
上海	3	4	+1	南昌	21	20	-1
青岛	4	11	+7	石家庄	22	23	+1
天津	5	6	+1	福州	23	16	-7
广州	6	10	+4	重庆	24	19	-5
武汉	7	5	-2	昆明	25	21	-4
合肥	8	7	-1	长春	26	17	-9
长沙	9	8	-1	银川	27	32	+5
宁波	10	3	-7	沈阳	28	27	-1
西安	11	9	-2	兰州	29	26	-3
南京	12	12	0	贵阳	30	30	0
杭州	13	14	+1	哈尔滨	31	29	-2
郑州	14	13	-1	南宁	32	31	-1
成都	15	17	+2	乌鲁木齐	33	34	+1
厦门	16	15	-1	拉萨	34	35	+1
大连	17	28	+11	西宁	35	33	-2
呼和浩特	18	24	+6	海口	36	36	0

（二）城市创新水平的梯度

2017 年我国 36 个重点城市的综合得分的均值为 30.35 分，2016 年为 28.05 分。与 2016 年的梯度划分值一致，2017 年大致可以将 36 个重点城市的创新能力情况分为三个梯队：第一梯队为综合分值在 40 分以上的城市，有深圳、北京、上海、青岛、天津、广州、武汉、合肥和长沙 9 个城市，比上年增加 1 个城市，但进入第一梯队的具体城市有所变化；第二梯队是 25 ~40 分的城市，包括宁波、西安、南京、杭州、郑州、成都、厦门、大连、呼和浩特、济南 10 个城市，比上年减少 2 个城市，具体城市亦有所变化；第三梯队则是 25 分以下的城市，包括太原、南昌、石家庄、福州、重庆、昆明、长春、银川、沈阳、兰州、贵阳、哈尔滨、南宁、乌鲁木齐、拉萨、西宁、海口 17 个城市（见图 9）。

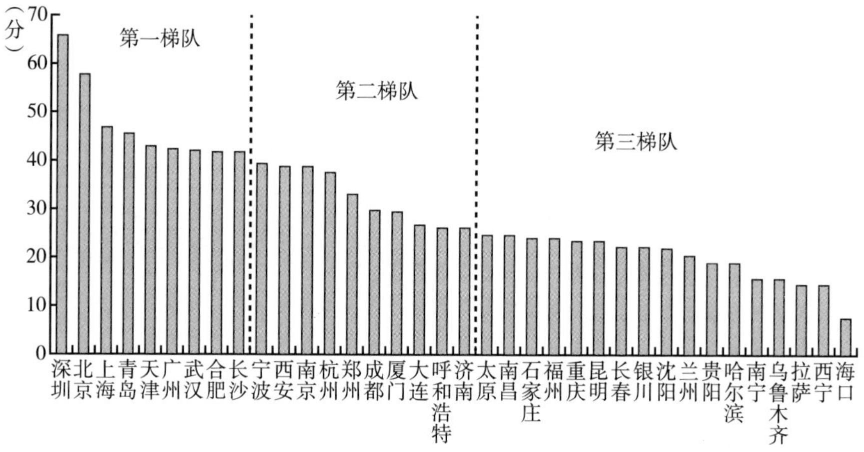

图 9　36 个重点城市在三个梯队的归类

由此可见，与上一年相比，城市创新水平的梯度变化的一个特点：第一和第三梯队的阵营有所扩大，第二梯队呈现缩小的态势。这也反映了处于第二梯队前列城市加大创新力度，经过努力成功地进入第一梯队，而处于第二梯队后列城市的创新能力还不稳定，时刻处于不进则退的境地，有很大的危机感。

（三）城市科技创新治理能力评估

研究与发展（R&D）活动是知识增长与创新增长的核心要素和源泉，城市创新的外在表现依赖于创新投入，创新投入最直接的指标为 R&D 经费投入。一般而言，一个城市 R&D 经费投入水平越高，科技创新资源的供给越好，越能够给这个城市提供强有力的支撑平台，其科技创新评价分值也会越高。也就是说，R&D 经费投入水平与科技创新管理评价分值高度正相关。正所谓“高投入、高产出”，然而，由于城市政府在治理效能上存在差异，有些城市并不能实现高投入、高产出，有些城市可能低投入却高产出，为此，通过 R&D 经费投入（X 轴）与评价值（Y 轴）构建的象限图（见图 10），可以清晰地看出各个城市在科技创新管理上的治理效能的差异。为了深层次挖掘这些城市科技管理的治理效率，利用 R&D 强度与科技创新评价值对我国 36 个重点城市的创新综合效率进行分类，得到以下四种类型。

领先型创新城市——属于“高投入、高产出”，以北京、上海、深圳等东部地区发达城市和西安、武汉、合肥等中西部区域创新中心城市为代表，处于引领区域乃至我国的科技创新发展方向的地位，总体发展良好。

赶超型创新城市——属于“低投入、高产出”，以广州、天津、南京、青岛、宁波和长沙为代表。作为省会或区域性次级中心，这类城市的创新评价在全部城市中排位相对靠前，围绕高质量赶超发展的方向，不断加大创新投入，目前处于快速发展阶段。

发展型创新城市——属于“低投入、低产出”，以中西部地区和东北地区的城市为主导力量，这类城市的创新评价在全部城市中排位相对靠后，由于地缘和经济发展条件，研发投入受制于当地的财政实力，研发投入也相对靠后，但创新发展的意识已经建立。

低效型创新城市——属于“高投入、低产出”，这类城市虽然研发经费投入较大，但评价分数较低，体现了这类城市科技管理能力较弱。原因或者是科技人才的吸引力较差，或者是成果转化促进政策缺乏激励，或者是产业化能力较低。通过分析，属于此类的有厦门市，该市在科技成果转化方面还有很大的提升空间，需要进一步加大对科技成果的转化扶持力度。

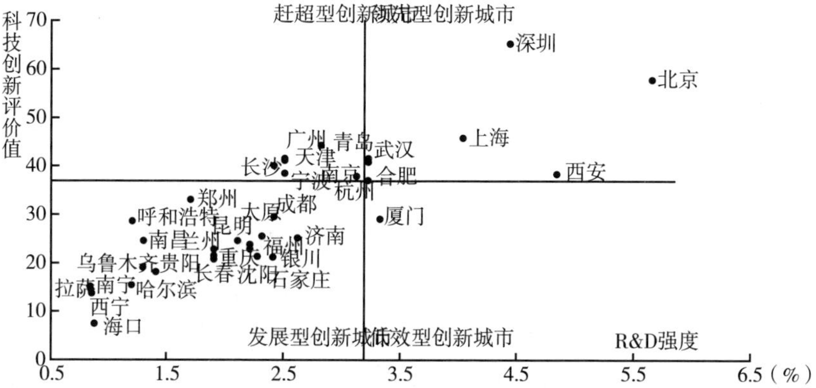

图 10　各城市 R&D 强度与科技创新评价值矩阵

六　典型创新中心城市的个案分析

（一）北京科技创新

北京全国政治中心、文化中心、国际交往中心、科技创新中心的核心功能定位，具体体现落实在城市科技创新的战略定位就是建设“全国科技创新中心”，实现目标是成为全球科技创新引领者、高端经济增长极、创新人才首选地、文化创新先行区和生态建设示范城。从本次我国 36 个重点城市创新排名来看，北京市位列第二，在创新投入、创新潜力上优势突出。

总体上看，北京市作为科技创新发展的领跑者，创新基础雄厚，创新投入总量大、强度高（见图 11），创新产出成果多，对经济发展起到了显著的支撑作用。北京拥有北京大学、清华大学、中国人民大学、北京交通大学、北京航空航天大学、北京理工大学、北京科技大学、北京化工大学、北京邮电大学、北京电子科技学院等中央级高校 38 所，约占全国（118 所）的

1/3；拥有中国科学院、中国农业科学院、中国林业科学院、中国医学科学院等下属的中央级科研院所185个，超过全国（342个）的1/2；拥有生物膜与膜生物工程国家重点实验室、人工微结构和介观物理国家重点实验室、微波与数字通信技术国家重点实验室等国家重点实验室123个，国家企业信息化应用支撑软件工程技术研究中心、国家新能源工程技术研究中心、国家非晶微晶合金工程技术研究中心等国家工程技术研究中心63个，数量规模均排在全国首位。2017年，北京基础研究经费232.36亿元，约占全国（975.49亿元）的1/4；国家级科技成果奖项785.61项，占全国（2220项）的1/3以上；技术市场合同成交额4486.89亿元，约占全国（13424.2亿元）的1/3。

近两年，北京出台了加强全国科技创新中心建设总体方案，不断加强北京全国科技创新中心建设。2019年，北京市国家高新技术企业达2.5万家，增长25%，平均每天新设创新型企业199家，全市技术合同成交额增长10.5%。中关村示范区独角兽企业80家，居全国首位。全国科技创新中心充分利用高端人才集聚、科技基础雄厚的创新优势，推进原始创新和前沿技术创新，建设中关村科学城、怀柔科学城和未来科技城“三大科技城”，相继完成马约拉纳任意子、新型超低功耗晶体管等重大标志性原创成果。怀柔科学城综合极端条件实验、地球系统数值模拟两个大科学装置和材料基因组等5个交叉研究平台建设取得阶段性进展，未来科技城着力引进开放性科研平台和双创平台。设立规模为300亿元的科技创新母基金，专注布局硬科技和创新早期支持。同时，北京作为一个典型的创新型经济城市，在科研、教育、人才培养、信息交流等各层面起到主导和辐射带动作用，科技成果在全国进行转移转化，为全国创新发展做贡献，包括对京津冀协同发展、长江经济带和“一带一路”建设做贡献。

（二）上海科技创新

根据《上海市城市总体规划（2017～2035年）》，上海在原有的国际经济、金融、贸易、航运“四个中心”基础上，城市定位增加了国际科技创

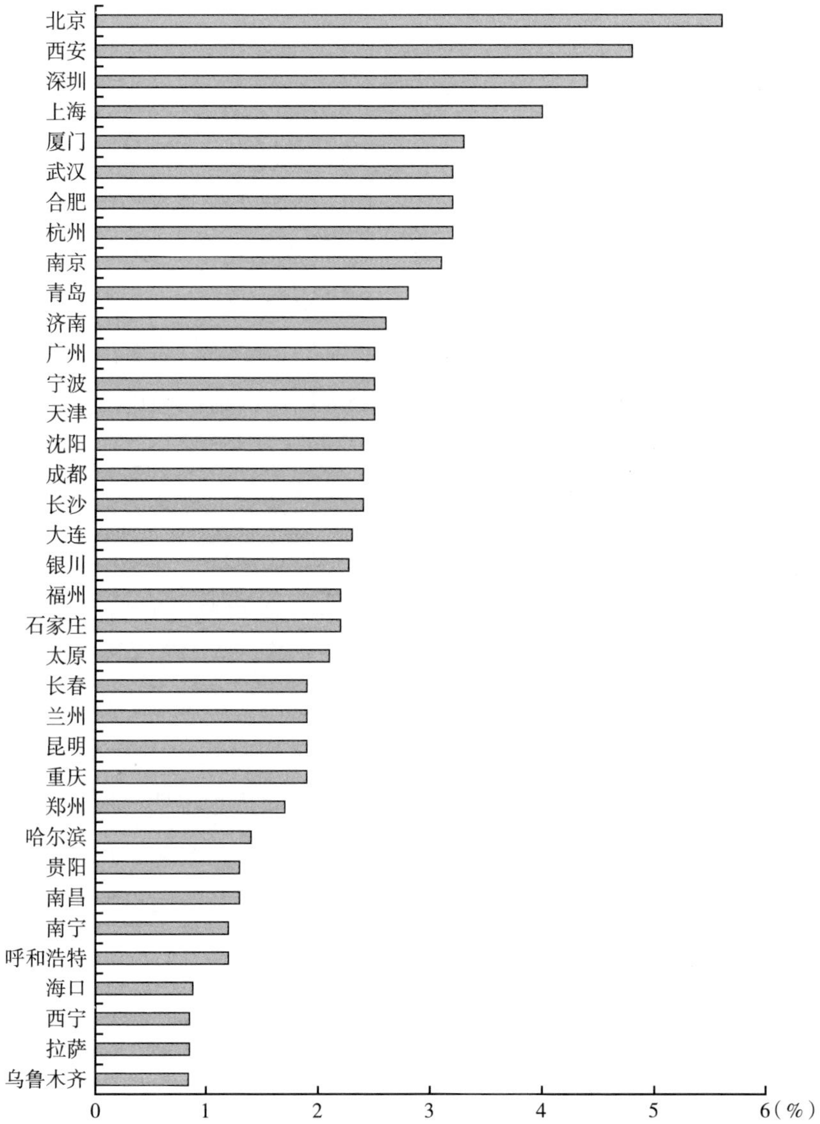

图 11　北京 R&D 投入强度处于全国领跑者水平

新中心，打造具有全球影响力的科技创新中心。按照习近平总书记对上海三个“牢牢把握”的要求：要牢牢把握科技进步大方向，瞄准世界科技前沿领域和顶尖水平，力争在基础科技领域有大的创新，在关键核心技术领域取得大的突破；要牢牢把握产业革命大趋势，围绕产业链部署创新链，把科技创新真正落到产业发展上；要牢牢把握集聚人才大举措，加强科研院所和高等院校创新条件建设，完善知识产权运用和保护机制，让各类人才的创新智慧竞相迸发。

2016 年 4 月，国务院印发《上海系统推进全面创新改革试验加快建设具有全球影响力的科技创新中心方案》，主要任务是：建设上海张江综合性国家科学中心；建设关键共性技术研发和转化平台；实施引领产业发展的重大战略项目和基础工程；推进建设张江国家自主创新示范区，加快形成大众创业、万众创新的局面。上海科创中心建设总体进展良好，上海已成为全球科学家最向往工作的中国城市。

从本次我国 36 个重点城市创新排名来看，上海市位列第三。《2019 上海科技创新中心指数报告》也反映了上海科技创新发展的增长态势，以 2010 年为基期 100 分起计，2018 年上海科创中心指数综合得分为 281. 9 分，指数得分相比上年提高了 26. 8 分（见图 12），同比增长 10. 51% ，连续 7 年保持两位数增长。

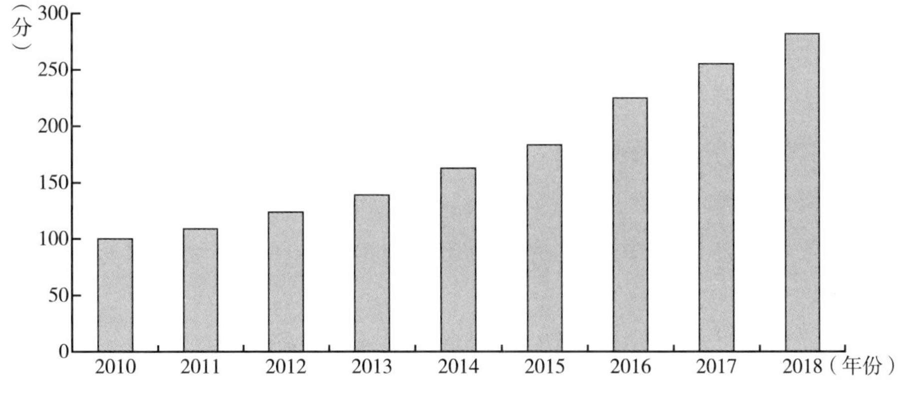

图 12　上海科技创新中心指数历年增长趋势

近几年，上海市的科技创新策源力不断提升，科技创新成果不断涌现，探索前沿科学能力不断强化。2019 年全社会研发经费支出占全市生产总值的比重达 4% ，超强超短激光、转化医学设施等大科学设施建成运营，海底科学观测网、高效低碳燃气轮机试验装置等重点项目开工建设，量子研究中心、清华国际创新中心、国际人类表型组研究院等新型研发机构相继成立。2018 年，上海拥有 PCT 国际专利申请量 2500 件，同比增长 42.05%，增速超过全国平均增速水平的 4 倍，总量已超过《上海市科技创新“十三五”规划》发展目标近 2 倍。2018 年上海共实现技术合同成交金额 1303.2 亿元，同比增长超过 50%，其中，仅向长三角地区输出合同额就高达 172.79 亿元，同比增长 263%，上海作为长三角科技创新的龙头作用不断显现。新增跨国公司地区总部 45 家，总部数量继续保持全国领先，拥有外资研发中心 441 家，外资研发中心进一步融入科创中心建设。

（三）深圳科技创新

2015 年深圳市围绕落实“四个全面”提出全新的发展思路和定位，重新定义深圳的城市定位，首次提出“建成现代化国际化创新型城市”，努力打造国际创客中心和创业之都，以及打造“创投之都”等新的发展目标。2019 年，国务院印发《粤港澳大湾区发展规划纲要》，明确了深圳世界创新创意之都的城市定位，即发挥作为经济特区、全国性经济中心城市和国家创新型城市的引领作用，努力建成具有世界影响力的创新创意之都。

从本次我国 36 个重点城市创新排名来看，深圳市总分排名第一，在创新投入和创新产出上表现突出。另外，中国社会科学院与联合国人居署联合发布的《全球城市竞争力报告 2018～2019》显示：2018 年全球城市经济竞争力指数全球前 10 名中，中国仅深圳进入，且位居第四（见表 11）。

表 11　2018 年全球城市经济竞争力排名

城市	城市等级	国家	经济竞争力	排名
纽约	A+	美国	1	1
新加坡	A	新加坡	0.9719	2
伦敦	A+	英国	0.9335	3
深圳	B	中国	0.9320	4
圣何塞	A	美国	0.9312	5

续表

城市	城市等级	国家	经济竞争力	排名
慕尼黑	B +	德国	0.9309	6
旧金山	A	美国	0.9289	7
东京	A -	日本	0.8964	8
洛杉矶	A	美国	0.8911	9
休斯敦	A -	美国	0.8836	10
香港	A	中国	0.8836	11
达拉斯	A -	美国	0.8780	12
上海	A -	中国	0.8544	13
广州	B +	中国	0.8501	14
首尔	A -	韩国	0.8082	15
都柏林	A -	爱尔兰	0.8003	16
迈阿密	B +	美国	0.7984	17
波士顿	A -	美国	0.7968	18
北京	A -	中国	0.7965	19
法兰克福	A -	德国	0.7965	20

深圳强有力的人才政策和环境支撑使得深圳各类人才快速增长，在人口吸引力方面，深圳也力压北上广等城市，位居全国第一，高层次人才加快集聚（见表12）。大力推进人才强市战略，不断健全完善人才政策体系，先后出台了中长期人才发展规划纲要、高层次专业人才的“1+6”政策、引进海外高层次人才和团队的“孔雀计划”等政策措施，为人才在深圳创新创业提供全方位的支持和扶持。

表12　人口吸引力指数前10位排名

排名	城市	人口吸引力指数
1	深圳市	9.925
2	广州市	9.022
3	北京市	8.585
4	上海市	7.713
5	东莞市	6.972
6	苏州市	6.405
7	成都市	5.126

续表

排名	城市	人口吸引力指数
8	重庆市	4. 754
9	杭州市	4. 709
10	佛山市	4. 386

2019 年深圳市本级财政科技专项资金增长近一倍，其中 30% 以上投向基础研究和应用基础研究。新组建人工智能与数字经济广东省实验室、超滑技术研究所等研发机构，实施 50 个关键核心技术攻关项目。PCT 国际专利申请量、有效发明专利五年以上维持率稳居全国城市首位，新增国家级高新技术企业 2700 多家，总量超过 1. 7 万家，仅次于北京。

随着国家超级计算深圳中心、深圳国家基因库、大亚湾中微子实验室等国家重点科研基础设施和格拉布斯研究院、中村修二激光照明实验室、科比尔卡创新药物开发研究院、瓦谢尔计算生物研究院、深圳盖姆石墨烯研究中心等诺贝尔奖实验室相继落户，深圳的国家、省、市级重点实验室、工程实验室、工程研究中心、企业技术中心等各类创新载体从无到有，从有到多。截至 2017 年底，国家级创新载体 103 家，省级创新载体 253 家。2017 年深圳的 R&D 投入 976. 94 亿元，在全国大中城市排第三位。其中，规模以上工业企业 R&D 投入 841. 10 亿元，连续多年位居全国大中城市首位，仅华为公司 2017 年的研发支出就达 897 亿元，高于 25 个省级行政区。中微子“第三种振荡”、F 型杂交小麦、超钠镁合金材料、超材料、激光荧光显示、全球最薄彩色柔性显示屏、5G 通信等世界前沿科学和技术领域上的不断突破，标志着深圳自主创新能力显著增强，在源头创新与关键核心技术创新能力上大幅提升。

七　城市政府推动科技创新的政策建议

正如前文分析，36 个重点城市的科技创新所处梯度和类型不同，其创新能力也不同，应针对不同层次城市的创新能力和管理水平，提出有针对性的建议，同时，对于存在的共性问题，提出普适性政策建议。

（一）领先型创新城市应强化颠覆性技术创新

对于北京、上海、深圳等领先型科技创新城市，面对颠覆性技术日益成为国家间军事竞争和产业竞争的制高点，应强化颠覆性技术的原始创新能力，系统研究科技革命、产业变革及全球科技中心的发展演变规律，加快部署一批具有重大影响、关系国家战略安全和经济社会发展命脉的重大颠覆性技术研究，明确科技创新战略定位、发展目标、重大部署和主要任务，打造科技创新策源地。一是营造适宜颠覆性技术发展的军民协同的创新生态环境，在科研项目经费上加大对基础研究的支持力度。倡导敢于宽容失败、包容异见的创新文化，鼓励科研人员勇于重构现有技术体系与框架。二是构建有利于颠覆性技术转化为战略性产业的生态系统，推动行业龙头企业牵头，统筹整合行业研发资源，对行业关键共性技术进行联合攻关，实现关键领域突破和核心技术自主化，提升原始创新和颠覆创新能力，努力代表国家抢占世界科技发展的制高点，成为具有重大引领作用和全球影响力的科技创新策源地之一。

（二）赶超型创新城市应加快产业结构优化升级

赶超型创新城市在传统产业的研发投入上有一定的保障和优势，但是在高新技术产业方面与领先型城市相比还有一定的差距，必须加快产业结构优化升级、高端发展，让科技创新成为城市调整产业结构、全面提升产业水平、变革经济发展模式的重要动力。一是抢抓新一轮科技创新和产业升级换代活跃期的窗口，开展“十四五”科技创新规划的前瞻研究，主动对接国家中长期科技规划，力争将这些城市的重大需求纳入国家战略规划，争取更多国家重大项目在这些城市布局。二是推动数字经济和高端制造等产业的创新，重点在技术创新、产业发展、场景应用和高端人才集聚方面发力，对于具有一定技术成熟度的，要支持其快速转化为产品，并通过政府采购、应用示范、财政补贴等形式支持其产业化发展。三是促进以知识为基本点的创新型产业带动城市创新发展。各城市政府一方面要通过实施重大项目和培育创新型企业推动高新技术产业集聚、快速发展；另一方面要运用项目引导、协同创新构筑创新型城市的知识型产业，让创新活动产生一系列的溢出效应，给整个城市经济和社会发展带来更多的机遇和突破。提高军民高技术双向转化效率，开展军民融合创新试点示范，加快对产业和技术升级的带动作用，形成军民协同的高科技产业发展局面。

（三）发展型创新城市应大力促进科技成果转化

前面深度分析发现，由于过去主要靠高能耗、低附加值的产业发展模式，发展型创新城市面临高质量提升的瓶颈，这些城市应紧扣追赶超越定位的目标，以体系建设和能力建设为主线，以促进科技成果就地转移转化为重点，增强科技创新高质量供给。一是围绕战略性新兴产业，实施重大科技成果转化示范项目。鼓励高校院所开放办学创业，支持高校院所和行业领军企业联合社会资本创建聚焦产业、定向服务、委托运营的众创空间、产业园区。举办高校院所与企业对接活动，共建科技成果转化示范基地和高校院所人才服务企业工程。二是加强科技成果交易转化项目管理，建立全市科技成果转化项目库、科技成果转化报告制度。设立科技成果转化专项资金，全面促进科技成果转移、转化和产业化。三是引导和鼓励高校院所、企业等主体建立有利于自主创新和成果转化的奖励激励机制。对企业吸纳高校院所科技成果进行就地转化予以奖励，对购买高校院所科技成果并实现产业化给予补助。四是探索建立以绩效考评为核心的技术转移示范机构队伍评价体系，推进军民融合协同创新体系建设和军民两用科技成果就地转化。加强专业化技术经理人队伍建设，形成符合专业化、市场化、国际化导向的技术经理人队伍体系。

（四）低效型创新城市应提升企业研发整体效率

低效型创新城市虽然高度重视研发投入，但整体的创新效率并不高，下一步应学习先进城市在创新城市建设上的经验，加强对企业科技创新的指导，按照“微成长、小升高、高壮大”培育路径，构建创新团队创业、初创企业成长、中小企业上规模的科技企业分层分类精准指导的梯度育成服务体系。以高新技术企业为重点，试点开展企业创新积分制。鼓励企业加大研发投入，加大对制造业企业研发经费投入补助力度，促进规模以上高新技术企业研发机构全覆盖。城市政府相关部门应强化政府资金投入企业科研成果质量的有效评估，根据不同城市特点研究出台“项目评审、人才评价、机构评估”具体改革措施，进而调整科研资金的投入比率，使研发投入真正发挥作用。加强全市政策资源整合，引导各区县发展特色优势产业，形成创新能力强、集聚发展的创新产业区域布局。企业结合实际制定和本企业生产技术水平相适应的创新标准，制定切实可行的路线图、时间表、任务书和创新目标，激励企业研发人员多出高质量成果，推动高新技术企业关键核心技术攻关，引导一般科技企业加大对应用导向的基础研究的投入，把科研活动与生产应用、市场需求紧密结合，引导科研人员适应市场需求，开展更多市场潜力巨大和应用广泛的项目研究。

（五）营造激发产学研协同自主创新的生态环境

无论是领先型城市还是相对落后的城市，都应当加快推进科技创新治理体系和治理能力建设，进一步推进科技领域“放管服”改革，系统梳理研究科技工作思路、政策和重点。强化科技创新的战略谋划和系统布局，启动“十四五”科技发展规划的前瞻研究，调动社会力量参与战略规划研究，不断增强政策法规的普适性、针对性、协同性和可操作性。全力推进构建释放创新活力和增强内生动力的创新生态链，改进科技评价制度，切实在项目、人才等领域清理“唯论文”“SCI 至上”等问题，加快建立以科技创新质量、贡献、绩效为导向的分类评价体系，落实好赋予科研单位和人员更大自主权的相关政策。深化科技计划项目和经费管理改革，优化科技计划体系，探索完善产学研协同自主创新的利益联结机制，打造一批“校院企地”创新共同体，增强公共技术和检测检验等孵化服务能力，支持企业、高校院所与产业功能区共建共享实验室、小试中试车间、生产线等开放式服务载体，提高项目转化为产业的能力。扩大知识产权质押融资、科保贷融资覆盖面，开发产业链融资、融资租赁等新型融资产品，制定发行双创债、创新型债券政策，重点支持科技型潜力企业。建设适应新形势的技术转移体系，完善技术市场体系，引导科研机构、高校和社会组织加大对科技中介行业的建设力度，吸引更多的社会资本进入中介机构，繁荣技术交易市场。

B.6
中国重点城市基础设施管理评价报告

周秀玲　尚晋钢*

摘　要： 城市基础设施的建设与发展是衡量一个城市现代化水平的重要因素。2017 年的城市基础设施管理评价是 2016 年城市基础设施管理评价工作的延续。本报告在 2015 ~2017 年城市基础设施管理评价结果的基础上，从横向和纵向两个维度对中国 36 个重点城市基础设施管理水平进行了对比分析。纵向比较结果显示，2015 ~2017 年城市基础设施管理水平的平均得分在逐年增加，总体呈上升趋势，城市基础设施管理水平普遍都在提升；2015 ~2017 年城市基础设施管理水平位于前 10 名和后 5 名的城市变化不是很大，比较稳定。横向比较结果显示，按照经济区域划分，城市基础设施管理水平存在区域性差异；部分城市经济发展水平和基础设施管理水平没有协同发展，存在基础设施管理水平超前或滞后于经济发展水平的情况。

关键词： 城市管理　基础设施管理　评价指标体系

一　城市基础设施管理水平评价指标体系的构建

（一）城市基础设施管理水平评价指标体系和计算方法

城市基础设施管理，是指对以保障城市安全高效运行为目的的而规划建设

* 周秀玲，北京城市学院教授，理学博士，研究方向为城市信息；尚晋钢，北京城市学院工程师，工学硕士，研究方向为城市信息。

的各种工程及相关配套设施的管理，在本研究中具体包括对水电气设施、道路交通设施、邮电通信设施等的管理。这里采用各类基础设施的人均供有量反映各城市基础设施的管理水平。考虑到数据的可获得性和指标测度的全面性要求，选取人均供水总量、人均用电总量、人均供气总量合成水电气设施指数，选取人均城市道路面积、万人拥有公共汽车数和万人拥有出租汽车数合成道路交通设施指数，选取人均拥有移动电话用户数和人均拥有互联网用户数合成邮电通信设施指数，综合体现城市基础设施管理水平。

城市基础设施管理水平指标体系和计算方法如表 1 所示。在原始统计数据里，大部分是城市的总量数据，为了消除城市规模和人口的影响，故总量数据要除以该城市的人口总量，得到人均数据。城市基础设施管理水平指标体系中的所有指标都是这样得到的。2017 年的城市基础设施管理评价仍然采用层次分析法来确定各层指标的权重。

表 1　城市基础设施管理水平指标体系和计算方法

一级指标	二级指标	三级指标	计算公式
基础设施管理水平（S）	水电气设施（S1）	人均供水总量（S11）	供水总量/总人口
		人均供气总量（S12）	供气总量/总人口
		人均用电总量（S13）	用电总量/总人口
	道路交通设施（S2）	人均城市道路面积（S21）	城市道路面积/总人口
		万人拥有公共汽车数（S22）	公共汽车总数/总人口（以万为单位）
		万人拥有出租汽车数（S23）	出租汽车总数/总人口（以万为单位）
	邮电通信设施（S3）	人均拥有移动电话用户数（S31）	移动电话用户总数/总人口
		人均拥有互联网用户数（S32）	互联网用户总数/总人口

（二）数据来源

根据图书馆所能查找到的纸质资料和网上数据库所能查到的电子资料，原始数据主要来自《中国统计年鉴（2016～2018）》、《中国城市统计年鉴（2016～2018）》、《中国城市建设统计年鉴（2015～2017）》，各城市统计年鉴（2016～2018），以及各城市 2015、2016 和 2017 年国民经济和社会发展统计公报，采用的数据主要为各城市的2015、2016和2017年数据。对于极个别的缺失数据，采用类似数据或相邻年份数据进行估计。

二　重点城市基础设施管理水平得分与排名

（一）城市选择

本研究选择36个重点城市进行城市基础设施管理水平评价和排名，其中包括4个直辖市、27个省会（首府）和5个计划单列市，具体如表2所示。

表2　所评价36个重点城市的名称

分类	数量	城市名
直辖市	4	北京、上海、天津、重庆
省会(首府)	27	石家庄、太原、呼和浩特、沈阳、长春、哈尔滨、南京、杭州、合肥、福州、南昌、济南、郑州、武汉、长沙、广州、南宁、海口、成都、贵阳、昆明、拉萨、西安、兰州、西宁、银川、乌鲁木齐
计划单列市	5	大连、青岛、宁波、厦门、深圳

（二）重点城市基础设施管理水平总体得分与排名

2015～2017年中国36个重点城市基础设施管理水平得分和排名如表3所示。

表3　2015～2017年中国36个重点城市基础设施管理水平得分和排名

城市	2017年		2016年		2015年	
	得分	排名	得分	排名	得分	排名
深圳	86.98	1	90.62	1	90.54	1
乌鲁木齐	50.69	2	38.22	3	33.95	4
银川	48.51	3	34.11	7	31.52	8
西宁	45.22	4	22.38	13	23.55	12

续表

城市	2017 年		2016 年		2015 年	
	得分	排名	得分	排名	得分	排名
拉萨	42. 53	5	35. 82	5	35. 43	3
厦门	41. 52	6	36. 19	4	33. 31	5
广州	35. 61	7	35. 40	6	32. 59	6
北京	34. 13	8	39. 21	2	36. 88	2
宁波	33. 66	9	23. 95	11	19. 47	13
合肥	31. 15	10	17. 95	17	14. 24	21
上海	30. 39	11	33. 01	8	31. 89	7
兰州	30. 19	12	18. 92	16	15. 96	16
南京	29. 12	13	30. 40	9	24. 57	10
呼和浩特	27. 53	14	17. 75	18	15. 14	19
杭州	27. 44	15	23. 43	12	19. 12	14
太原	25. 91	16	21. 61	14	19. 12	15
青岛	22. 76	17	17. 48	19	14. 79	20
郑州	21. 69	18	15. 34	23	13. 67	23
长沙	21. 47	19	14. 11	26	12. 62	28
武汉	21. 02	20	28. 16	10	24. 29	11
成都	20. 89	21	15. 18	24	13. 82	22
昆明	19. 94	22	16. 66	21	11. 91	29
天津	19. 54	23	20. 11	15	28. 54	9
贵阳	18. 93	24	13. 88	27	12. 95	26
济南	17. 76	25	16. 82	20	15. 77	17
福州	17. 05	26	13. 10	29	10. 73	30
大连	16. 85	27	11. 64	31	12. 75	27
海口	16. 47	28	14. 95	25	13. 41	24
西安	14. 99	29	16. 57	22	15. 17	18
石家庄	13. 90	30	9. 12	32	7. 33	34
沈阳	13. 41	31	13. 39	28	13. 36	25
南昌	12. 12	32	9. 07	33	7. 53	33
长春	11. 61	33	11. 86	30	9. 13	31
南宁	10. 80	34	7. 72	34	7. 70	32
哈尔滨	7. 12	35	7. 27	35	5. 68	35
重庆	3. 69	36	3. 65	36	2. 99	36

（三）重点城市基础设施管理水平分项得分与排名

1. 水电气设施管理水平得分与排名

2015～2017 年中国 36 个重点城市水电气设施管理水平得分和排名如表 4 所示。

表 4　2015～2017 年中国 36 个重点城市水电气设施管理水平得分和排名

城市	2017 年		2016 年		2015 年	
	得分	排名	得分	排名	得分	排名
深圳	84.67	1	90.48	1	94.46	1
西宁	65.89	2	21.92	10	26.62	8
乌鲁木齐	63.03	3	48.44	3	45.77	3
银川	62.12	4	33.11	6	37.19	5
北京	41.69	5	49.39	2	49.42	2
上海	40.32	6	43.67	4	41.93	4
拉萨	38.38	7	20.50	12	19.91	11
宁波	38.09	8	17.10	15	14.40	16
广州	36.33	9	37.07	5	34.75	6
兰州	35.48	10	16.29	16	19.07	13
厦门	33.93	11	30.32	7	29.25	7
太原	25.74	12	18.19	13	17.89	14
呼和浩特	24.84	13	9.39	21	9.72	19
杭州	24.63	14	17.27	14	16.88	15
南京	23.57	15	27.99	8	25.81	9
合肥	22.94	16	5.68	29	4.39	31
长沙	21.41	17	7.79	25	8.58	22
武汉	21.15	18	21.07	11	19.57	12
成都	21.05	19	9.8	20	9.43	20
天津	20.84	20	21.99	9	22.11	10
郑州	19.81	21	8.34	24	9.26	21
大连	17.41	22	7.56	26	8.44	23
贵阳	16.60	23	8.65	22	7.79	25
福州	15.92	24	3.01	35	3.36	33
青岛	15.46	25	5.84	28	6.27	27
昆明	13.02	26	4.6	31	4.71	29

续表

城市	2017 年		2016 年		2015 年	
	得分	排名	得分	排名	得分	排名
南昌	12. 38	27	6. 38	27	5. 70	28
石家庄	11. 87	28	4. 99	30	4. 59	30
海口	11. 82	29	13. 67	17	12. 33	17
西安	10. 95	30	11. 45	18	11. 58	18
沈阳	10. 58	31	10. 50	19	7. 93	24
济南	10. 20	32	8. 42	23	6. 39	26
南宁	9. 77	33	3. 49	33	2. 88	35
重庆	5. 89	34	3. 91	32	3. 97	32
长春	5. 19	35	3. 15	34	3. 25	34
哈尔滨	2. 70	36	1. 58	36	2. 33	36

2. 道路交通设施管理水平得分与排名

2015 ~2017 年中国 36 个重点城市道路交通设施管理水平得分和排名如表 5 所示。

表 5　2015 ~2017 年中国 36 个重点城市道路交通设施管理水平得分和排名

城市	2017 年		2016 年		2015 年	
	得分	排名	得分	排名	得分	排名
深圳	78. 59	1	81. 52	1	73. 22	2
拉萨	72. 95	2	79. 97	2	80. 62	1
合肥	68. 83	3	48. 79	3	38. 75	3
呼和浩特	52. 38	4	44. 66	5	33. 87	4
银川	49. 36	5	46. 52	4	31. 97	5
乌鲁木齐	42. 54	6	30. 69	13	24. 54	14
厦门	42. 07	7	32. 38	11	28. 45	9
青岛	39. 50	8	35. 82	7	29. 59	8
西宁	38. 52	9	35. 12	9	31. 92	6
南京	35. 87	10	33. 40	10	26. 98	10
昆明	35. 48	11	38. 14	6	25. 32	13
太原	32. 18	12	27. 69	16	19. 36	20
长春	30. 86	13	31. 16	12	25. 38	12
济南	30. 72	14	26. 57	17	29. 93	7

续表

城市	2017年		2016年		2015年	
	得分	排名	得分	排名	得分	排名
郑州	29.47	15	26.01	18	20.75	18
兰州	29.46	16	25.49	20	15.97	27
贵阳	25.68	17	21.08	23	16.80	25
长沙	25.46	18	23.88	21	19.83	19
北京	24.99	19	27.99	15	18.90	21
天津	24.90	20	23.23	22	18.73	22
广州	24.43	21	21.04	24	17.70	23
大连	23.58	22	19.75	25	24.22	15
宁波	22.87	23	25.89	19	17.27	24
沈阳	22.09	24	16.61	28	23.82	16
石家庄	22.01	25	16.07	31	13.52	31
福州	21.60	26	29.80	14	22.74	17
杭州	20.68	27	18.75	26	15.29	28
哈尔滨	18.90	28	18.00	27	12.46	33
西安	17.74	29	16.41	29	14.81	29
成都	17.64	30	16.38	30	14.66	30
武汉	16.00	31	35.76	8	25.45	11
南宁	15.70	32	14.49	33	16.46	26
南昌	13.64	33	12.36	34	9.97	34
上海	13.46	34	15.33	32	12.97	32
海口	13.10	35	8.14	35	8.80	35
重庆	0.50	36	0	36	0.16	36

3. 邮电通信设施管理水平得分与排名

2015～2017年中国36个重点城市邮电通信设施管理水平得分和排名如表6所示。

表6　2015～2017年中国36个重点城市邮电通信设施管理水平得分和排名

城市	2017年		2016年		2015年	
	得分	排名	得分	排名	得分	排名
深圳	100	1	100	1	100	1
厦门	56.16	2	51.76	2	46.28	3

续表

城市	2017年		2016年		2015年	
	得分	排名	得分	排名	得分	排名
广州	45.35	3	46.44	3	43.20	4
杭州	39.82	4	40.44	4	27.44	9
宁波	35.60	5	35.71	5	31.81	6
乌鲁木齐	34.17	6	25.31	11	19.72	17
南京	33.47	7	32.23	7	19.69	18
海口	29.13	8	24.32	13	20.18	15
北京	28.15	9	30.06	8	29.76	8
上海	27.47	10	29.37	9	30.76	7
武汉	25.77	11	34.74	6	32.58	5
成都	23.83	12	24.73	12	21.76	11
青岛	20.62	13	22.43	16	17.02	20
银川	20.41	14	23.67	15	19.73	16
拉萨	20.40	15	22.29	18	21.26	13
兰州	20.34	16	17.54	21	9.73	27
西安	20.34	17	26.96	10	22.72	10
太原	19.97	18	22.38	17	21.32	12
济南	19.93	19	23.89	14	20.37	14
昆明	18.23	20	19.29	19	12.92	25
郑州	17.68	21	18.69	20	15.40	21
长沙	17.59	22	16.95	23	13.49	23
贵阳	16.83	23	17.13	22	19.42	19
福州	14.75	24	16.57	24	13.47	24
天津	11.59	25	13.22	26	51.23	2
西宁	10.58	26	10.55	30	9.03	29
沈阳	10.40	27	15.94	25	13.78	22
南昌	10.08	28	11.17	29	8.75	30
合肥	9.90	29	11.65	28	9.40	28
石家庄	9.85	30	10.41	31	6.63	33
大连	8.99	31	11.70	27	9.90	26
呼和浩特	8.05	32	7.58	35	7.23	32
南宁	7.97	33	9.39	33	8.58	31
长春	5.18	34	9.97	32	4.63	35
哈尔滨	4.18	35	7.93	34	5.60	34
重庆	2.46	36	6.77	36	3.85	36

三　重点城市基础设施管理水平横向比较分析

（一）基础设施管理水平整体和分项比较分析

1. 基础设施管理水平整体比较分析

2017 年中国 36 个重点城市基础设施管理水平得分如图 1 所示。2017 年中国 36 个重点城市基础设施管理水平得分前八和后五排序参见图 2。

2017 年中国 36 个重点城市的基础设施管理水平平均得分为 26.18 分，其中有 15 个城市高于平均分。标准差为 15.56，36 个重点城市中得分位于单倍标准差范围内的城市个数为 29 个，占比为 80.56%；得分位于两倍标准差范围内的城市个数为 35 个，占比为 97.22%。重点城市基础设施管理水平得分分布比较集中。

得分位于前八名的城市分别为深圳、乌鲁木齐、银川、西宁、拉萨、厦门、广州和北京，相应的得分分别为 86.98、50.69、48.51、45.22、42.53、41.52、35.61 和 34.13 分。得分位于后五名的城市分别为南昌、长春、南宁、哈尔滨和重庆，相应的得分分别为 12.12、11.61、10.80、7.12 和 3.69 分。

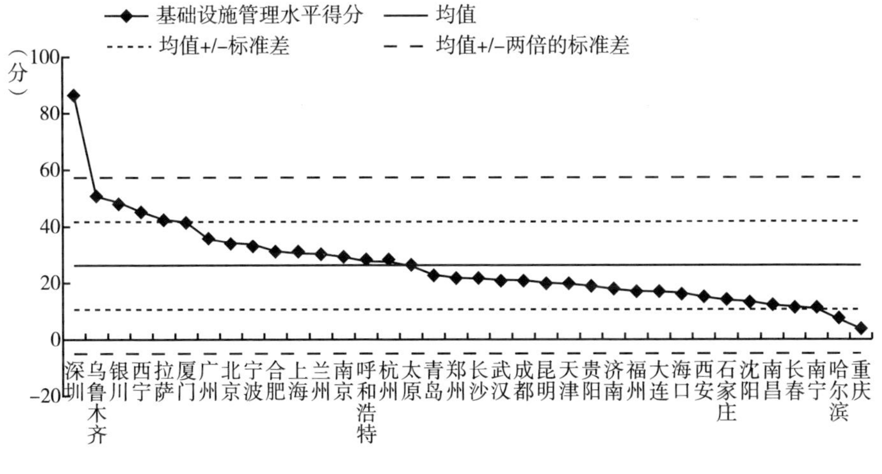

图 1　2017 年中国 36 个重点城市基础设施管理水平得分

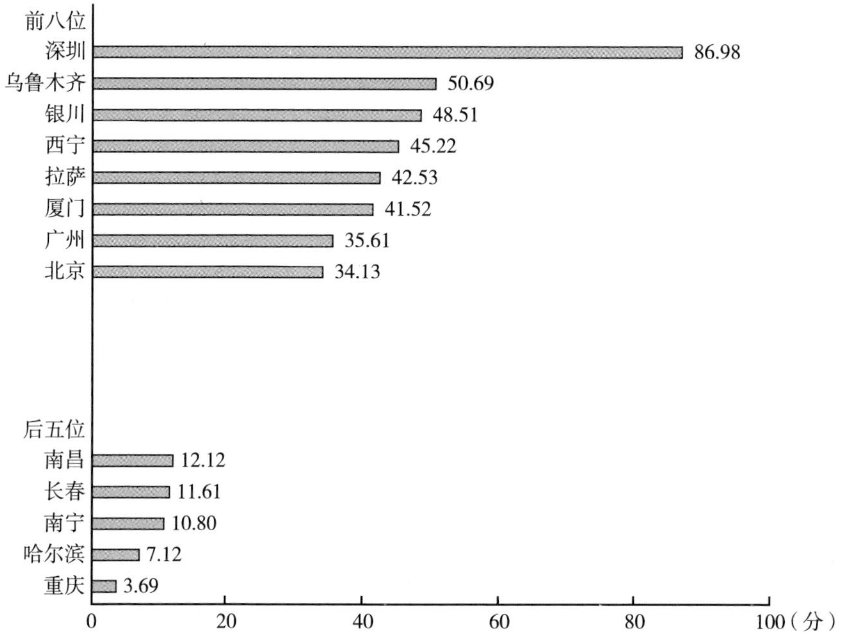

图 2　2017 年中国 36 个重点城市基础设施管理水平得分前八和后五排序

总体上看，除了深圳市分值很高外，其余 35 个城市的分值均分布在 51 分之下。深圳市（86.98 分）位居 36 个重点城市之首，而重庆市（3.69 分）位于 36 个重点城市最后一位，两者之间得分差值为 83.29 分。呼和浩特（27.53 分）、杭州（27.44 分）和太原（25.91 分）与平均值接近。这说明深圳市基础设施管理水平最强，重庆市基础设施管理水平最弱，而呼和浩特、杭州和太原基础设施管理水平处于中等水平。

2. 水电气设施管理水平比较分析

2017 年中国 36 个重点城市水电气设施管理水平得分如图 3 所示。2017 年中国 36 个重点城市水电气设施管理水平得分前五和后五排序参见图 4。

在水电气设施管理水平分项指标上，2017 年中国 36 个重点城市的平均得分为 25.99 分，其中有 11 个城市不低于平均分。标准差为 18.79，36 个城市中得分位于单倍标准差范围内的城市个数为 29 个，占比为 80.56%；得分位于两倍标准差范围内的城市个数为 34 个，占比为 94.44%。重点城市水电气设施管理水平得分分布比较集中。

得分位于前五名的城市分别为深圳、西宁、乌鲁木齐、银川和北京，相应的得分分别为 84.67、65.89、63.03、62.12 和 41.69 分。得分位于后五名的城市分别为济南、南宁、重庆、长春和哈尔滨，相应的得分分别为 10.20、9.77、5.89、5.19 和 2.70 分。

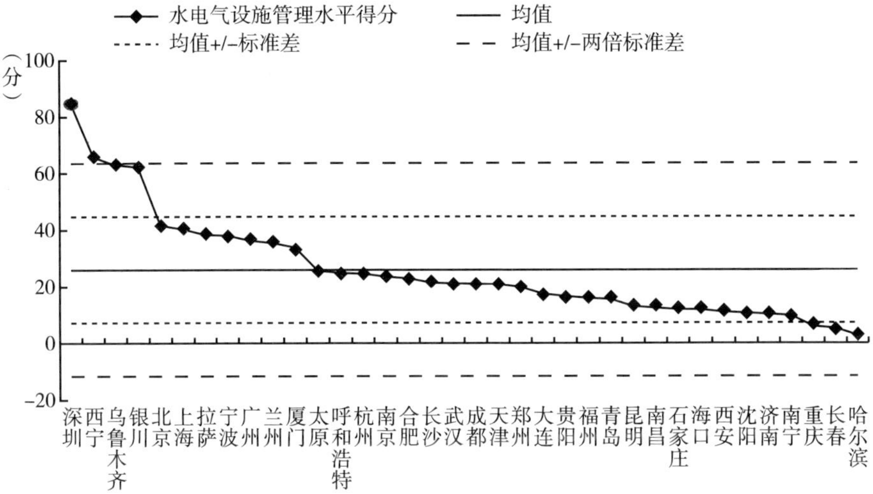

图3　2017 年中国 36 个重点城市水电气设施管理水平得分

总体上看，在水电气设施管理水平方面，除了深圳市分值遥遥领先外，其余 35 个城市的分值均分布在 66 分之下。第一名和最后一名城市间差距较大。深圳市（84.67 分）位居 36 个重点城市之首，而哈尔滨市仅得分 2.70 分，位于 36 个重点城市最后一位，两者之间得分差值为 81.97 分。太原（25.74 分）、呼和浩特（24.84 分）和杭州（24.63 分）与平均值接近。这说明深圳市水电气基础设施管理水平最强，哈尔滨市水电气基础设施管理水平最弱，而太原、呼和浩特和杭州水电气基础设施管理水平处于中等水平。

3. 道路交通设施管理水平比较分析

2017 年中国 36 个重点城市道路交通设施管理水平得分如图 5 所示。2017 年中国 36 个重点城市道路交通设施管理水平得分前五和后五排序参见

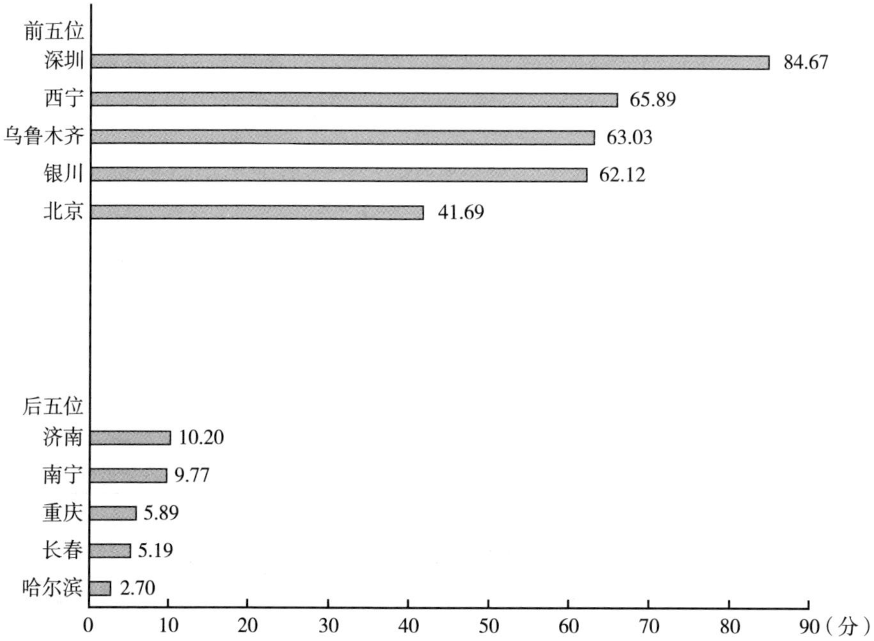

图4　2017年中国36个重点城市水电气设施管理水平得分前五和后五排序

图6。

在道路交通设施管理水平分项指标上，2017年中国36个重点城市的平均得分为30.38分，其中有14个城市不低于平均分。标准差为17.02，36个重点城市中得分位于单倍标准差范围内的城市个数为29个，占比为80.56%；得分位于两倍标准差范围内的城市个数为33个，占比为91.67%。

得分位于前五名的城市分别为深圳、拉萨、合肥、呼和浩特和银川，相应的得分分别为78.59、72.95、68.83、52.38和49.36分。得分位于后五名的城市分别为南宁、南昌、上海、海口和重庆，相应的得分分别为15.70、13.64、13.46、13.10和0.50分。

总体上看，在道路交通设施管理水平方面，除前三位和最后一位之外，其余32个城市的分值分布在13～53分区间。第一名和最后一名城市间差距较大。深圳市位居36个重点城市之首，得分为78.59。而重庆市得分为0.50分，位于36个重点城市最后一位，两者之间得分差值为78.09分。长

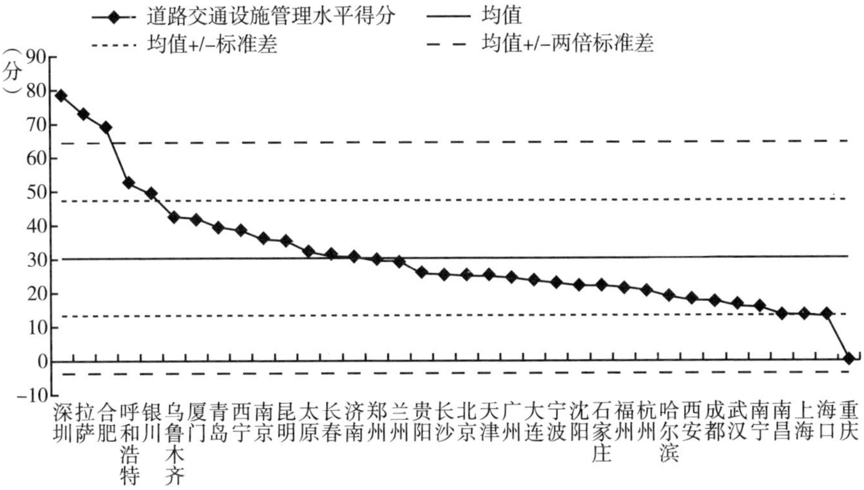

图 5　2017 年中国 36 个重点城市道路交通设施管理水平得分

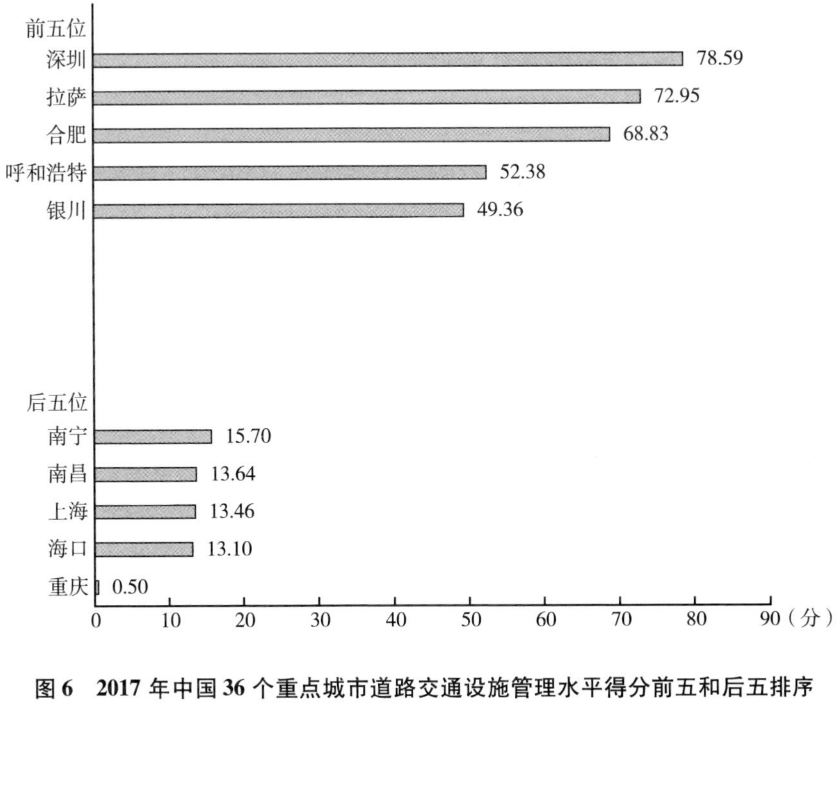

图 6　2017 年中国 36 个重点城市道路交通设施管理水平得分前五和后五排序

春（30.86 分）、济南（30.72 分）和郑州（29.47 分）等与平均值接近。这说明深圳市道路交通基础设施管理水平最强，重庆市道路交通基础设施管理水平最弱，而长春、济南和郑州等道路交通基础设施管理水平处于中等水平。

4. 邮电通信设施管理水平比较分析

2017 年中国 36 个重点城市邮电通信设施管理水平得分如图 7 所示。2017 年中国 36 个重点城市邮电通信设施管理水平得分前五和后五排序参见图 8。

在邮电通信设施管理水平分项指标上，2017 年中国 36 个重点城市的平均得分为 22.37 分，其中有 12 个城市不低于平均分。标准差为 17.90，36 个城市中得分位于单倍标准差范围内的城市个数为 31 个，占比为 86.11%；得分位于两倍标准差范围内的城市个数为 35 个，占比为 97.22%。重点城市邮电通信设施管理水平得分分布比较集中。

得分位于前五名的城市分别为深圳、厦门、广州、杭州和宁波，相应的得分分别为 100、56.16、45.35、39.82 和 35.60 分。得分位于后五名的城市分别为呼和浩特、南宁、长春、哈尔滨和重庆，相应的得分分别为 8.05、7.97、5.18、4.18 和 2.46 分。

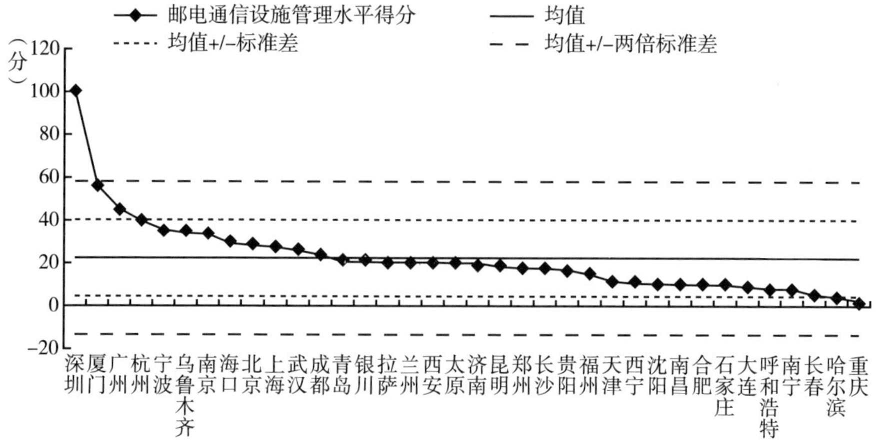

图 7　2017 年中国 36 个重点城市邮电通信设施管理水平得分

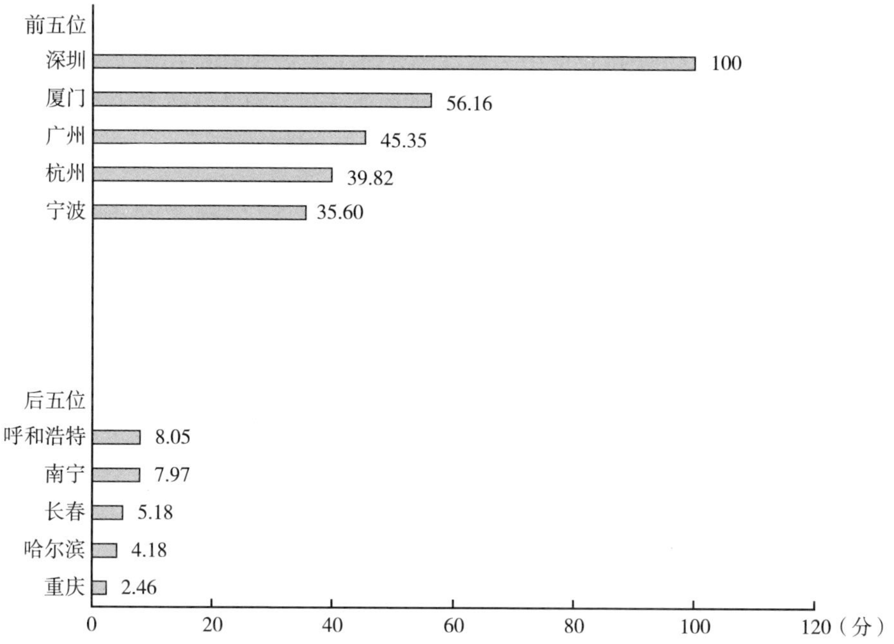

图 8　2017 年中国 36 个重点城市邮电通信设施管理水平得分前五和后五排序

总体上看，除了深圳市分值遥遥领先外，其余 35 个城市的分值均分布在 57 分之下。第一名和最后一名城市间差距较大。深圳市位居 36 个重点城市之首，得分为 100，而重庆市得分为 2. 46 分，位于 36 个重点城市最后一位，两者之间得分差值为 97. 54 分。成都（23. 83 分）、青岛（20. 62 分）和银川（20. 41 分）与平均值接近。这说明深圳市邮电通信设施管理水平最强，重庆市邮电通信设施管理水平最弱，而成都、青岛和银川邮电通信设施管理水平处于中等水平。

（二）基础设施管理水平短板因素分析

水电气设施管理水平、道路交通设施管理水平和邮电通信设施管理水平这三项的加权平均，得到城市整体的基础设施管理水平，这三项中每一项的得分和排名都对城市的整体基础设施管理水平有着非常重要的影响。因此，水电气设施管理水平、道路交通设施管理水平和邮电通信设施管理水平是城市整体的基础设施管理水平的三个重要影响因素。

2017 年中国 36 个重点城市基础设施管理水平分项和整体排名如表 7 所示。在各分项排名中，排名在后 10 位的称这一分项为该城市的短板因素，表示在不考虑权重影响的情况下，相比于其他分项，该分项严重影响了该城市的整体基础设施管理水平，如果要提升其整体基础设施管理水平，可以先从该短板因素入手。

表 7　2017 年中国 36 个重点城市基础设施管理水平分项和整体排名

城市	水电气设施管理水平	道路交通设施管理水平	邮电通信设施管理水平	基础设施管理水平
深圳	1	1	1	1
乌鲁木齐	3	6	6	2
银川	4	5	14	3
西宁	2	9	26	4
拉萨	7	2	15	5
厦门	11	7	2	6
广州	9	21	3	7
北京	5	19	9	8
宁波	8	23	5	9
合肥	16	3	29	10
上海	6	34	10	11
兰州	10	16	16	12
南京	15	10	7	13
呼和浩特	13	4	32	14
杭州	14	27	4	15
太原	12	12	18	16
青岛	25	8	13	17
郑州	21	15	21	18
长沙	17	18	22	19
武汉	18	31	11	20
成都	19	30	12	21
昆明	26	11	20	22
天津	20	20	25	23
贵阳	23	17	23	24
济南	32	14	19	25
福州	24	26	24	26

续表

城市	水电气设施管理水平	道路交通设施管理水平	邮电通信设施管理水平	基础设施管理水平
大连	22	22	31	27
海口	29	35	8	28
西安	30	29	17	29
石家庄	28	25	30	30
沈阳	31	24	27	31
南昌	27	33	28	32
长春	35	13	34	33
南宁	33	32	33	34
哈尔滨	36	28	35	35
重庆	34	36	36	36

根据表7可以得到2017年城市基础设施管理水平的短板因素，如表8所示。整体排名越靠后的城市，短板因素越多。受限于2个或3个短板因素的城市，都是排名后十名的城市。受限于2个短板因素的城市有：西安和海口，受限于水电气设施管理水平和道路交通设施管理水平；石家庄、沈阳、长春受限于水电气设施管理水平和邮电通信设施管理水平。受限于水电气设施管理水平、道路交通设施管理水平和邮电通信设施管理水平这3个短板因素的城市有：南昌、南宁、哈尔滨和重庆。其余城市受限于1个短板因素或没有短板因素限制。

表8　2017年城市基础设施管理水平的短板因素

短板因素		城市
1个因素	水电气设施管理	济南
	道路交通设施管理	上海、杭州、武汉、成都
	邮电通信设施管理	合肥、呼和浩特、大连
2个因素	水电气设施管理 & 道路交通设施管理	西安、海口
	水电气设施管理 & 邮电通信设施管理	石家庄、沈阳、长春
3个因素	水电气设施管理 & 道路交通设施管理 & 邮电通信设施管理	南昌、南宁、哈尔滨、重庆
无	深圳、乌鲁木齐、银川、西宁、拉萨、厦门、广州、北京、宁波、兰州、南京、太原、青岛、郑州、长沙、昆明、天津、贵阳、福州	

（三）基础设施管理水平分区域比较分析

依据《中国区域经济统计年鉴（2011）》，中国可划分为4个经济区，如表9所示。

表9　经济区域划分

区域	数量	省(区、市)名
东部地区	10	北京、天津、河北、上海、江苏、浙江、福建、山东、广东和海南
中部地区	6	山西、安徽、江西、河南、湖北和湖南
西部地区	12	内蒙古、广西、重庆、四川、贵州、云南、西藏、陕西、甘肃、青海、宁夏和新疆
东北地区	3	辽宁、吉林和黑龙江

按照经济区域划分，将本研究中的36个重点城市进行划分，其区域分布如表10所示。

表10　36个重点城市区域分布

区域	数量	城市
东部地区	14	北京、深圳、天津、石家庄、上海、南京、杭州、宁波、福州、厦门、青岛、济南、广州和海口
中部地区	6	太原、合肥、南昌、郑州、武汉和长沙
西部地区	12	呼和浩特、南宁、重庆、成都、贵阳、昆明、拉萨、西安、兰州、西宁、银川和乌鲁木齐
东北地区	4	沈阳、大连、长春和哈尔滨

下面将按照经济区域划分，分析不同区域城市的基础设施管理水平。

1. 基础设施管理水平分区域平均得分比较

中国36个重点城市基础设施管理水平分项分区域平均得分比较如表11和图9所示。从总体上看，东部地区基础设施管理水平平均得分最高，30.45分；西部地区次之，27.83分；中部地区第三，22.23分；东北地区最低，12.25分。东部地区和西部地区平均得分都高于36个重点城市的平均得分26.18分；而中部地区和东北地区平均得分都低于36个重点城市的平均得分，尤其是东北地区，比 36 个重点城市的平均得分还低 13. 93 分。

表 11　中国 36 个重点城市基础设施管理水平分项分区域平均得分比较

城市区域	基础设施管理	水电气设施管理	道路交通设施管理	邮电通信设施管理
东部地区	30. 45	29. 24	29. 63	33. 71
中部地区	22. 23	20. 57	30. 93	16. 83
西部地区	27. 83	30. 59	33. 16	16. 97
东北地区	12. 25	8. 97	23. 86	7. 19
36 个重点城市	26. 18	25. 99	30. 38	22. 37

从分项上看，在水电气设施管理方面，平均得分降序排列为：西部地区、东部地区、中部地区和东北地区。东部地区和西部地区差距不大，但东北地区和其他三个地区的差距都比较大。在道路交通设施管理方面，平均得分降序排列为：西部地区、中部地区、东部地区和东北地区。中部地区和东部地区的平均得分比较接近。在邮电通信设施管理方面，平均得分降序排列为：东部地区、西部地区、中部地区和东北地区。中部地区和西部地区的平均得分比较接近，东北地区和东部地区的差距比较大。

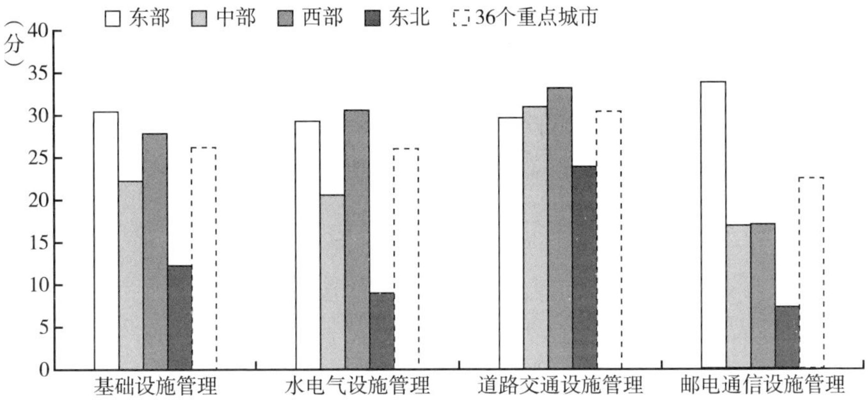

图 9　中国 36 个重点城市基础设施管理水平分项分区域平均得分比较

2. 基础设施管理水平分区域排名分布

中国 36 个重点城市基础设施管理水平分项排名前 10 和后 10 分布如表 12 所示。

表 12　中国 36 个重点城市基础设施管理水平分项排名前 10 和后 10 分布

城市区域	基础设施管理		水电气设施管理		道路交通设施管理		邮电通信设施管理	
	前 10 名	后 10 名	前 10 名	后 10 名	前 10 名	后 10 名	前 10 名	后 10 名
东部地区	5	2	5	3	4	3	9	1
中部地区	1	1	0	1	1	2	0	2
西部地区	4	3	5	3	5	4	1	3
东北地区	0	4	0	3	0	1	0	4

（1）东部地区城市基础设施管理水平最高

深圳、厦门、广州、北京和宁波这 5 个东部城市位于城市基础设施管理水平前 10 名，占 50%，其余 5 个为中西部城市。位于城市基础设施管理水平前 10 名的这些东部城市，在城市基础设施管理水平的各分项指标上也都比较靠前，尤其在邮电通信设施管理方面，水平最高。水电气设施管理水平前 10 名中，东部城市有 5 个，占 50%；邮电通信设施管理水平前 10 名中，东部城市有 9 个，占 90%。

（2）西部地区城市基础设施管理水平较高，但同区域城市之间基础设施管理水平差距较大

在城市基础设施管理水平前 10 名中，西部城市占 4 个，分别是乌鲁木齐、银川、西宁和拉萨，其排名也位于前列，分别为第 2 ~ 5 名；但同时，排名后 10 位的城市西部地区也占 3 个，分别为西安（第 29 名）、南宁（第 34 名）和重庆（第 36 名），占 30%。在西部地区中，城市之间基础设施管理水平差距较大。

西部地区城市在水电气设施管理和道路交通设施管理分项指标上比较突出，在水电气设施管理分项指标前 10 名中，西部城市有 5 个，占 50%；在道路交通设施管理分项指标前 10 名中，西部城市有 5 个，占 50%；在邮电

通信设施管理分项指标上比较薄弱，在该分项指标前 10 名中，西部城市有 1 个，占 10%。对这些相对薄弱的指标进行加强，使城市均衡全面发展，可提升这些城市的基础设施管理水平。

（3）中部地区城市基础设施管理水平位于中等偏下

中部地区进行评价的城市主要有 6 个：太原、合肥、南昌、郑州、武汉和长沙，城市基础设施管理水平位于前 10 名的有 1 个，即合肥，位于第 10 名；位于后 10 名的有 1 个，即南昌，位于第 32 名；其余 4 个位于中间名次。合肥的道路交通设施管理水平较高，位于第 3 名，但邮电通信设施管理水平较落后，位于后 10 名之内，从而影响其排名。

（4）东北地区城市基础设施管理水平欠缺，需进一步提高

东北地区进行评价的城市有 4 个：大连、沈阳、长春和哈尔滨，没有一个进入前 10 名，均位于后 10 名之内，分别为第 27、31、33、35 名，占 40%。这些城市在基础设施管理分项指标上也比较落后，在水电气设施管理、道路交通设施管理和邮电通信设施管理各分项指标上，排名前 10 的城市为 0；后 10 名之内，东北地区的城市分别为 3、1 和 4 个，分别占 30%、10% 和 40%。尤其邮电通信设施管理分项指标上，评价的 4 个城市均位于后 10 名之内。因此，东北地区城市基础设施管理水平整体不高。

（四）基础设施管理水平与经济发展水平协调性分析

本研究采用人均地区生产总值来衡量该地区的经济发展水平，根据 2017 年人均地区生产总值对中国 36 个重点城市进行排名，将城市经济发展水平排名和基础设施管理水平排名进行比较分析，可以衡量两者之间的协调程度。

2017 年中国 36 个重点城市基础设施管理水平和经济发展水平排名比较如表 13 所示。定义基础设施管理水平和经济发展水平排名差异为：经济发展水平排名减城市基础设施管理水平排名。2017 年中国 36 个重点城市基础设施管理水平和经济发展水平排名差异情况如图 10 所示，其相应的频数统计参见图 11。

表 13　中国 36 个重点城市基础设施管理水平和经济发展水平排名比较

城市	经济发展水平排名	基础设施管理水平排名	城市	经济发展水平排名	基础设施管理水平排名
深圳	1	1	呼和浩特	19	14
长沙	2	19	郑州	20	18
宁波	3	9	昆明	21	22
广州	4	7	太原	22	16
杭州	5	15	长春	23	33
南京	6	13	哈尔滨	24	35
青岛	7	17	西安	25	29
北京	8	8	乌鲁木齐	26	2
上海	9	11	贵阳	27	24
合肥	10	10	南宁	28	34
武汉	11	20	兰州	29	12
天津	12	23	银川	30	3
大连	13	27	西宁	31	4
福州	14	26	沈阳	32	31
济南	15	25	拉萨	33	5
厦门	16	6	石家庄	34	30
成都	17	21	重庆	35	36
南昌	18	32	海口	36	28

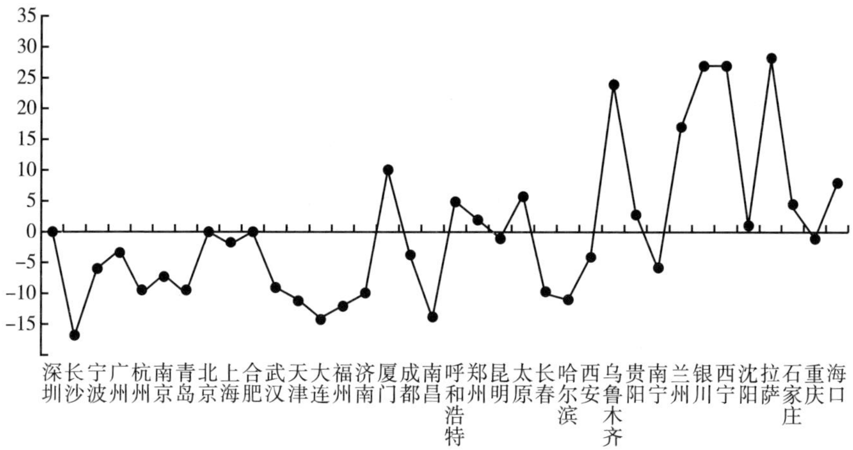

图 10　中国 36 个重点城市基础设施管理水平和经济发展水平排名差异情况

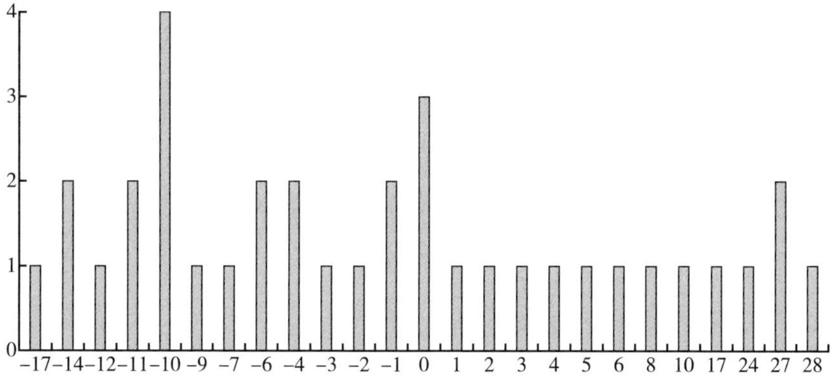

图 11　中国 36 个重点城市基础设施管理水平和经济发展水平排名差异频数统计

可以利用排名差异来衡量城市基础设施管理水平和经济发展水平两者之间的协调性。根据排名差异，将协调程度分为三个等级：基础设施管理水平超前型、基础设施管理水平基本协调型和基础设施管理水平滞后型。令 V 表示排名差异，M 为其均值，S 为其标准差，若 $V < M - 0.5S$ ，则为基础设施管理水平滞后型；若 $M - 0.5S \leqslant V \leqslant M + 0.5S$ ，则为基础设施管理水平基本协调型；若 $V > M + 0.5S$ ，则为基础设施管理水平超前型。通过计算，此时 M =0，S =12。

基础设施管理水平超前型（ $V > 6$ ）包含 7 个城市：西部地区的 5 市，拉萨、西宁、银川、乌鲁木齐和兰州；东部地区的 2 市，厦门和海口。这些城市基础设施管理水平超前于经济发展水平，排名差异很大。造成排名差异大的原因可以分为三种情形：①基础设施管理水平位于前列，而其经济发展水平排名靠后，西部地区中的 3 个城市尤为突出。拉萨市经济发展水平排第 33 名，基础设施管理水平排第 5 名，排名差异为 28；西宁市经济发展水平排第 31 名，基础设施管理水平排第 4 名，排名差异为 27；银川市经济发展水平排第 30 名，基础设施管理水平排第 3 名，排名差异为 27。②经济发展水平中等，但基础设施管理水平很强，如厦门市，经济发展水平排第 16 名，基础设施管理水平排第 6 名，排名差异为 10。③经济发展水平和基础设施管理水平都很落后，都位于后 10 名之内，如海口市，经济发展水平排第 36 名，基础设施管理水平排第 28 名，排名差异为 8。

基础设施管理水平基本协调型（ $-6 \leqslant V \leqslant 6$ ）包含 17 个城市：东部地区的 6 市，宁波、广州、上海、深圳、北京、石家庄；西部地区的 7 市，南宁、成都、西安、昆明、重庆、贵阳和呼和浩特；中部地区的3市：合肥、郑州和太原；东北地区的1市：沈阳。这些城市基础设施管理水平与经济发展水平基本比较协调，排名差异不是很大。深圳、北京、合肥这3个城市，基础设施管理水平与经济发展水平同步发展，排名差异为0，而且基础设施管理水平与经济发展水平都很高，排名都位于前10名之内。相对比，重庆和沈阳这两个城市，虽然基础设施管理水平与经济发展水平基本协同发展，排名差异分别为 -1 和1，但它们的基础设施管理水平与经济发展水平都比较落后，排名都位于后10名之内。

基础设施管理水平滞后型（V < -6）包含12个城市：东部地区的6市，福州、天津、杭州、青岛、济南和南京；中部地区的3市，长沙、南昌和武汉；东北地区的3市：大连、长春和哈尔滨。这些城市基础设施管理水平滞后于经济发展水平，排名差异很大。造成排名差异大的原因大致可以分为如下情形：①基础设施管理水平中等，但经济发展水平很强，如长沙市，经济发展水平排第2名，基础设施管理水平排第19名，排名差异为 -17；杭州市，经济发展水平排第5名，基础设施管理水平排第15名，排名差异为 -10；青岛市，经济发展水平排第7名，基础设施管理水平排第17名，排名差异为 -10。②经济发展水平中等，而其基础设施管理水平排名靠后。如大连市，经济发展水平排第13名，基础设施管理水平排第27名，排名差异为 -14；南昌市，经济发展水平排第18名，基础设施管理水平排第32名，排名差异为 -14。③经济发展水平和基础设施管理水平都属于中等，如天津市，经济发展水平排第12名，基础设施管理水平排第23名，排名差异为 -11；武汉市，经济发展水平排第11名，基础设施管理水平排第20名，排名差异为 -9。

四　重点城市基础设施管理水平纵向比较分析

（一）基础设施管理水平得分比较分析

2015～2017年中国36个重点城市基础设施管理水平和各分项指标的平均得分如表14和图12所示。

表 14　2015～2017 年中国 36 个重点城市基础设施管理水平和各分项指标的平均得分

年份	基础设施管理	水电气设施管理	道路交通设施管理	邮电通信设施管理
2015	20.32	17.99	23.92	21.35
2016	22.08	18.14	28.47	23.59
2017	26.18	25.99	30.38	22.37

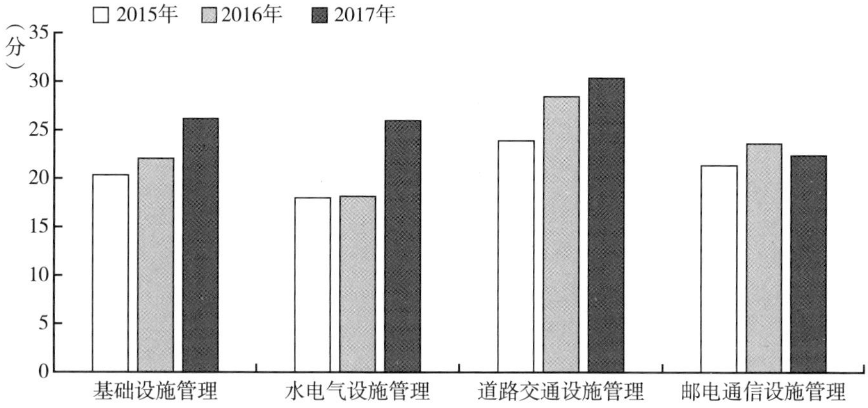

图 12　2015～2017 年中国 36 个重点城市基础设施管理水平和各分项指标的平均得分

从表 14 和图 12 可以看出，2015～2017 年中国 36 个重点城市基础设施管理水平的平均得分在逐年增加，总体呈上升趋势，这说明城市基础设施管理水平普遍都在提升。对于各分项指标，在水电气设施管理方面，平均得分在逐年增加，2017 年的进步更加明显，总体呈上升趋势；在道路交通设施管理方面，平均得分在逐年增加，2016 年的进步更加明显，总体呈上升趋势；在邮电通信设施管理方面，总体呈波动变化，2016 年上升，2017 年下降，但相比 2015 年，2016 和 2017 年都在上升。

（二）基础设施管理水平排名比较分析

2015～2017 年相邻年份中国 36 个重点城市基础设施管理水平排名变化情况如图 13 所示。2016～2017 排名变化为 2017 年城市基础设施管理水平排名减去 2016 年的相应排名，用符号 *V1* 表示；2015～2016 排名变化为2016年城市基础设施管理水平排名减去2015年的相应排名，用符号 $V2$ 表示。

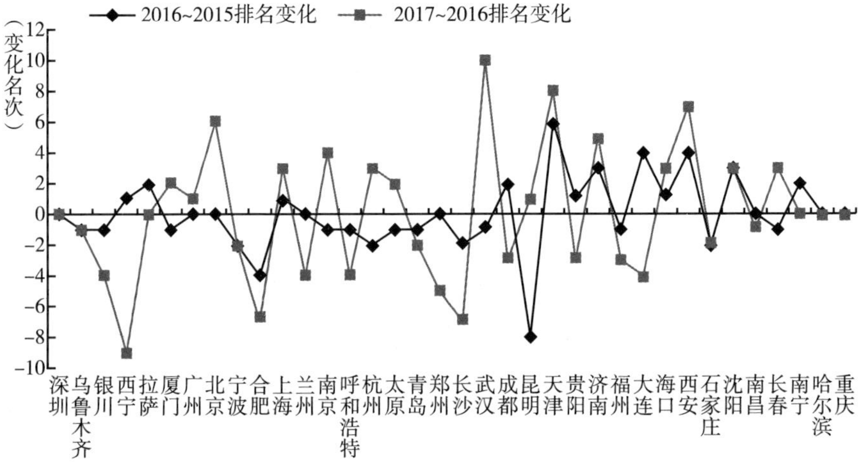

图13　2015~2017年相邻年份中国36个重点城市基础设施管理水平排名变化情况

通过计算，可以得到变量 $V1$ 的标准方差近似为4.3，变量 $V2$ 的标准方差近似为2.4，这表明从总体上看，2016~2017年城市基础设施管理水平排名变化程度要比2015~2016年城市基础设施管理水平排名变化程度更加剧烈，波动更大，离散程度更高。

根据2015~2017年排名的变化情况，即变量 $V1$ 和 $V2$，我们可以把城市基础设施管理水平分为四个类型：①稳定型：连续三年排名保持不变，即 $V1=0$ 且 $V2=0$；②上升型：三年排名在稳定上升，即 $V1\leqslant 0$ 且 $V2<0$ 或 $V1<0$ 且 $V2\leqslant 0$；③下降型：三年排名在稳定下降，即 $V1\geqslant 0$ 且 $V2>0$ 或 $V1>0$ 且 $V2\geqslant 0$；④波动型：三年排名在上下波动，即 $V1<0$ 且 $V2>0$ 或 $V1>0$ 且 $V2<0$。

稳定型包含3个城市：深圳、重庆和哈尔滨。深圳三年稳居第一位，而重庆和哈尔滨三年连续位于倒数第一和倒数第二。

上升型包含12个城市：乌鲁木齐、银川、宁波、合肥、兰州、呼和浩特、青岛、郑州、长沙、福州、石家庄、南昌。乌鲁木齐排名4-3-2，银川排名 8－7－3，连续三年都位于前 10 名之内且保持良好的上升趋势，尤其是银川，2017 年排到第 3 名，原因是其在水电气设施管理方面得到极大的提升。宁波排名 13－11－9，合肥排名 21－17－10，都从中等上升到前 10 名之内，特别是合肥，从 2015 年的第 21 名上升到 2017 年的第 10 名，得益于其在水电气设施管理和道路交通设施管理两个方面的提升。长沙排名 28－26－19，从 2015 年的第 28 名上升到 2017 年的第 19 名，主要是由于其在水电气设施管理方面的进一步加强。

下降型包含 10 个城市：拉萨、广州、北京、上海、天津、济南、海口、西安、沈阳和南宁。拉萨排名 3－5－5，广州排名 6－6－7，北京排名 2－2－8，这三个城市连续三年都位于前 10 名之内，但都呈现下降趋势，其中下降最快的是北京，从 2015 年和 2016 年的第 2 名下降到 2017 年的第 8 名，原因是其在水电气设施管理方面下降比较严重。上海排名 7－8－11，天津排名 9－15－23，都从前 10 名下降到中等排名，特别是天津，每年下降的幅度也很大，从 2015 年的第 9 名下降到 2017 年的第 23 名，归因于其在水电气设施管理和邮电通信设施管理方面的下降。海口排名 24－25－28，西安排名 18－22－29，沈阳排名 25－28－31，都从中等排名下降到后 10 名，尤其是西安，从 2015 年的第 18 名下降到 2017 年的第 29 名，主要是由于在水电气设施管理和邮电通信设施管理两个方面都有所下降。

波动型包含 11 个城市：西宁、厦门、南京、呼和浩特、杭州、武汉、成都、昆明、贵阳、大连和长春。西宁排名 12－13－4，成都排名 22－24－21，贵阳排名 26－27－24，大连排名 27－31－27，这四个城市都是先下降后上升进行波动，其中西宁波动幅度比较大，2017 年波动进入前 10 名，这得益于 2017 年其在水电气设施管理方面得到极大的提升。厦门排名 5－4－6，南京排名 10－9－13，呼和浩特排名 14－12－15，杭州排名 15－14－16，武汉排名 11－10－20，昆明排名 29－21－22，长春排名 31－30－33，这七个城市都是先上升后下降进行波动，武汉波动比较剧烈，从 2015 年的第 11 名波动到 2017 年的第 20 名，主要是由于在道路交通设施管理和邮电通信设施管理两个方面出现下降。

（三）基础设施管理水平前10名和后5名比较分析

2015～2017年中国36个重点城市基础设施管理水平排名前10位城市如表15所示，排名后5位城市如表16所示。

表15　2015～2017年中国36个重点城市基础设施管理水平排名前10位城市

年份	1	2	3	4	5	6	7	8	9	10
2015	深圳	北京	拉萨	乌鲁木齐	厦门	广州	上海	银川	天津	南京
2016	深圳	北京	乌鲁木齐	厦门	拉萨	广州	银川	上海	南京	武汉
2017	深圳	乌鲁木齐	银川	西宁	拉萨	厦门	广州	北京	宁波	合肥

表16　2015～2017年中国36个重点城市基础设施管理水平排名后5位城市

年份	1	2	3	4	5
2015	重庆	哈尔滨	石家庄	南昌	南宁
2016	重庆	哈尔滨	南宁	南昌	石家庄
2017	重庆	哈尔滨	南宁	长春	南昌

从表15可以看出，2015～2017年中国36个重点城市基础设施管理水平排名前10位所包含的城市，2016年与2015年相比，除了武汉取代了天津，其他9个城市都没有变化。2017年与前两年相比，7个城市没有变化，新加入3个城市：西宁、宁波和合肥，取代了过去两年的上海、南京和武汉、天津。对于3年都位列于前10名的7个城市，在名次上，深圳3年稳居第一；拉萨呈下降趋势，3－5－5；乌鲁木齐呈上升趋势，4－3－2；厦门呈波动变化，5－4－6；广州呈下降趋势，6－6－7。北京和银川2017年的变化比较大，北京呈下降趋势，2－2－8；银川呈上升趋势，8－7－3。

从表16可以看出，2015～2017年这3年，中国36个重点城市基础设施管理水平排名后5位的城市，变化基本不大。2015年和2016年后5位包含的城市没有变化；2017年4个城市保持原样，只有长春取代了石家庄，成为倒数第二名，原因是2017年长春的水电气设施管理和邮电通信设施管理这两个分项指标均落后于石家庄。在名次上，重庆和哈尔滨3年名次保持不变；南宁呈下降趋势，倒数5－3－3；南昌呈上升趋势，倒数4－4－5。总体来说，2015～2017年这3年位于后5位城市的名次变动不是很大。

五 重点城市基础设施管理水平分析结论及提升建议

（一）分析结论

1. 城市基础设施管理水平在逐年提升

2015～2017年中国36个重点城市基础设施管理水平的平均得分在逐年增加，从2015年的20.32分、2016年的22.08分到2017年的26.18分，总体呈上升趋势，说明城市基础设施管理水平普遍都在提升。2015～2017年全社会固定资产投资逐年增加。2015年全社会固定资产投资562000亿元，比2014年增长9.8%。按领域分，基础设施投资101271亿元，增长17.2%，占固定资产投资（不含农户）的比重为18.4%；分行业，水利、环境和公共设施管理业投资55673亿元，增长20.4%。2016年全社会固定资产投资606466亿元，比2015年增长7.9%。按领域分，基础设施投资118878亿元，增长17.4%，占固定资产投资（不含农户）的比重为19.9%；分行业，水利、环境和公共设施管理业投资68647亿元，增长23.3%。2017年全社会固定资产投资641238亿元，比2016年增长7.0%①。按领域分，基础设施投资140005亿元，增长19.0%，占固定资产投资（不含农户）的比重为22.2%；分行业，水利、环境和公共设施管理业投资82105亿元，比上年增长21.2%。基础设施建设投资的增长和公共设施管理业费用的增加，是城市基础设施管理水平整体逐年提升的原因和基本保障。

① 数据来源：《2017年国民经济和社会发展统计公报》。

2. 前10名和后5名城市相对变化不是特别大

2016～2017 年城市基础设施管理水平排名变化的标准方差近似为 4. 3，2015～2016 年城市基础设施管理水平排名变化的标准方差近似为 2. 4，虽然前者比后者的离散程度更大一些，但两者总体上的离散程度还不是特别剧烈，比较稳定。2015～2017 年中国 36 个重点城市，根据排名变化进行归类，稳定型和上升型共包含 15 个城市，下降型包含 10 个城市，波动型包含 11 个城市。

2015～2017 年中国 36 个重点城市基础设施管理水平排名前 10 位所包含的城市和后 5 位包含的城市，变化不是很大。连续三年位于前 10 位的城市有 7 个：深圳、北京、广州、厦门、乌鲁木齐、银川和拉萨。深圳、北京、广州和厦门属于东部地区，乌鲁木齐、银川和拉萨属于西部地区。东部地区经济发展水平高，西部地区国家实施西部大开发战略和“一带一路”建设，基础设施投资巨大且逐年增加，因此这些城市在基础设施管理方面稳居前 10 位。连续三年位于后 5 位的城市有 4 个：重庆、哈尔滨、南宁和南昌，这 4 个城市在各分项指标上也都位于后 10 位。因此要提升其基础设施管理水平，需要在水电气设施管理、道路交通设施管理和邮电通信设施管理三个方面全面提升。

3. 城市基础设施管理水平存在区域性差异

按照经济区域划分，将 36 个重点城市分别归入东部地区、中部地区、西部地区和东北地区，城市基础设施管理水平存在区域性差异。2017 年，中国 36 个重点城市基础设施管理水平具有如下区域特征：一是东部地区城市基础设施管理水平最高，其基础设施管理水平平均得分最高，为 30. 45 分。在城市基础设施管理水平前 10 名中，东部地区占据 5 位；在邮电通信设施管理分项指标表现优异，前 10 名中，东部地区城市占据 9 位。二是西部地区城市基础设施管理水平次之，平均得分为 27. 83 分，高于 36 个重点城市的平均值 26. 18 分。在城市基础设施管理水平前 10 名中，西部城市占 4 名，不过在排名后 10 名的城市中，西部地区也占 3 名，同区域城市之间基础设施管理水平差距也较大。三是中部地区城市基础设施管理水平位于中等偏下，其平均得分为22.23分，低于36个重点城市的平均值。所评价的6个城市，1个位于前10名，1个位于后10名，其余4个位于中间名次。四是东北地区城市基础设施管理水平欠缺，其基础设施管理水平平均得分最低，为12.25分。所评价的4个城市均位于后10名之内，其需进一步提高。2017年全社会固定资产投资分区域看，东部地区投资265837亿元，比上年增长8.3%；西部地区投资166571亿元，增长8.5%；中部地区投资163400亿元，增长6.9%；东北地区投资30655亿元，增长2.8%。不同区域固定资产投资总额和增长率的不同，也是造成城市基础设施管理水平存在区域性差异的原因之一。

4. 部分城市经济发展水平和基础设施管理水平没有协同发展

2017年中国36个重点城市中，部分城市经济发展水平和基础设施管理水平没有协同发展，存在基础设施管理水平超前或滞后于经济发展水平的情况。基础设施管理水平超前型包含7个城市：拉萨、西宁、银川、乌鲁木齐、兰州、厦门和海口。这些城市基础设施管理水平超前于经济发展水平，排名差异很大。拉萨、西宁、银川和乌鲁木齐这4个城市位于西部地区，虽然人均GDP分别为70776元、77662元、77927元和79892元，排名分别为第30、31、33、26名，但由于国家西部大开发战略，固定资产投资巨大，且由于其城市人口规模较小，城市基础设施管理水平位于前列。基础设施管理水平滞后型包含12个城市：福州、天津、杭州、青岛、济南、南京、长沙、南昌、武汉、大连、长春和哈尔滨。这些城市基础设施管理水平滞后于经济发展水平，排名差异较大，需进一步加强基础设施建设和管理方面的投资，提升城市基础设施管理水平。

（二）重点城市提升基础设施管理水平的建议

1. 加大投资促进城市基础设施建设和完善

在城市基础设施管理中，其三级指标如人均供水总量、人均道路面积和人均拥有移动电话用户数等，都和城市基础设施的建设程度息息相关，而城市基础设施的建设和完善依赖于城市基础设施的投资经费。因此，加大投资力度是促进城市基础设施建设和完善，提升城市基础设施管理水平的重要途径。在投资引资方面，首先，政府要发挥引导作用。城市基础设施建设和完善水电气、道路交通、邮电通信等，具有涉及面广、投资周期长、投资规模大的特性，需要政府发挥关键引领作用，创造公平高效的投资环境，引导各类企业参与其中。其次，调动社会资本的积极性。创新发展政府和社会资本合作模式，制定能源和资金等政策配套措施，优化营商环境，形成政府和社会资本高效合作的平台和载体，充分调动社会资本的积极性。

2. 补足短板协调城市基础设施管理均衡发展

城市基础设施管理包括水电气设施管理、道路交通设施管理和邮电通信设施管理这三个方面，其中任何一个或多个成为短板因素都会影响基础设施管理的整体水平和能力。因此，从短板因素入手，重点弥补该短板因素，可以使城市基础设施管理能力均衡发展，进而整体提升城市基础设施管理水平。根据第三节中基础设施管理水平短板因素分析和2017年城市基础设施管理水平的短板因素统计，提出补足各城市基础设施管理能力短板的相应策略。如位居第11名的上海市，需要从道路交通设施管理入手；排第28名和第29名的海口和西安，需要在水电气设施管理和道路交通设施管理两个方面加强；排名后5位的南昌、南宁、哈尔滨和重庆，城市基础设施管理的3个分项指标，即水电气设施管理、道路交通设施管理和邮电通信设施管理都存在不足，需要进行全面增强。

3. 依托新基建促进城市基础设施管理能力提升

新基建在2018年12月中央经济工作会议上被第一次提及，2019年写入国务院政府工作报告，目前已成为社会普遍关注的热点。新基建本质上是信息数字化的基础设施，是能支撑传统产业向网络化、数字化、智能化方向发展的信息基础设施。新基建主要包括七大领域：5G、特高压、城际高速铁路和城市轨道交通、新能源汽车充电桩、大数据中心、人工智能和工业互联网领域。新基建的发展和应用，特别是应用到城市基础设施管理中，可以提升城市基础设施智能化水平，实现城市基础设施精细化管理。新基建也让东部地区、西部地区、中部地区和东北地区的各个城市处在了新的相同起跑线上，这也是基础设施管理水平落后的城市奋起直追、变道超越的大好时机。在新基建背景下，一方面，在城市基础设施管理中引入“互联网 +”、人工智能、大数据等先进信息技术，借助数据挖掘和数据分析，为城市基础设施管理决策提供依据和支撑，实现精细化管理；另一方面，也应该利用先进信息技术对传统城市基础设施进行升级改造，如利用物联网、人工智能和大数据技术对现有的道路交通、医院学校等基础设施进行改造，提高传统基础设施的智能化水平。

北京专项报告

Special Report on Beijing

B.7 北京城市副中心与京津冀协同发展研究

刘国海*

摘　要： 发挥北京副中心承载和带动作用，促进京津冀协同发展，是以习近平同志为核心的党中央在新的历史条件下审时度势，高瞻远瞩做出的重大决策部署。六年来，在党中央、国务院的领导下，在国家京津冀协同发展领导小组的指导下，北京市始终以习近平总书记对北京重要讲话精神为根本依据，把首都发展融入国家战略大局来考量，牢牢把握“都”与“城”、“舍”与“得”，疏解与提升“一核”与“两翼”的关系，紧紧扭住疏解非首都功能这个“牛鼻子”，充分发挥“一核”的辐射带动作用，持续增强与津冀的协同联动，协

* 刘国海，高级工程师，民建北京经济委员会委员，中国物流学会理事，中国物流采购联合会特约研究员，北京西城海外联谊会理事。研究方向为临空经济、智慧城市建设及产业园区规划、RFID 技术。

同发展各项任务都取得了显著成效。

关键词： 北京城市副中心 京津冀协同发展 高质量发展

京津冀协同发展战略中，疏解非首都功能是核心，而产业支撑、交通一体化、生态涵养是三大重点。目前，京津冀地区公共服务设施基础落差大，面临区域协同发展的统筹机制弱、不协调、不平衡问题，各种资源要素流动面临显性和隐性壁垒。特别是北京集聚了过多的非首都功能，“大城市病”问题突出。同时，京津冀区域整体环境污染问题严重，PM2.5严重超标，河湖污染状况不容乐观，水资源严重短缺，地下水资源开采过度，环境透支矛盾日益加深，叠加区域功能布局不科学，区域体系结构失衡，导致京津两个中心城市趋于“肥胖”，河北以及周边中小城市过于“瘦弱”，区域产业结构和经济发展差距明显，特别是河北与京津发展水平差距较大，公共服务水平落差明显。上述问题，必须通过深化改革打破行政壁垒，发挥政府和市场“两只手”的作用，推进“四个全面、四个统一”战略布局，有序梳理北京城市副中心的承载内容，合理疏解北京非首都功能，发挥北京副中心的承载和辐射带动效应，充分发挥三地的比较优势，有序梯次引导产业疏解和承接，形成三地区域空间布局合理，产业链生态有机衔接，各类生产要素优化配置的区域新格局。

一 城市副中心的承载和带动作用

本研究以产业集聚与交通经济学的视角为切入点，先后到北京城市副中心、中关村、通州、门头沟科技园区、河北廊坊北三县、天津津南区等多地进行了现场考察，召开7场座谈会，与近百个相关委办局、园区、企业等单位进行交流研讨，分析了北京副中心对京津冀区域经济高质量发展的辐射带动作用，探索京津冀三地由不平衡发展转向平衡发展的方式、路径与机制。

一是为京津冀三地在区域协调发展中对关键性问题和重大战略性问题破解提供一些可行性的理论与思路，二是为京津冀优势互补、互利共赢提出有针对性与借鉴意义的政策与建议。

（一）厘清北京城市副中心与通州的关系

北京城市副中心虽然位于通州，但和通州是不能画等号的，是两个概念。城市副中心是北京新两翼中的一翼，在规划中，城市副中心被定义为“一城、一带、一轴、多点”。①“一城”，即北京城市副中心，地理范围划定为155平方公里；“一带”，即以大运河为依托的文化发展带；“一轴”，即沿东六环路形成的创新发展轴；“多点”，即城市副中心外围多个特色小城镇。城市副中心将打造国际一流的和谐宜居之都示范区、新型城镇化示范区和京津冀区域协同发展示范区。

城市副中心是北京新两翼中的一翼。城市副中心与北京城区是“主”与“副”的关系，与通州区是拓展的关系，与北京东部各区、廊坊北三县地区是协同发展的关系，与河北雄安新区是错位发展的关系。

（二）发挥副中心承载和带动作用

1. 承载作用

2019年1月，中共中央、国务院正式批复《北京城市副中心控制性详细规划（街区层面）（2016～2035年）》（以下简称《规划》），明确指出，要发挥城市副中心对周边的辐射带动作用，实现通州与廊坊北三县地区的“四个统一”，促进协同发展。“四个统一”的具体内容有待进一步明确，梳理《北京市新增产业的禁止和限制目录（2019年版）》，但有必要在以下四个方面予以关注：一是预防“新城市病”的发生。研究发现，治理预防副中心新城市病的方法依然是“控人、控地、控规”三件法宝，但这三件法

① 出自2019年7月1日，北京市发改委发布的消息，对通州第十三个五年规划纲要部分内容做出调整，其中对发展定位、发展布局以及部分指标进行了调整。

宝没能医治北京主城区的“大城市病”，而且越来越严重。二是承载内容。副中心首先承载了很多大型医疗机构和优质的教育机构，这两项是人员流动的最基本要素，随之会带来交通工具、住房等一系列生活要素的集聚效应。三是副中心与通州区是拓展的关系。通州原住人口就很密集，在906平方公里的地理范围内要处理好承载和疏解的关系。四是对照《规划》，按照“四个统一”的要求，对标对表，重新梳理产业目录，做到优中选优，同时要考虑上下游产业链生态的衔接。

2. 带动作用

（1）高科技方面：京津冀是中国综合科技实力最强的区域之一，研发强度要高于珠三角地区。由于北京在全国具有独特地位，科技创新优势明显，要素资源集聚，科技创新实力居于全国领先地位。《北京市2018年国民经济和社会发展统计公报》显示，2018年，北京实现地区生产总值30320亿元，按可比价格计算，比上年增长6.6%。2018年，全市规模以上工业中，战略性新兴产业增加值、高技术制造业分别比上年增长7.8%和13.9%。服务业增加值比2017年增长7.3%，高于地区生产总值增速0.7个百分点，对经济增长的贡献率达87.9%；高端服务业的金融、科技、信息等优势行业占地区生产总值的比重超四成，贡献率合计近七成。2018年北京全市注册的新企业中，信息服务业、科技服务业企业合计达70661家，占比近四成，注册资本达7311.4亿元，同比增长13.5%。中关村作为双创高地、国家自主创新示范区，实现收入10629.4亿元，增长13.4%。随着高新技术产业创新要素的积累、创新产出的增加以及创业活动的开展，北京新产业、新业态、新模式培育、孵化、成长，高新技术产业将成为促进京津冀区域经济发展的新引擎。

（2）航空方面：据专家预测，北京大兴国际机场在未来20年，将为北京市带来超过8.6万亿元的经济贡献。北京大兴国际机场在交通方面，采用了“五纵两横”的交通路网设计，打造民航、高速铁路、城际铁路、城市轨道、市郊轨道、公路无缝衔接的“多层次、零换乘”交通网络体系，拉近了区域之间的距离。从北京大兴国际机场出发，一小时内可以通达廊坊、天津、唐山、保定、雄安新区等，周边城市将被纳入环首都“1小时交通圈”，两小时内通达石家庄、秦皇岛、济南等城市，3小时内可通达太原、郑州、沈阳等城市。从所处区域地理位置分析，北京大兴国际机场位于京津冀区域的中心，同时又处于河北雄安新区和北京城市副中心连接线的中心。这样的地理优势必然为京津冀的经济发展发挥独特的辐射带动作用。从外围来看，以北京为核心，将形成分工不同的机场群和临空经济带。北京大兴国际机场和北京首都国际机场将作为大型国际枢纽机场，天津滨海国际机场为北方国际航空货运中心，石家庄正定机场将着力发展航空快件集散及低成本航空。根据国外空港经济运行规律测算，大型枢纽机场客运量每增加100万人，将带来直接就业岗位1000个、间接就业岗位2000个、区域性就业岗位1500个，能够拉动地域经济增长0.5个百分点。目前，按照一期规划大兴机场7200万客运吞吐量测算，基本能够增加直接就业岗位7.2万人，间接、区域性就业250多万人。根据国际航空运营经验，一个航空项目发展10年后，给当地带来的效益产出比为1∶80，技术转移比为1∶16，就业带动比为1∶12。大兴空港临空经济区总预计投资将超2000亿元，以此计算，北京新机场未来产出将达16万亿元。

北京首都国际机场临空经济区核心区规划面积96平方公里（含机场占地27平方公里），拥有1个国家级综合保税区和4个北京市级经济功能区，创造了北京市1/8的工业总产值和4%的经济总量。空港经济区已入驻30余家世界500强企业，80余家跨国公司，170余家航空及相关企业，600余家外商投资企业，空港经济区内一年产销收入达2500亿元。从已经批复的《北京大兴国际机场临空经济区总体规划（2019～2035年）》（以下简称《临空经济区总体规划》①）中不难看出，大兴空港临空经济区处于京冀两地连线的中间区域，靠近北京和天津两个中心城市和海港毗邻区，配套雄安新区和保障京津冀并辐射华北，区位优势明显。

① 大兴机场临空经济区总面积约150平方公里，其中北京部分约50平方公里，河北省部分约100平方公里。大兴机场离北京城市副中心54公里，距离河北雄安新区55公里。

如何发挥北京“一市两港”的辐射作用？如何解决区域间“产业同质化竞争”？如何打破传统的“空港与产业的简单相加”？这些问题将在北京城市副中心辐射带动作用下找到答案。伴随着北京大兴国际空港地位的快速崛起，河北迎来了历史性的发展机遇。一方面借势新空港的动力源，发展临空经济，让经济发展步入快车道；另一方面作为北京非首都功能承载地，发挥区域错位优势，实现新旧动能转换和产业结构调整，并与京津保持政策、信息、基础设施的互联互通。

毋庸置疑，新机场投入使用后，通过快速通道连接而形成的新空港经济圈，将推动临空产业快速聚集，进而带动河北配套水平的提升，对高新科技合作、产业升级、区域经济推动等方面产生极大的促进作用，新机场周边未来将成为京津冀协同发展的新增长极。

二　京津冀协同发展的现状

京津冀协同发展重大国家战略实施五年多来，在中共中央、国务院的领导下，在国家京津冀协同发展领导小组的指导下，北京市始终坚持以习近平总书记对北京重要讲话精神为根本遵循，紧紧扭住疏解非首都功能这个“牛鼻子”，充分发挥“一核”的辐射带动作用，持续增强与津冀协同联动，协同发展，[①] 各项任务都取得了显著成效。为了研究京津冀区域产业发展变化情况，调研组对京津冀产业结构从以下三个方面进行了对比分析。

（一）产业结构

除河北省，京津两地第一产业经济所占比重均较小。因此，我们重点研究第二产业和第三产业。从京津冀地区 2018 年产业经济结构对比来看，北京市经济初步核算实现地区生产总值（GDP）30320 亿元，与 2014 年 GDP

① 出自 2019 年 1 月 16～18 日，习近平总书记再次赴京津冀三省市视察工作，主持召开座谈会并发表重要讲话内容。

相比增长约42%。第一产业产值118.7亿元，占比0.4%，第二产业产值5647.7亿元，占比18.6%，第三产业产值24553.6亿元，占比81.0%，三次产业结构为0.4∶18.6∶81.0。从三次产业结构比分析，北京市的第三产业发展迅猛，占比已达到了81.0%，与2014年相比增长3.1个百分点，已经可与日本东京等国际大都市相媲美，第一、第二产业叠加占比仅为19.0%，说明北京市经济发展属于第三产业支撑型（见图1）。

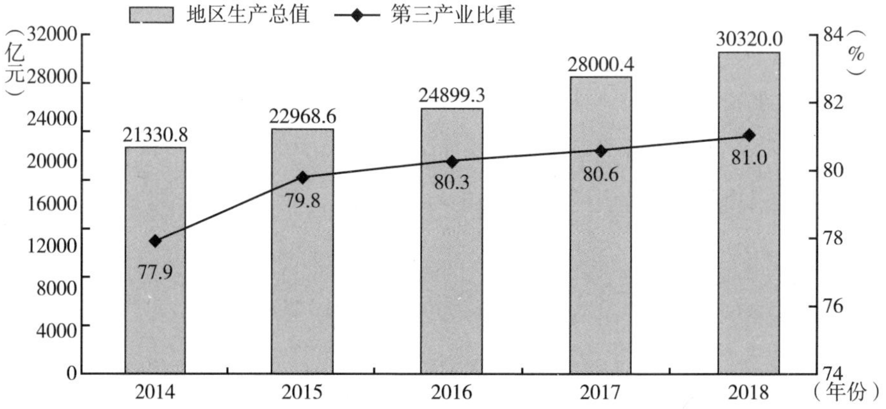

图1　2014～2018年北京市地区生产总值和第三产业比重

天津市2018年经济初步核算实现地区生产总值（GDP）18809.64亿元，与2014年相比增长约19.6%。第一产业增加值172.71亿元，占比0.9%，第二产业增加值7609.81亿元，占比40.5%，第三产业增加值11027.12亿元，占比58.6%，与2014年相比增长9.2个百分点，三次产业结构为0.9∶40.5∶58.6。从三次产业结构比分析，天津第一、二、三产业差距都很明显，第二和第三产业经济发展较为均衡，第三产业比第二产业高18.1个百分点（见图2），说明天津经济属于第二产业和第三产业双驱动型，但从发展趋势看，天津对第三产业发展越来越重视。

2018年，河北省地区生产总值为32494.6亿元，与2014年相比增长约10%。第一产业产值3338.6亿元，占比10.3%；第二产业产值12904.0亿元，占比39.7%；第三产业产值16252.0亿元，占比50.0%，与2014年相

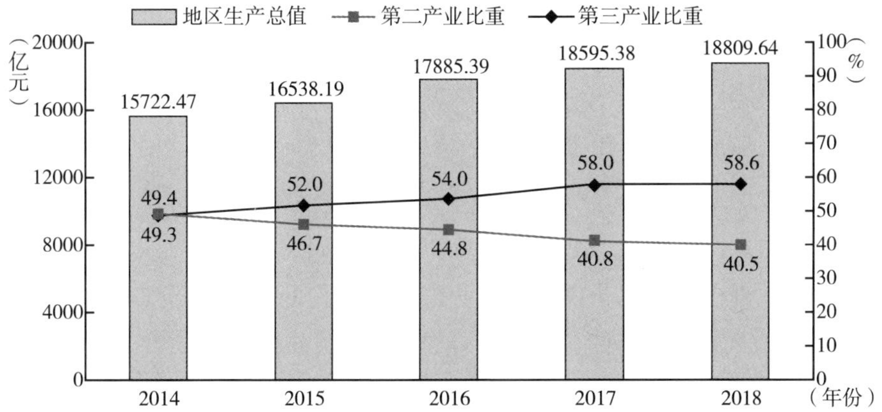

图 2　2014～2018 年天津市地区生产总值、第二产业和第三产业比重

比增长 12.8 个百分点，第三产业增速较快，三次产业结构为 10.3∶39.7∶50.0。从三次产业结构比分析，河北省第二产业和第三产业发展均呈现较快增长态势，实现了由工业主导向服务业主导转变的双轮驱动。但从投资增速看，河北第二产业的投资高于第三产业，未来一个时期的发展重点依然是第二产业（见图 3）。从京津冀三地整体经济发展趋势来看，京津冀三次产业结构均呈现“三二一”格局。

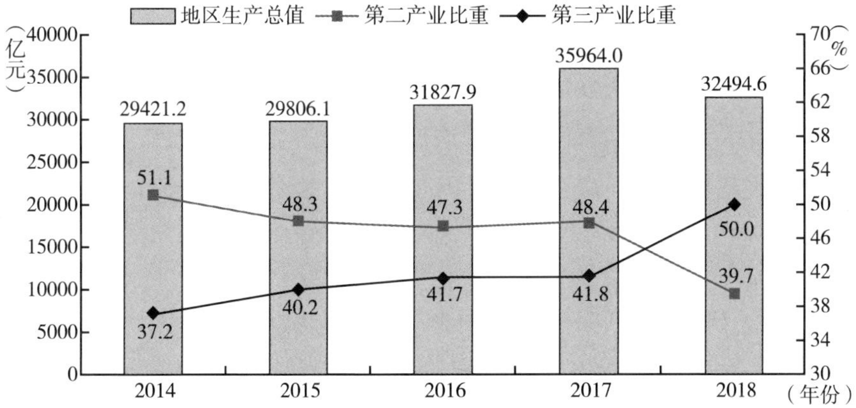

图 3　2014～2018 年河北省地区生产总值、第二产业和第三产业比重

（二）区域内产业分工与协作

京津冀协同发展是三地产业结构调整和变动的主要动力源，也是北京城市副中心辐射带动作用下促进津冀经济增长的内在因素。由于资源禀赋条件和相关产业政策以及协同发展等一系列因素的影响，三地产业结构在水平、效益、产业链生态结构和产业布局等方面发生了明显变化。京津冀协同发展关键在于河北与京津的产业链生态结构的优化与分工。北京正在有序疏解非首都核心功能，按照北京2018年版新增产业的禁止和限制目录，调整腾退一般制造业企业2648家，疏解提升市场581个、物流中心106个，高校疏解稳步推进，医疗卫生资源布局调整步伐加快。北京以四大功能定位为核心，持续优化营商环境，在科技、金融、经济和文化领域，继续加大创新发展力度，强化高端服务业发展，全力做大文化创意产业。天津地处环渤海湾中心，是北方的重要出海口，具有海空两港和陆路优势、自贸试验区和滨海新区先行先试政策优势，在高新科技研发、金融、航运等领域率先突破，陆路紧邻京津唐工业区，是现代加工制造业、高新技术制造业、重化工业和商贸物流集散中心。天津定位高科技产业基地、先进制造基地与商贸物流集散中心，除了加强高科技研发，为大型飞机、新一代运载火箭、特种飞行器、无人机、石油化工、电子信息提供技术支撑外，在国际化港口、国际化空港以及商贸物流等领域也加快了发展步伐。河北处于工业化发展进程的中期阶段，是我国重要的重化工业发展基地。河北人均产出与京津比相对滞后，国有产业占比较高，民营企业和市场化发展程度较低，经济正处于新旧动能转换的关键阶段。例如，传统的河北钢铁产业和重化工业产能过剩，在京津冀协同发展环境管控力度加大的形势下，产业集聚动能转换和升级转型是必然的选择。为了加快产业结构优化升级，河北正在淘汰“三高一低”（高污染、高投入、高耗能、低效益）落后企业和过剩产能，向高新科技、生产型服务、电子信息、新能源汽车、新材料、先进装备制造、生态农业、现代物流、旅游等产业领域转型。但由于公共资源基础薄弱，产业链结构单一和环保意识薄弱等，河北疏解与承载面临严峻挑战。但京冀临空自贸区的设立，将逐步补齐河北省经济发展的短板。

（三）区域产业发展路径

从2018年京津冀三地的产业结构比来分析，北京为0.4∶18.6∶81.0，天津为0.9∶40.5∶58.6，河北为10.3∶39.7∶50.0。按照发达国家三次产业发展的变化规律，北京的三次产业结构已经率先进入了后工业化的发展时期，而天津的三次产业结构正处于工业化后期调整发展阶段，河北的三次产业结构基本处于工业化中期的初级发展阶段。显然，北京已经进入以第三产业为主的高端服务经济发展阶段，而天津和河北经济发展由于历史的局限性，长期依赖能源资源产业和重化工业产业，产业链生态同质化发展特点突出，但津冀两地经济产业链的发展又有所不同，河北的农业产值比过去所占比重大幅下降，林业和渔业的比重小幅增长，牧业比重大幅提升，农业基本上扭转了以粮食为主的生产格局。工业产业依然以资源消耗型和劳动密集型为主，同时，产业内部结构也出现了积极变化。天津的产业发展特征更多侧重于金融、地产、信息技术和交通运输类型。由于地理位置优越，居民生活水平的提高和观念的转变，文化服务、教育服务等方面的需求快速增长，旅游、娱乐、教育等行业均实现跨越式发展。从服务业内部结构来看，信息技术服务，金融租赁服务，现代交通运输、仓储、邮政服务，跨境电商贡献突出。除此之外，天津与河北两地各地域产业趋同现象也非常明显。尽管近年来京津冀协同发展进入了快车道，三地的产业链生态结构已经得到了明显的优化，一些高污染、高耗能、低效率等产业被关闭或转型升级，但从根本上并没有改变区域产业同质化问题，京津冀协同发展在财政投入、产业政策、公共基础设施建设等诸多方面难以在环境与发展上达成共识。特别是在疏解非首都功能的背景下，一些低端的产业疏解到河北，重叠产业入驻明显增多，导致区域产业之间竞争加剧，产能过剩，对原本就恶化了的环境造成更为严重损害。

从京津冀产业发展变化总体情况看：三地产业结构正在发生改变，第三产业占比超过六成，京津冀三次产业构成比由 2014 年的 5.2∶41.3∶53.5 调整为 2018 年的 4.3∶34.4∶61.3，第三产业比重提高 7.8 个百分点。其中，2018 年北京第三产业比重达到 81.0%，天津为 58.6%，河北为 50.0%。从上述数据来看，北京已率先进入后工业化阶段，天津和河北则分别处于工业化后期和中期阶段。从调研的整体情况分析，北京通过疏解非首都功能，有序引导产业向津冀两地迁移，第二产业比重正在下降，第三产业上升态势明显，尤其天津第二产业和第三产业发展势头强劲。但从整体发展趋势看，天津市对第三产业发展的重视程度正在逐步提高。从京津冀地区间工业结构的相似度或者差异度的情况来看：首先，经济之间相似系数适中，产业链生态差异明显，区域间产业互补性较强，京津和京冀的产业结构相似度远低于津冀。其次，京津和津冀之间优势产业同质化现象较高，产业趋同程度严重，竞争趋势明显。最后，疏解产业以传统制造业和资源消耗型为主，疏解出去的企业主要集中在城乡边缘地带，且已进入由梯度转移为主向以城市功能为主转变，产业创新、产业分工和产业转移并行的新阶段。特别指出的是，天津和河北在第二产业发展上都显示了强劲的发展势头。

三　京津冀区域中心城市发展面临的瓶颈

我国经济发展进入新常态，京津冀的经济环境也发生了一系列变化。从国际环境看，面临传统产业优势削弱、逆全球化等挑战；从国内环境看，存在资源约束增强、经济增速放缓等压力；从各区域内部看，存在京津两极过于“肥胖”，周边中小城市过于“瘦弱”，以及市场功能不衔接、产业链体系不完善、产业结构失衡、公共服务水平落差明显、承载侧响应力不足等问题。具体可以归纳为以下五个方面。

（1）顶层设计落实难，三地的协同机制弱，难以发挥三地优势。一是京津冀区域之间合作动力不足，缺乏一个强有力的管理与协调职能机构。区域合作多表现为领导人之间的承诺，缺乏法律效力和体制约束，极易导致政策的“长板”变为“短板”。二是京津冀长期形成了“一亩三分地”的惯性思维，造成各地政府以自身利益的最大化为出发点，不能从整体区域协同发展的视角来进行决策。中观层面对顶层设计认识不足，协调发展基本流于形式，造成关乎实质利益的问题决策达不成共识，区域内三地优势难以发挥，导致北京、天津“大城市病”严重，河北产业发展水平低，区域环境公共性问题也日益严重。

（2）碎片化严重，产业链条不完整，产业生态不良。一是三地间产业链较短，重复投入过多，碎片化严重，缺少核心技术。二是河北工业结构以高耗能、资源型重化工业为主，现代制造业和高新技术产业占比较低，产业结构相对单一，创新能力不高，难以与北京和天津实现有效对接，京津冀内部资源浪费严重，没有形成高价值的产业链。三是三地在制定高新技术发展战略规划时重叠较多，没有进行有效的资源梳理，不能站在区域一体化的角度进行资源的合理配置。四是区域产业协同创新发展滞后，造成在京津冀没有形成具有较强创新能力的产业集群，区域产业经济整体竞争力较弱，叠加制度创新和政策滞后等问题，造成产业生态不良。

（3）区域内企业同质化现象严重，疏解产业落地生根不足。一是京津冀地区产业结构趋同和产业同质化现象突出。北京与天津工业相似系数偏高，天津与河北在选择主导产业时同质化现象严重，内部各城市产业结构没有形成合理梯度，区域内产业竞争激烈。二是区域产业协同的推进方式仍以产业梯度转移为主，产业链、创新链未形成有效连接。三是在疏解非首都功能方面矛盾突出，供需方响应力不足。北京在产业调整方面，坚持高端产业保留，中低端疏解；津冀承载方则中端产业下不去、低端产业不接收，产业虽然落地，但由于产业链缺失及营商环境区域间差异导致扎根难。

（4）中心城市的能级有待进一步提升。北京城市能级及跨国指数加快提升已成为京津冀互补联动的内在要求。2018 年北京 GDP 全国排名第 12 位，北京城市科技创新指数位列全国第一，中国品牌老字号排行榜前 24 名中北京占 5 家，中国自主创新品牌排行榜前 82 名北京仅 1 家。从数字上看，北京在经济规模、品牌建设、自主创新等领域还有待提升，如云计算、大数据、人工智能、新能源等领域，能够把科技成果转化为生产力的具有引领作用的龙头企业比珠三角少。从宏观层面看，生态环境保障、公共服务配套能力、公共交通等方面与群众期盼还有差距。为了发挥中心城市辐射带动作用，北京城市能级方面还有待加强。

（5）三地公共服务体系落差大，财政难协调。一是京津冀一体化发展处于起步阶段，地区经济和公共服务体系差异大，区域规划缺乏统筹安排，协调机制不健全等问题极为突出。二是区域基本公共服务一体化建设依赖地方财政收支，钱从何处来，区域缺乏财政统筹平台。如何分担区域公共服务一体化建设责任，财政支出如何更合理、更有效地配置等一系列问题很难达成共识，最终无法形成 1 +1 >2 的合力。

四　日本区域经济发展的经验和启示

（一）东京湾区发展概况

在国际三大湾区中，无论从经济总量、人口规模还是覆盖面积看，东京湾区都是世界最大的湾区，素有“产业湾区”之称。制造业在湾区沿岸密集布局，2016 年经济总量达 1.8 万亿美元，占到日本全国经济总量的 40%，是日本经济发展的风向标。东京湾区有明显的产业特征，具有首都经济、临海型经济和临空经济特点，拥有全世界最密集的轨道交通网，80% 以上的通勤、通学依赖轨道交通，形成要素充分流动与共享的大都市圈。核心区域高度服务业化，第三产业比重达 82.3%。本研究通过分析东京都市圈优化升级，对承载、辐射带动、促进区域经济协同发展的具体做法进行总结，得出相应经验和启示。

（二）经验

1. 注重规划的科学性和实操性

在城市群空间结构优化方面，日本政府特别重视规划的作用，在规划编制过程中有以下两点值得借鉴的经验：一是政府主导，科学推动城市群规划建设。日本城市群最具代表性的规划非东京都市圈规划莫属，东京都市圈以轨道交通为先导，依托以自然环境、产业结构、经济要素、人文地理、区域规划和城市规划为主的规划体系，对东京都市圈的未来空间布局和综合优化有重大的指导作用。二是政府认真听取民意，各类规划之间紧密衔接。日本政府确定城市群的发展目标，编制总规，在总规的编制过程中，日本政府要认真听取社会组织、民间团体的意见，在此基础上确定城市群发展总规的合理性，使各种规划在实施中紧密衔接，确保城市群空间利用的合理性和持久性。

2. 解决“大城市病”问题

1962 年日本通过的第一次全国综合开发计划，通过产业合理疏解，已解决“大城市病”的问题。日本政府强调要建设城市群来完善各区域职能。在政府的科学引导下，首先解决了公共基础设施以及医疗、教育职住平衡等问题，各项要素与东京保持一致，随后东京的企业沿着轨道交通向其他地区转移，东京仅保留企业总部、管理和研发等功能。东京沿太平洋城市群形成了特色鲜明、优势互补的区域功能定位和职能分工体系，有效地解决了困扰多年的“大城市病”问题。

3. 构建密集的城市综合交通网络体系

东京都市圈规划发展过程中主要以轨道交通为主，呈“放射 + 环线”式布局，并与市郊铁路衔接联运。市郊铁路全长 2276.6 公里，JR 国铁（1106.1 公里）、私营铁路（1170.5 公里）共同组成了东京城市快速轨道交通体系，市郊铁路止于 JR 山手线上的大型枢纽站，与地铁衔接，可直达市中心。其他轨道交通还有 200 余公里，是上述 3 种轨道交通的必要补充。东京轨道线网地下、地面和高架轨道互相交错，服务范围涵盖东京都、神奈川县、琦玉县、千叶县、茨城县、群马县、枥木县、山梨县。轨道交通网将这些城市连在一起，构成了环东京城市群 3 小时内通勤、通学圈。轨道交通是环东京城市群非常重要的交通方式之一，在公共交通中的分担率达 75%。这种现代化综合轨道交通网络体系的建设，对城市群空间结构优化以及解决职住平衡和产业结构调整意义重大。轨道交通先行的发展模式，一方面拓展了城市群的发展空间和产业结构；另一方面促进了区域产业错位发展和城市功能的合理布局，能够充分保障人员和资源要素流动，从时间上拉近城与城之间的距离。同时，完善的轨道交通也成为引导东京都市圈优化空间结构的重要手段，市郊铁路把都心和7大副中心有机连接起来，并以各大副中心城市为起点，呈放射状向近邻和邻近中小城市延伸，有效疏解了东京的人口和非首都功能，加快东京高端资源要素向周边地区的辐射作用，解决了“大城市病”的问题，促进了城市群内各级中心城市经济发展和人文的合作交流。交通先行是日本疏解非首都功能、规划发展东京经济圈成功的关键所在。

（三）启示

日本东京城市群发展的经验表明，前瞻性规划是城市群空间结构优化的关键。因此，在京津冀协同发展规划方面有以下四点启示。

（1）注重规划编制参与人员多元化。日本政府在编制规划时，首先，要向属地民众详细说明用途和规划情况，征得民众和社会团体的同意。其次，参与编制规划人员学科背景要多元化，规划设计具有前瞻性，土地使用规划要预留未来增量空间。最后，重视细节，按政府规定，定期向社会公示施工进度和财务支出状况，过程和结果都重要。

（2）政府引导疏解政策落实到位。首先，日本政府在引导疏解过程中，强化公共服务基础设施、医疗、教育等建设与东京无差别化。其次，政府引导产业完善功能定位与产业链生态环境的构建，有序向外转移产业，政策落实到位。最后，政府在财税补贴方面给予疏解企业最大限度的优惠。

（3）重视交通先行。日本政府在规划过程中的第一要务是规划修建轨道交通网络，并与其他交通基础设施进行一体化建设。通过综合轨道交通网络把整个城市群与周边中小城市贯通起来，缩短了城市间的时空距离，加快了产业沿轨道交通的合理布局，形成优势互补的区域错位发展和职能分工体系，促进了城市群多中心网络化空间结构的形成和发育，优化了城市群空间良性发展，有效解决了职住平衡问题。

（4）投资主体多元化。日本政府在公共基础设施建设中实施公私合营模式，以 TOD 理念引导，私人资本参与政府建设并兼业经营，拓宽了融资渠道，提高了社会资本的利用率，有效减轻了政府的财政压力，实现了双赢甚至多赢的局面。

五　助推京津冀区域高质量协同发展的建议

按照中央提出的“四个中心”[①] 定位的要求，北京面临两项重要任务：一是疏解非首都功能，整治“大城市病”；二是承载和辐射带动作用。京津冀协同发展是要把京津冀作为环渤海湾区的中心区域，强化其辐射带动作用，在更高层次上参与国际分工，形成我国参与国际经济合作竞争的新优势。为此建议如下。

（一）突破行政边界约束，构建联动发展格局

一是要对标日本东京湾区，立足京津冀协同发展，落实《京津冀协同发展规划纲要》的精神，加强北京副中心城市建设，巩固疏解非首都功能的成果，提升副中心城市的辐射带动效应。二是突破传统的“一亩三分地”惯性思维方式，三地要针对协同发展上的重大事项，建立高效的协作机制和定期的不同层级的工作联席会议制度，共同研究、统筹安排，如建立区域经济合作与发展委员会、市长联席会议制度、职能部门联席会议制度。三是强化国务院设立的京津冀协同发展领导小组办公室对区域发展整体利益的协调功能，不打折扣地落实顶层设计，探索推行多元复合行政模式，可在京津冀协同发展领导小组办公室框架下设立产业发展或辐射带动专项小组，并择机将领导小组这种合议机制上升为中央政府常设机构，如北京都市圈委员会，并建立第三方考核机制，对三地执行情况进行考核。

① 2014 年 2 月 26 日，习近平总书记考察北京，提出“四个中心”即全国政治中心、文化中心、国际交往中心、科技创新中心的要求，努力把北京建设成国际一流的和谐宜居之都。

（二）明确疏解和承载内容，落实“四个统一”[①]，建立健全产业链生态圈

一是按照《京津冀协同发展规划纲要》和《北京市新增产业的禁止和限制目录（2019 年版）》，进一步明确北京疏解和承载内容，明确河北哪些地区承接哪些功能、哪些产业。围绕京津冀的产业优势和定位，分地域、分行业、分主题，精准对接三地产业，促进产业链生态深度融合。二是确定梯次转移的产业禁限目录和空间落位，可在北京区域内，以北京城市副中心为空间落位，以亦庄新城为梯次过渡，辐射廊坊北三县；在京津冀区域内，以雄安新区为空间落位，以保定为梯次过渡，辐射河北省。三是健全北京城市副中心与辐射带动区域协同发展的体制机制和政策体系，深入诠释“四个统一”，明确具体内容，让地方政府工作有抓手、有依据、有方向。四是要在新兴产业项目中，发挥各自资源优势组建新的领军企业，以领军企业为龙头实现新兴产业的合理布局和带动三地产业发展，防止新兴产业又出现新的同质化状况。五是加强三地国有企业的合作，盘活存量资产，提高整体产业生态活力；还要在京津冀协同发展产业结构调整的过程中，避免津冀区域产业同构化加重的现象。六是建立对疏解企业的直通车服务模式，以敢于先行先试的开放态度，积极打造企业易活、员工宜居的产业生态圈。

（三）提升北京产业能级，打造人才聚集高地，促进京津冀协同发展

一是打造全球科技创新基地。依托中关村科创园的优势，在高新技术产业链的高端环节，构建高精尖的产业结构，强化研发、原始创新能力和科技创新孵化合作，提升自主科技创新能力，推动科研成果产业化，打造具有全球影响力的科技创新中心，在全球范围内集聚更高端的功能和产业，实现自

---

① 根据中央部署，河北廊坊北三县与北京通州区实行“四个统一”，即统一规划、统一标准、统一政策、统一管控。

身的“蝶变”。二是北京应借鉴日本筑波的经验，牵头发起一些大的科研计划、科学工程，并组织全球科研工作者来做相关研究，吸收全球的高新技术和人才，使其成为我国科技创新的最高点。三是坚持人才引进与培养相结合，提升人才的增长引擎作用，让人才“引得来、使上劲、留得住”。例如，在三地共建共享科技实验室平台，开展协同攻关和创新合作，给人才发展提供优良的创业研发环境和成果转化政策，形成有内生增长动力的研发效应。北京只有更好地提升产业能级，才能起到辐射带动京津冀协同发展的作用，建设高效联动、富有活力和世界竞争力的城市群区域。

（四）深入研究财税金融政策，加强公共服务体系建设，促进三地协同发展

一是对现行的财税政策进行深入研究，探索京津冀协同发展财税政策由行政手段向法律手段和经济手段转变。法律手段和经济手段具有责权明确、稳定性和持续性的特点，可为三地高质量发展保驾护航。二是设立京津冀“共同发展基金和产业转移的引导基金”，适当开放金融领域，扶持和鼓励具有带动作用的企业。对功能疏解和产业转移给予一定的利益补偿。比如，疏解出去的企业可获得适当的财税返还和奖励作为补偿等。三是建立网络政务公共服务平台。以移动互联、人工智能和大数据等技术创新线上公共服务平台，增加电子政务的利用比重，提高三地公共服务创新能力和改善营商环境，为未来城市群的发展和评估提供科学依据。四是尽快落实京津基础设施一体化、产业发展一体化、市场一体化、公共服务一体化、资源配置一体化，推动京津同城化发展，突破区域协同发展的行政边界制约，推动资本、技术、产权、人才等生产要素在区域内自由流动和优化配置。五是政府支持建立一批跨区域专业化协作组织，如产业智库、产业联盟、科技联盟等，发挥辐射带动中介作用，避免社会力量缺失。

（五）强化交通网络建设，发挥临空优势，促进世界级城市群的形成

一是北京要立足大兴临空经济区和自贸试验区发展，落实雄安、正定、

曹妃甸、大兴机场发展定位，吸引航空、电子、生物医药等相关高端高新产业和人才集聚，抢占全球科技和人才制高点，把临空经济区和自贸区建设成具有全球影响力的国际高新科技创新引领区。二是大兴临空经济区应探索与顺义临空经济区的差异化竞合之路，与区域间进行战略、产业、功能上的协同发展，保持产业与政策、信息、基础设施的互联互通。三是要借助临空经济区和自贸区优势+示范效应+人才效应，补齐京津冀产业生态短板，发挥高端引领和辐射带动作用，成为推动京津冀协同发展，促进以北京为核心的世界级城市群的形成，建立环渤海湾区协同发展新机制的重大战略支点。

六　结束语

北京城市副中心与京津冀协同发展和东京湾区的发展极为相似。论文化，京津冀有着深厚的燕赵文化底蕴；论人才，我国顶级学府云集；论科技，中关村是我国名列前茅的科技创新中心；论融资，北京云集国际级别金融机构；论交通，轨道上的京津冀已初具规模。与东京湾区相比，京津冀城市群的主要问题是行政壁垒固化，虽然要素齐全，但行政壁垒阻碍要素的流动。2019 年 8 月，国务院发文成立中国（河北）自贸实验区，是国家第一个跨省级行政区域的自贸试验区，在区域发展空间上为京津冀协同发展提供了机会，更重要的是开放程度更高。京津冀地区有北京和天津两个中心城市，北京“一市两港”（首都国际空港和大兴国际空港），天津“一市两港”（天津空港和华北最大的海港），可以借鉴东京湾区发展的成功经验，依托“陆海空”的优势，在京津冀协同发展和临空经济上谱写新篇章。

B.8

北京城市副中心的环境建设管理及运行保障研究

胡睿　翟文*

摘　要： 本报告以职能问题和体制机制问题为导向，深度挖掘北京城市副中心建设实践和国内外副中心经验，以“同城化、一体化、优先化、智能化、精细化”为基本原则，落实“三步走”实施路径，建设包括“高职高配、建管结合、权责明晰的组织领导体系”，“城乡一体、精细智能、灵敏高效的智慧大脑体系”，“适度超前、分区施策、统筹兼顾的法规标准体系”，“蓝绿交织、特色鲜明、美丽宜人的环境景观体系”，“设施完善、保障充足、绩效导向的基础保障体系”，“以人为本、服务优化、运转高效的城市运行体系”等在内的综合体系。

关键词： 城市副中心　城市管理　环境管理　运行保障

一　城市副中心环境管理顶层设计

北京市当前阶段的主要任务是紧紧围绕新时期首都城市发展战略定位，

* 胡睿，北京城市学院首都城市环境建设研究基地副研究员，主要研究方向为城市管理、城市转型发展；翟文，北京城市学院首都城市环境建设研究基地助理研究员，主要研究方向为城市经济。

牢牢把握首都发展的阶段性特征，全面深化改革，落实京津冀协同发展，建设国际一流和谐宜居之都。北京城市副中心在疏解北京非首都功能、促进京津冀协调发展中具有举足轻重的地位。习近平总书记也非常关注城市副中心的建设，尤其是2017年2月习总书记明确指出“建设城市副中心，是推动京津冀协同发展，疏解北京非首都功能的重要一环”。

北京城市副中心建设基础是远郊区县，而根据2018年出台的《北京城市副中心控制性详细规划（街区层面）（2016～2035年）》，副中心未来的建设目标为“着力打造国际一流的和谐宜居之都示范区、新型城镇化示范区和京津冀区域协同发展示范区”。

当前城市副中心的城市管理水平与其重要地位并不匹配，与新的功能定位并不协调，与《北京城市总体规划（2016～2035年）》和《北京城市副中心控制性详细规划（街区层面）（2016～2035年）》中的要求有一定的距离。

北京城市副中心的建设不仅是调整北京空间格局、治理“大城市病”、拓展发展新空间的需要，也是推动京津冀协同发展、探索人口经济密集地区优化开发模式的需要。北京城市副中心的建设，从2012年即正式提出，2019年初完成了第一批入驻，2020年初提出了最新职能规划，重要的时间节点有以下几个。

1. 城市副中心的提出

2012年，在北京市第十一次党代会上，北京市委、市政府明确提出“聚焦通州战略，打造功能完备的城市副中心”，明确了通州作为城市副中心的定位，这是北京市围绕中国特色世界城市目标，推动首都科学发展的一个重大战略决策。

2. 提上中央政治局会议

2016年5月27日，中共中央政治局召开会议，研究部署规划建设北京城市副中心和进一步推动京津冀协同发展有关工作，中共中央总书记习近平主持会议。会议认为，在党中央、国务院领导下，北京、天津、河北三省市和有关部门密切配合，专家咨询委员会充分发挥作用，贯彻落实《京津冀协同发展规划纲要》，务实推进重点工作，交通、生态、产业 3 个重点领域率先突破取得重要进展，北京非首都功能疏解工作有力有序有效开展，京津冀良性互动取得成效，协同发展实现了良好开局。

北京城市副中心建设被提到中央政治局会议讨论还是史无前例的。这意味着北京城市副中心已不仅关系城市本身，而且上升到区域乃至国家战略层面。中央政治局会议指出，建设北京城市副中心，不仅是调整北京空间格局、治理“大城市病”、拓展发展新空间的需要，也是推动京津冀协同发展、探索人口经济密集地区优化开发模式的需要。

3. 控制性规划出台

2018 年 6 月 21 日，北京市规划国土委、通州区政府共同发布通知，《北京城市副中心控制性详细规划（街区层面）（2016 ~ 2035 年）》草案已经编制完成。据了解，提出到 2035 年城市副中心常住人口规模控制在 130 万人以内，城乡建设用地控制在 100 平方公里左右，地上建筑规模约 1 亿平方米。

4. 城市副中心行政办公区启用

2018 年 11 月 30 日，北京市扶贫支援办、市直机关工委、市保密局、团市委等部门已迁入北京城市副中心行政办公区办公。这标志着城市副中心行政办公区启用。

5. 北京市级行政中心迁入

2019 年 1 月 11 日，北京市级行政中心正式迁入北京城市副中心。

6. 领导机构成立

2019 年 1 月 12 日，中共北京市委城市副中心工作委员会、北京城市副中心管理委员会正式揭牌成立。

7. 习近平总书记考察北京城市副中心

2019 年 1 月 18 日上午，习近平总书记来到北京城市副中心考察。习近平总书记指出，建设城市副中心，要把规划执行好、落实好，把蓝图变为实景，使北京城市副中心成为这座千年古都又一张亮丽的城市名片。

习总书记还强调了城市副中心建设的意义。他强调，建设北京城市副中心，是北京建城立都以来具有里程碑意义的一件大事，对新时代北京的发展是一个重大机遇。建设北京城市副中心要坚持规划先行、质量第一。

8.《北京城市副中心规划设计导则（规划管理版）》发布

2019年12月12日，《北京城市副中心规划设计导则（规划管理版）》开始为期一年的试运行。该导则提出北京城市副中心155平方公里统一管控，包括建筑空间、滨水空间、街道空间、绿色空间和地下空间5个分篇，还推出“特定地区篇”，聚焦老城区等特定地区。

其中，结合副中心老城区城市双修中老旧小区改造、背街小巷整治、风貌环境提升等工作，目前已经形成了副中心老城区特定地区篇规划设计导则，聚焦58.5平方公里老城区范围，重点围绕建筑第五立面、建筑外墙、立面以及背街小巷、景观大道等要素，为老城区城市修补、生态修复工作提供支撑引导，有效提升老城区城市品质。这一部分内容与城市管理的工作息息相关，对城市管理提出了新的要求。

9.《北京市通州区与河北省三河、大厂、香河三县市协同发展规划》发布

2020年3月17日，《北京市通州区与河北省三河、大厂、香河三县市协同发展规划》发布。根据规划敲定的发展目标，到2025年，协同发展机制建立并有效发挥作用，环境治理、基础设施、公共服务、工程技术等领域形成统一的标准体系。城乡空间和功能格局进一步优化，重点生态修复与建设工程基本完成，轨道交通建设取得突破性进展，非首都功能疏解和产业园区共建取得实质进展，公共服务落差逐步缩小。

10.《北京城市副中心管理委员会行使的市级行政权力事项目录（共17项）》出台

2020年3月23日，《北京城市副中心管理委员会行使的市级行政权力事项目录（共17项）》出台。由北京城市副中心管理委员会（以下简称“副中心管委会”）行使部分市级行政权力，具体内容如下。①由副中心管委会在城市副中心规划范围及拓展区（不含亦庄新城通州部分）约812平方公里区域内行使17项市级行政权力。②副中心管委会要将承接的行政权力纳入行政权力清单，要进一步优化审批流程，精简审批环节，缩短审批时

限，切实提高行政效率。③北京市有关部门要积极支持副中心管委会深化改革、优化服务，制定相关事项的审查标准和规范，加强业务培训，保障相关行政权力调整到位；要继续做好行政权力事项调整后的事中事后监管工作，防止出现审批监管脱节、缺位。④副中心管委会和北京市有关部门要在本目录印发之日起20个工作日内，完成相关行政权力事项的调整工作。该目录为城市副中心的行政效力提升提供了依据和支撑。

二　城市副中心的环境建设现状

面对党和领导的高度重视，北京城市副中心的建设工作一直在马不停蹄地进行。北京城市副中心的城市管理工作面临高起点和高要求，本部分整理了北京城市副中心在不断探索过程中的一些进展和做法，总体来说有以下五个大的方面（见图1）。

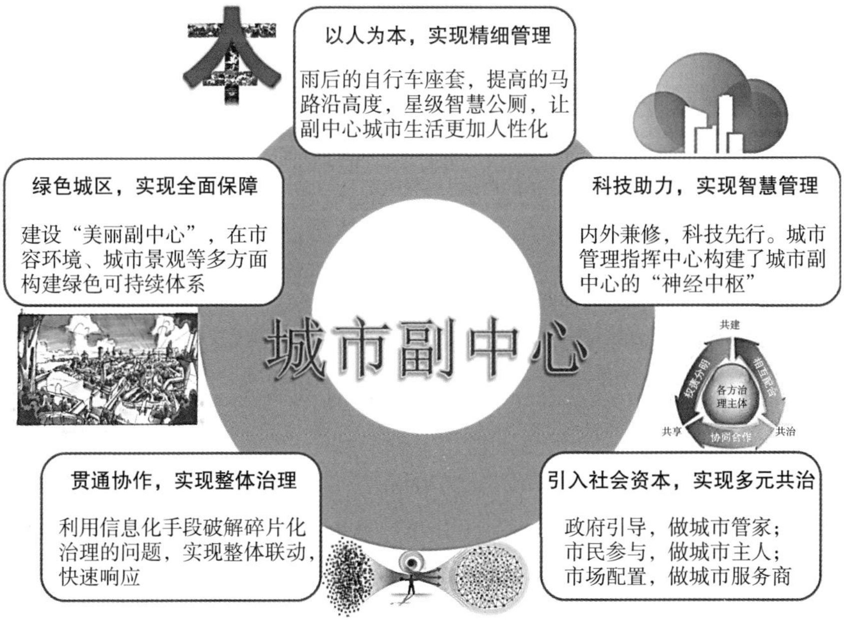

图1　城市副中心城市管理领域建设成效

（一）从市民需求出发构建精细化管理体系

在城市副中心的环境管理中，以人为本、以人民需求为导向的思想已经渗透到日常工作的方方面面。“城市管理要像绣花一样精细”不仅是思想层面的指导，而且是落实在实际工作的点点滴滴。例如，在公共单车管理方面，加大公租自行车投放与管理力度，让政府公租自行车成为市民出行“最后一公里”的首选，同时为每个停放点配备一次性座套，提升雨后潮湿座椅时的单车使用率；在停车位安置方面，不可停放的位置提升马路沿的高度，从基础设施设置方面杜绝违规停车；而 70 余处智慧公厕则为市民城市生活的基本需求提供了便利保证。这些细节为提升城市副中心市民生活的幸福感和满足感提供了基础。

（二）从提升效率出发构建智慧化管理体系

承担具体城市管理工作的城市管理委员会以城市管理网络系统为基础，为城市管理植入“科技芯片”，将原本交通、市政、建设等部门的分散信息资源整合，优化功能对接，提升服务联动，推动了管理方式向集约型、精细化、立体化转变，城市运行管理、指挥调度的质量效率显著提升。“城市管理指挥中心”是副中心城市管理的智慧大脑，基于二维码的物联网是副中心城市管理的“神经系统”，而跨部门的事务流转平台则是副中心城市管理的“循环系统”。这些创新措施共同提升了城市副中心的智慧管理水平。

例如，在新能源充电桩的管理领域，截至 2019 年 5 月底，在通州区境内（906 平方公里）累计建成 383 个充电场站 4897 个充电设施。其中社会公用充电场站 193 个，涉及充电设施 2299 个，占全市社会公用设施总数的 9%；单位内部充电场站 190 个，涉及充电设施 2598 个，占全市单位内部设施总数的 16%。其中单位内部设施数占比位于全市各区第一，实现通州区充电设施平均服务半径 5.5 公里。

这些充电设备的管理采取的是线上线下相结合的方式。所谓线上，是指在能源协调部门设有全区充电设备的分布电子地图，所有充电桩的设立需要在该部门报批后方可建设，企业和管理部门可以通过指挥大屏幕实时观测充电设备的分布情况和设备状况，做到信息线上查询、问题线上显示、资源线上管理。而线下则是针对政府管理的充电桩，设有专人安装、维护，做到线上线下联动，线上发现问题，线下实地解决，大大提升了充电设备的管理效率。

（三）从打破藩篱出发构建协同化管理体系

针对城市管理中长期存在的部门单兵作战“各自为政、重复施力”，部门联动又“成本高、反应慢、效率低”的突出问题，以智慧平台建设为切入点，直接打通部门业务闭锁，定制了多个跨部门的快速反应、精准调度、联合处置专项机制，实现了以数据融合带动业务聚合、以业务聚合提升管理效能的目标。依托大数据和人工智能等先进技术，在全市首家打造了智慧生态平台，将分属城市管理委、住建委的1437路视频和生态环境局的1100个大气预警传感器全部接入平台，每10分钟自动完成一次全区域视频扫描，形成了智能扫描－发现问题－派发主责部门－现场处置－办结反馈的“一网通办”工作流程，对快速解决工地扬尘、道路遗撒等需要多部门参与的环境问题发挥了关键作用。

（四）从资源优化出发构建多元化管理体系

与传统的政府独大的城市管理方式不同，城市副中心的城市管理充分利用了市场化的力量，做到了“政府主导，社会参与，市场配置”。政府是城区治理的总体管家，而市民则是真正的城市生活主体。城市管理委用“管理城市就是管理家”的理念引导群众主动参与城市管理。为打造整洁有序的市容环境，全市首家将1999年全国施行的“门前三包”管理办法的核心内容拓展为“包市容环境、包设施环境和包秩序环境”，更加明确了群众所承担的城市管理任务和标准，方便群众日常管理和维护。区、街镇均开展了季度、年度先进单位和先进商户评比表彰活动。

除了政府和市民，市场力量在资源配置方面更加不可或缺。例如，在市容环境卫生管理中，加强与京环公司等专业环保保洁公司合作，将道路清扫、垃圾清运、公厕管理整体托管，形成了“作业市场化、管理制度化、质量标准化”的新格局。在人员队伍建设中，引入专业机构参与城市管理，例如，与绿色啄木鸟志愿服务中心合作，由专业机构负责街道小巷管家的招募、培训、管理、活动策划等，提升了城市管理队伍专业化水平。在绩效考核中，引入第三方机构，委托专业公司对城乡市容环境、城市管理专项改革落地实效等进行专业评估，建立区级问题台账，提出整改意见。

（五）从绿水青山出发构建绿色化管理体系

针对现阶段通州疏解整治力度大、施工地多所带来的建筑与生活垃圾大幅增加问题，城市管理委坚持以减促增的思路，加速推行垃圾分类制度，构建高效的垃圾处理体系，释放了绿色发展动能，蓄力可持续性发展。

一是通过“处置+再利用”，实现建筑垃圾绿色消纳。在全市创新开展了建筑垃圾资源化处置+再利用的绿色消纳模式，得到市政府高度肯定并在全市推广。率先在区级层面出台建筑垃圾资源化配套文件，建成覆盖全区的建筑垃圾资源化移动处置生产线27条，可日处理建筑垃圾2.45万吨，累计完成572.39万吨建筑垃圾处置工作。加强对建筑废弃物资源化再利用，组织园林、路政、水务、住建、市政等较大建设单位与乡镇资源化现场处置点直接挂钩、定点消纳，截至目前，全区再生产品应用量为40余万吨，主要应用在道路垫层、园林造景及绿化步道建设、新机场高速路建设、长安街西延、广渠路东延及城市绿心建设等。率先在环球影城建成国内首套建筑垃圾土壤原位处理生产线，现场挖掘出的杂填土资源化处置后直接回填，累计处置杂填土约275万方，资源化处置率97%以上。

二是通过“强制+闭环”管理，加快健全垃圾分类机制。强化垃圾分类前端管理，强制干湿分类，全区3098家餐饮单位及全部党政机关实现“干湿”分类运输（见图2）；玉桥、北苑、新华、中仓街道及张家湾镇开展垃圾分类示范片区建设，覆盖行政区域33%。优化垃圾分类运输体系，搭建了再生资源、其他垃圾、厨余（餐厨、果蔬）垃圾、大件垃圾、织物垃圾等分类运输体系，以5∶5比例支持农村地区完善分类收运体系。提速垃圾分类处理硬件建设，通州区再生能源发电厂建设速度为全市同行业之首，于2018年7月开始垃圾进场，到12月底，入厂接收垃圾约28.7万吨，处理垃圾约21.4万吨，副中心首次实现了垃圾处理的自我平衡。通州区有机质资源生态处理实现带料试运行，已处理餐厨垃圾约46吨、粪便50吨。

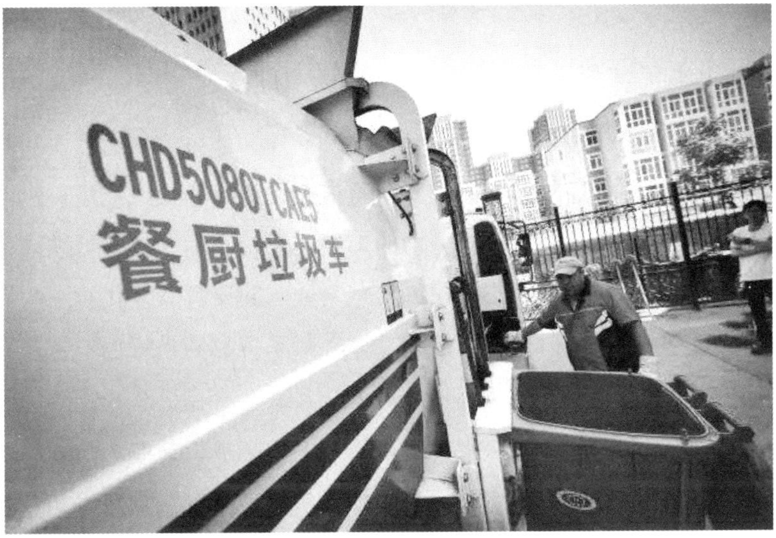

图2　通州餐厨垃圾清运

三是建立长效机制，实现污物处理的从无到有，垃圾分类处置机械化水平和处置能力均大幅提升。完善垃圾分类长效机制，建立了垃圾分类日常监督检查考评机制，每两周发布一期考评结果，督促垃圾分类取得实效。编制《通州区生活垃圾分类运营补偿暂行办法》，探索建立异地经济补偿机制，提高属地垃圾分类积极性。

三　国内外城市副中心环境管理案例

自20世纪60年代，国际大都市为了缓解中心城区人口和城市功能过分集中的状态，同时促进周边地区发展，陆续规划兴建了众多城市副中心。开发较早的副中心包括纽约的巴特利花园城、巴黎的拉德芳斯、伦敦的道克兰码头区、东京的新宿综合性副中心等。巴黎马恩拉瓦莱新城和东京临海副都心属于新近的城市副中心成功案例。[①] 而我国的城市副中心建设开始较晚，90 年代在上海等地率先发展。当前许多超大和特大城市都正在规划建设城市副中心，包括上海花木城市副中心、成都南部副中心、广州南沙新区、深圳坪山中心区等。

（一）东京新宿区：交通先行，构建畅行城市

新宿的特色在于注重人行交通建设的公共交通体系，新宿发展的基础在于四通八达的公共交通。新宿共有 9 条轨道交通线路始发或经过，包括 6 条铁路线和 3 条地铁线，并有垂直分层的道路网系统及地下步行街系统，使过境交通与到达交通分层、人车分层，实现交通与建筑群一体化。[②]

除了公共交通系统以外，新宿的立体步行系统也独具特色。新宿副中心的地下步行街系统形成了网状结构，将新宿地区的各类公共设施紧密联结。同时，新宿西区的人行系统实施了立体化构架，将地下和地上高架步行街有机连接，行人可以方便、快速地从车站到达东京都政府、各商务办公区及中央公园（见图 3）。

（二）巴黎拉德芳斯：营造良好的景观文化环境，丰富城市内涵

拉德芳斯是巴黎的一个副中心，也是享誉世界的“欧洲最卓越的商务办公区”。拉德芳斯最大的特色在于城市景观的营造，[③] 极具艺术性和多样性。目前，区内绿地面积超过 67 公顷，区内绿化设计多出自知名艺术家之手，园林、林荫、雕塑、喷泉等错落有致地布置在汽车通道、人行道等多层

---

① 刘洁、高敏、苏杨：《城市副中心的概念、选址和发展模式——以北京为例》，《人口与经济》2015 年第 3 期。

② 郑瑞芳：《北京建设通州城市副中心的国际比较与启示》，《中国统计》2017 年第 3 期；王晶晶：《活在地下的城：东京的地下空间利用与立体化设计》，《世界建筑导报》2012 年第 3 期；晏克非、于晓桦：《典型高铁综合交通枢纽建设开发成功案例与启示》，第十八届海峡两岸都市交通学术研讨会，2010 年 7 月。

③ 张开琳：《巴黎拉德芳斯城市副中心建设启示录》，《上海经济》2004 年第 5 期。

图3　新宿立体步行体系

平台上，为社区营造了和谐、舒适的自然环境。

基于多彩的城市景观，拉德芳斯也大力发展城市的多样文化。① 作为艺术之都，巴黎的艺术气息在拉德芳斯得到了更自由、多元的表达。IMAX剧院、CNIT会展中心、德芳斯宫、新凯旋门屋顶展厅等常举行展览、艺术表演、音乐会等文化活动，提高了拉德芳斯作为城市副中心的品位，丰富了城市内涵，也为其聚集了更多人气。

（三）上海浦东新区：建设“城市大脑”，扫除管理盲区

上海浦东新区的“城市大脑”建设为浦东新区的特色副中心建设增加了亮点（见图4）。浦东以城市运行综合管理中心为载体，做到了基础数据的横向“大整合”。城区109个单位、431个系统、308万部智能水电气表、近4万个物联感知设备、11.8 PB（拍字节）海量数据都已经实现了“云端

① 周小山：《巴黎拉德芳斯CBD交通规划、管理的特点及启示》，《城市公用事业》2012年第4期。

互通”。[①] 同时，浦东新区在基础数据的基础上做到了精细化的大数据智能分析，自动识别各种问题，并派单给相应部门，从而实现 24 小时智能化管理。

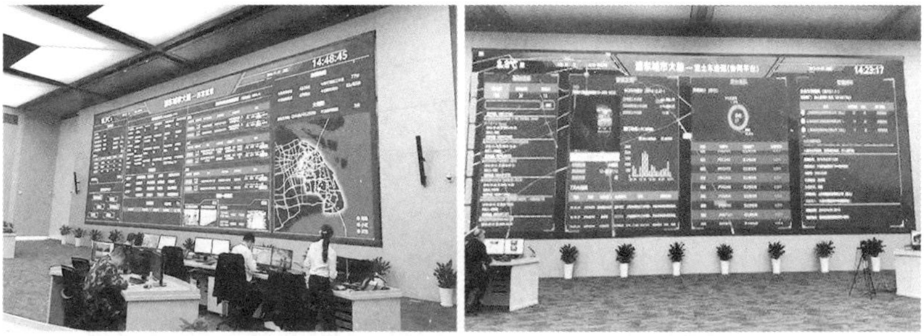

图 4　浦东城市大脑

目前，浦东“城市大脑”在城市设施、环境等六大领域研发了 50 余个智能化场景，来落实城市精细化管理。在数据上，实现了归集、共享和应用。在流程上，以“智能推送、闭环管理”来推动传统管理流程再造，提高了处置效率。通过体征、专项、应急三类场景，提取接警数、实有人口、地铁故障等 25 项城市核心管理要素，实时监测运行体征指标，来准确感知城市运行的“脉搏”和“心跳”，实现日常城市管理问题的智能发现、自动推送、闭环管理。

四　提升北京城市副中心环境管理与运行保障水平的建议

（一）打造“北京城市副中心”特色品牌

构建同城化、一体化、精细化、优先化、智能化的区域管理体系，践行

① 陆森、刘岩、辛竹：《〈2018 上海智慧城市发展水平评估报告〉解析》，《上海信息化》2019 年第 5 期；楚天骄：《借鉴国际经验，建设面向未来的智慧城市——“十四五”期间上海智慧城市建设目标和思路研究》，《科学发展》2019 年第 9 期。

以“五大体系”为核心的具体路径，实现“北京新起点，绿色生命线”的城市管理战略目标。

“北京城市副中心运行的生命线”对应北京城市管理委员会的环境建设管理、环境卫生管理、市容景观管理、能源日常运行管理和市政公用设施运行管理五大职能。

“绿色”对应五大职能的共同要求，响应了城市让生活更美好的市民心声。

“北京新起点”可以从三个层次理解：一是功能上立足北京，对应北京城市副中心作为北京发展新起点的定位；二是标准上放眼世界，对标联合国“新城市议程”，创造“城市副中心质量”，树立世界新城建设典范；三是体制上突破创新，以新标准为抓手，在新的空间上解决北京城市管理体制机制的痼疾。

（二）坚持“五化统领”基本原则

所谓“五化统领”，即同城化、一体化、优先化、智能化、精细化。

“同城化”包括三个层次的内涵，一是城市管理标准和各类支持力度同城化。《北京城市副中心控制性详细规划（街区层面）（2016～2035年）》明确指出，要以最先进的理念、最高的标准、最好的质量推进城市副中心规划建设，因此，城市管理的标准也应当向核心区域看齐，甚至超过。二是通过城市副中心规划建设管理工作，带动中心城区功能和人口疏解，实现人口和城市功能的同城化。三是打造京津冀区域协同发展示范区，实现京津冀三地的发展同城化。

“同城化”是对城市副中心与外部区域的关系的处理，而“一体化”处理的是城市副中心区域内部的关系。要处理好和副中心核心区与拓展区的关系，加强城乡统筹，实现以城带乡、城乡共荣。从空间上，促进新老城区空间、功能、社会深度融合；从功能上，促进新老城区功能融合，强化新建区主导功能建设，推动老城区功能置换、产业升级；从基层治理上，促进新老城区社会融合，加大新建区公共服务对老城区的延伸和辐射力度，实现同管理、同服务。

“优先化”的前提是分级分类管理。在城市副中心城市环境管理领域，根据时间期限、接续性、项目规模、民生关注度等多个维度，建立城市环境管理事项分级分类管理体系。在分级分类的基础上，“优先化”体现为以下几个方面：首先是级别上优先，体系中对副中心建设有关键性作用的事项在市里各项审批和财政支持当中应享有更高的优先级；其次是时间上优先，在上会安排、整体调度层面应当予以优先考虑；最后是地位优先，即关键性事项不仅交由区城市管理委负责，市级部门也应当更多支持和参与，在规划环节也予以优先考虑。

关于“智能化”，《北京城市副中心控制性详细规划（街区层面）（2016～2035年）》明确提出，要让城市副中心成为智能融合的智慧城市，推进物联网、计算机、大数据、空间地理信息集成等新一代信息技术在城市管理的交通运输、能源管理、现代物流等领域广泛应用。尤其是加强环卫系统信息化建设，促进垃圾分类科技化发展，建设智慧环卫系统，提升环境卫生精细化管理服务水平。

“精细化”在城市治理过程中尤其重要。“精细化”原则分为三个不同的层次。最底层是精细化的出发点，即坚持以人民为中心，建设高水平社会主义现代化城区，让人民群众更有获得感、幸福感、安全感。中间层是精细化的治理手段，主要是信息化手段。最顶层是精细化在城市管理的外在表现，在城市景观方面，强调分级管控，划定重点地区为一级、二级管控区，进行精细化设计和管控，其他地区作为三级管控区，进行全域覆盖的底线管控；在交通方面，建设步行和自行车友好的城区，精细化设计道路交叉口；在城市环境方面，加强扬尘精细化管理，实施最严格的扬尘污染控制措施；在环卫方面，加强环卫系统信息化建设，促进垃圾分类科技化发展，建设智慧环卫系统，提升环境卫生精细化管理服务水平。

（三）推进“三步走”实施路径

一是筹备规划阶段，2019年至2021年底前。主要任务是完成市级政府部门搬迁入驻，配合做好各项保障工作，结合新版城市总规和城市副中心详规，研究制定副中心城市环境建设和城市运行的“十四五”规划。

二是推动落实阶段，2022 年至 2025 年底前。主要任务目标是到“十四五”期末，按照“优先化”原则基本完成城市管理领域相关公共基础设施建设，提升城市环境建设管理和城市运行总体水平，实现市内及周边“同城化”和区内“一体化”。

三是总体提升阶段，2026 年至 2030 年底前。主要任务是到“十五五”期末，按照“精细化”“智能化”等原则，对标落实各级规划围绕副中心建设管理提出的各项要求，在城市环境方面构建“以运河文化为精神核心，以环球影视城为对外窗口”的城市景观体系，在能源运行方面形成“城市生命线，通州新引擎”的能源运行体系，在市容卫生方面打造“垃圾资源化，零排新风尚”的绿色低碳体系（见图 5）。

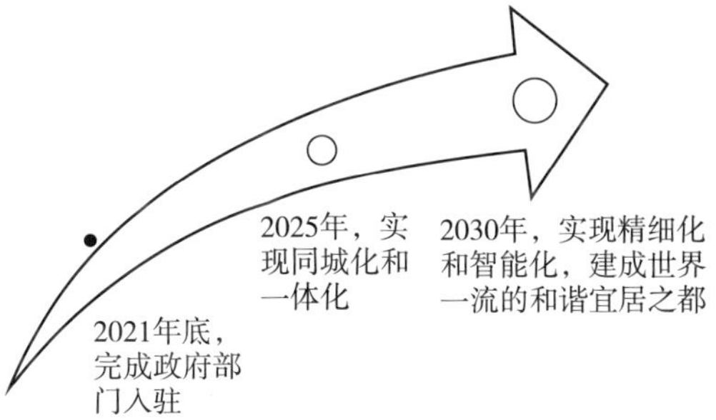

图 5 “三步走”总体安排

（四）落实“四示范”重点任务

1. “分类新时尚”垃圾分类示范

2019 年以来，北京市委、市政府高度重视垃圾分类推进落实。通州在垃圾分类领域先行先试，在北京市的整体工作开展之前即全面推开，起到了带头示范作用。

第一，明确垃圾分类的目标和原则。坚持以“政府推动、全民参与，因地制宜、循序渐进，以上率下、主题履责，立法先行、依法治废，突破难点、建立互信”为原则，到2019年底，社会单位垃圾分类全面实施，群众对垃圾分类的知晓率、参与率和正确投放率不断提升。

第二，完善生活垃圾分类标准，因地制宜。完善“可回收物、有害垃圾、厨余垃圾/餐厨垃圾、其他垃圾”等基本品类垃圾分类标准，分别制定面向居民和社会单位的垃圾分类指导手册。

第三，建立健全垃圾分类长效机制。通州区在吸引社会资本参与城市管理领域已经有较好的经验，进一步吸引社会力量参与垃圾分类，推动“两网融合”，使愿意参与、有能力参与、规范参与垃圾分类的企业进得来、收得着、出得去。建立“不分类，不收运”倒逼机制，严肃查处收运企业“混装混运”行为，依法严查垃圾处理违法违规问题，同时明确监督机制。

第四，做好副中心的垃圾分类宣传教育。利用电视、广播、网络等多种媒体，广泛开展宣传引导。推动垃圾分类知识融入教材，开展垃圾分类综合实践，将垃圾分类工作纳入国民教育基础体系。深入开展“垃圾分类，我们一起来”“垃圾分类一日游”等主题活动，做到宣传人群全覆盖。发挥小巷管家、“管城理市”志愿者力量，成立垃圾分类宣讲团，普及、推广垃圾分类基础知识，推动垃圾分类成为社会崇尚和热爱的新时尚、新风尚。

2. “贯通连通”亲水文化景观示范

首先，打造运河景观。围绕运河，丰富和完善“一带两轴五节点”的多面景观体系。其中，“一带”（运河景观带及跨河六桥），大运河景观带长11.4公里，涉及桥梁6座，分别是北关拦河闸（七孔桥）、千荷泄露桥、东关大桥、玉带河大桥、潞阳桥、北运河大桥，主要以大运河为依托，以岸为线，以桥为点，贯通南北运河的光辉。“两轴”（新华大街城市形象轴线、通燕高速和通济路的路径轴线），形成门户形象和夜景特色。“五节点”（北京ONE秀场、分洪闸秀场、运河文化广场秀场、揽月桥秀场、北运河大桥秀场），通过投影秀的方式，展现主题氛围。

其次，发掘运河文化。传说有一副对联：“东当铺，西当铺，东西当铺当东西；南通州，北通州，南北通州通南北。”京杭大运河是人工开凿的世界上里程最长、工程量最大的古代运河，也是较古老的运河之一，为中华民族的发展发挥了重大作用。在打造运河文化时，应当充分抓住“贯通古今，连通京津冀，畅通政民心”的思想，弘扬生生不息的奋斗进取精神、与时俱进的创新协同精神、海纳百川的融合共生精神。同时，让大运河文化成为连通京津冀的物理血脉和精神纽带。通州的运河文化和天津的海河文化、河北的白洋淀文化一脉相承，共同构成了联结京津冀的水域精神。此外，运河文化还应当成为连接政府和人民的纽带。围绕运河打造的亲水带应当充分考虑市民对美好生活和休闲放松的需求，让运河为在通州生活的市民带来温暖。

3. “通慧新城”智慧城市示范

目前，通州区城市管理委员会在智慧城市方面已经做出了积极尝试，将原本交通、市政、建设等部门的分散信息资源整合，优化功能对接，提升服务联动，推动了管理方式向集约型、精细化、立体化转变，城市运行管理、指挥调度的质量效率显著提升。

接下来的重点任务，一是从总体构架上基于整体治理的思想建立完整的智慧城市结构。二是建立城市管理数据互联和共享机制。为破解过去“多平台无序建设有重叠、部门交叉管理有盲点、工作推动有空集”的问题，建立符合副中心定位、能够满足未来城市建设发展需求的综合性城市管理数据库。在目前已经整合了交通违法信息采集、智能交通信号控制、供热互联互保、停车诱导、公共自行车调度、城市照明等 11 个子系统的前提下，构建跨层级、跨部门、跨系统、跨业务的数据分享和交换机制。让指挥中心不仅履行查询、展示和监督职能，而且输出分析和反馈等高级管理措施。三是继续完善物联网建设。推进市政设施智慧化工程，对城市家具、城市部件进行“身份认证”，对公共设施脏乱、破损问题进行在线反映、实时处置。打造地下管线 3D 展现系统，为地下管道的规划建设、运营保障、协调服务、应急处突等管理环节装上“慧眼”，打通地上地下的物理界限，提高地下生命线的安全指数。为传统灯杆加装智能控制器，应用控制平台或手持终端可同步监测、调整路灯的开关和亮度。通过搭建“物物相联，智慧感知”的城市管理物联网，提升城市运行智能化、城市管理信息化水平，提高管理效率。

4. “通畅网络”新型交通和地下管廊管理示范

城市地表和地下运行着两套生命循环系统：地上是川流不息的交通路网，地下是不易察觉但至关重要的生命线管网。作为具有国际视野的北京城市副中心，要优化运转这两套系统，这是未来的重要任务。

城市发展，交通先行。在交通方面，首先要构建完善便捷的轨道交通网络。市郊铁路线网布局应在北京市总体规划的指导下，与中心城区和各圈层产业和居住规划发展布局充分融合，重点服务于距离城市中心 20～70 公里的各圈层，网络应覆盖市域范围内的各圈层、各卫星城、各大型职住组团以及重点文化旅游点位，线路宜采用放射线和带有多分支的放射线，宜直达中心城区，并与现有城市地铁线路（特别是地铁 2 号线和 10 号线）实现直接换乘或并线运行，全程旅行时间应控制在 1 小时以内，最好在 40 分钟以内，站距宜选择 2～4 公里。另外要以通州为核心，加强与廊坊北三县的联系。

此外非常重要的一点是静态交通，即停车场所的建设。未来几年内，应实现已建成 2300 个路侧停车泊位的电子收费平稳运营。继续加大路侧停车电子收费系统建设力度，实现副中心 155 平方公里路侧停车泊位电子收费全覆盖。同时全面加强非机动车停车秩序整治。合理规划非机动车停车区域，在万达广场、罗斯福广场、潞河医院等大型商场和医院周边施划非机动车停车区，监督规范停放。

对于地下管网，主要工作任务在于提升智能化管理水平和建立日常管理机制。通州区已经实现了地上地下城市基础设施的数据库建设，初步建成了覆盖全区的地下管线数字化一张网，可以说有良好的地下管线数字化基础。未来，应利用已经掌握的地下管线信息化数据，借助现代化智能手段，优化管网的运作模式，打破信息壁垒，将地下管线运行管理从定性变为定量，从静态变为动态，从单一变为综合，发挥现有基础设施的最佳效能。希望政府能够加大对该项目的资金支持，提高城市的运行效率，满足城市生产和人民生活的需要。

同时，要建立地下管线安全防护工作机制。依托通州区地下管线安全防护与智慧管网三维系统建设，管道办拟同时建立一套地下管线施工安全防护信息平台，实现行业主管单位、工程建设单位、管线权属单位的有效对接，有效防范因不当施工造成地下管线的外力破坏，保障全区地下管线的安全运行。针对小区管线进行数据普查和信息化建设，提高居民生活幸福指数，保障居民生活财产安全，也符合副中心城市管理的发展需求和定位，应将小区内地下管线普查工作列为今后重点工作之一，形成小区内部地下管线档案数据库，将地下管线精细化管理从市政道路扩展到小区内部，实现管线全方位覆盖管理，保障居民小区基础设施安全运行。

（五）支撑“六体系”具体措施

结合前文提出的总体建设思路，提出以“六大体系”为核心的具体路径。

1. 构建高职高配、建管结合、权责明晰的组织领导体系

一是参照外地省会规格，提升副中心行政地位，增强副中心建设管理的统筹调度能力。二是调整和增强区级城市管理人员力量。按照城市副中心战略定位和标准要求，调整、增强通州区城市管理委员会人员、编制、经费等重大事项，扭转以往按照“城市发展新区”标准核定造成的资源错配、标准不高、力量不足等实际情况。调整、增强通州区城市管理综合执法力量配置，解决原编制人员相对不足问题。

2. 构建城乡一体、精细智能、灵敏高效的智慧大脑体系

根据规划，到2035年，北京城市副中心要建设成“智能融合的智慧城市”。一是推动智慧管理全覆盖。下一步需按照“一体化”原则，逐步将平台覆盖范围拓展至全区，实现无差别化的全域统一管理。二是推动智慧管理全流程。自下而上，构建共享、交换、协同、系统、控制、智能等完整的智慧城市架构。按照“精细化”原则，当前副中心的城市管理指挥平台主要是监测和控制功能，下一步需要继续整合不同职能部门的基础数据，尤其是人口分布、流量监控、违建跟踪等数据，形成统一、标准的数据结构体系。充分加强后端的“智能”建设，加强城市管理大数据的分析、挖掘、实时

处理，让城市管理数据不仅可见、可控，更能可挖掘、可反馈、可提升。

3. 构建适度超前、分区施策、统筹兼顾的法规标准体系

一是完善法规。围绕打造“三个示范区”的目标要求，探索提出完善副中心城市环境管理和城市运行的法律法规需求，制定高于现行城市管理标准要求的法律法规。二是细化标准。实施分区施策，科学制定6平方公里行政办公区、155平方公里新城中心区和906平方公里通州全区的城市管理标准，形成科学规范、适度超前、精准量化的标准体系。三是从严执法。理顺城市管理与综合执法的关系，推动城市管理与综合执法紧密衔接、协调互动，避免出现管理与执法脱节、“最后一公里”难落地的现象。

4. 构建蓝绿交织、特色鲜明、美丽宜人的环境景观体系

习近平总书记在视察北京城市副中心时指出，“要加强主要功能区块、主要景观、主要建筑物的设计，体现城市精神，展现城市特色，提升城市魅力”。围绕副中心特有的地理、人文环境特点，大力推动城市景观建设，构建蓝绿交织、特色鲜明、美丽宜人的环境景观体系。

一是补短板。高品质推动“新北京、新通州”建设，提升城市副中心核心区景观亮化水平，落实一带、两轴、五节点及多面的设计理念，构成整体景观亮化体系；解决全区有路无灯问题，保障市民夜间出行，消除交通和治安隐患；推动公共服务设施二维码铭牌粘贴，花钵及桥体彩绘和路灯管理等基础工作。二是抓亮点。借鉴拉德芳斯经验，重构空间秩序，依托大运河塑造由古及今、古今同辉的城市风貌。三是重人文。重塑城市魅力，关注城市公共空间，促进城市与自然和谐统一，让运河与六环焕发活力，建设人民生活满意幸福、人文荟萃的理想之城。

5. 构建设施完善、保障充足、绩效导向的基础保障体系

一是提升基础设施承载力。梳理和明确城市管理领域需要配套建设的能源运行、市政公用、市容环卫、城市照明等重要基础设施，合理确定规划布局，明确发展目标和时间节点，分阶段实施推进。

二是强化城市运行经费保障。针对通州城市管理体系从农村标准向北京副中心标准转变的阶段特点，提升城市运行资金预算保障标准，在环境建

设、市容景观管理、能源日常运行管理、市政公用设施运行管理领域探索推进预算定额编制工作，确保预算标准不低于北京市平均水平。

三是强化重大项目支出保障。根据新版城市总体规划、副中心控制性详细规划和当前城市管理的短板问题，建立与重大规划、重大问题相适应的重大项目管理体系，精确测算资金需求，协调落实重大项目经费保障。

四是强化财政资金绩效管理。针对通州区环境建设管理和运行保障预算收支，建立绩效管理制度。围绕部门职责、行业发展规划，统筹考虑财政资金的集约使用，从运行成本、管理效率、履职效能、社会效应、可持续发展能力和服务对象满意度等方面，科学衡量城市管理工作实施效果，提升城市管理绩效水平。

6. 构建以人为本、服务优化、运转高效的城市运行体系

一是优化公共服务。统筹各方力量，做到闻风而动、接诉即办，让群众身边的操心事、烦心事、揪心事有人听、有人办、马上办，不断增强人民群众获得感、幸福感、安全感。

二是加强人才队伍建设。城市园林景观、城市水环境研究、垃圾处理、法律和城市公共管理等领域的人才应当适度扩充，以满足副中心长期可持续管理的需要。

三是完善绩效考核机制。城市副中心建设管理工作任务重、难度大、标准高，在人员绩效考核方面建议与北京市其他城区有适当差异。结合副中心实际，优化领导干部绩效考核措施，出台与副中心城市建设管理目标挂钩的绩效评价体系，对副中心建设管理重大事项、重要工作推进落实的职能设置更多的权重，激励广大党员干部凝心聚力、奋勇向前，更加积极主动地投入副中心建设管理的宏伟蓝图和重大实践。

B.9

北京文化产业管理评价及发展战略

冀文彦　褚 旭*

摘　要： 2019年1~7月，北京市规模以上文化企业收入合计6803.7亿元，其中，文化核心领域收入合计5878.4亿元，北京市在全国省区市中保持领先地位。文化产业成为北京市经济的重要支撑和北京建设全国文化中心的重要基础。研究北京市文化产业的管理水平与模式，并就四个直辖市进行对比，提出首都文化产业未来发展方向，具有重要而深刻的意义。

关键词： 首都　文化产业管理　发展战略

“文化产业”这一概念自从1947年被法兰克福学派的阿多诺（Theodor Adorno）以及霍克海默（M. Horkheimer）提出后，到现在已经成为人类社会新的创造社会财富的业态，也逐渐成为国民经济发展和国力提升的支柱性产业以及经济增长点。我国文化产业发展起步较晚，1991年提出“文化经济”概念。① 1992年正式提出“文化产业”，② 而这一历史性的跨越实际上得益于1978年党的十一届三中全会确立以经济建设为中心，实行改革开放。20世纪70年代末，国外的盒式录音带和录音机进入国内，1980年广州有了音乐茶座，1983年上海和广州在全国首先进行了录像制品的生产和经营，

---

* 冀文彦，北京城市学院讲师，首都经济贸易大学博士，研究方向为城市可持续发展与国际化战略研究；褚旭，北京城市学院助教，硕士，研究方向为城市社会学、社会文化学。

① 《国务院批转文化部关于文化事业若干经济政策意见报告的通知》，1991年6月10日。

② 中共中央、国务院：《关于加快发展第三产业的决定》，1992年6月16日。

音像业随之兴起，这些说明当时的中国只是出现了某些文化行业。从1987年开始，国有文化事业单位探索“事业单位企业化经营”的改革之路，解决文化部门效率低下问题，这为正式提出文化产业概念奠定了基础。

伴随着工业化和现代化的发展，文化产业逐渐兴盛。文化产业属于产业经济学的范畴，也属于文化经济学的范畴，但首先应在“产业”的研究框架下来理解。产业（Industry）介于微观经济组织以及宏观经济组织之间，属于中观经济层次。产业是随着社会分工的深化和生产力的发展逐步演变而成的，是包含部门、行业、业种等多层次的经济系统。“文化产业是一个独立的经济门类，指从事文化产品与文化服务的生产经营活动以及为其提供相关服务，以满足人们精神文化需求为目的的产业群。文化产业包括两方面含义：一是文化的产业化，二是产业的文化。文化产业不仅具有其他产业所具有的技术性和商业性的所有特点，而且还具有文化特性。”①

一　文化产业的特征

就本质而言，相较于其他经济部门，文化产业有着根本性的差别。一是其具有商品属性和公共品属性。文化物化为劳动产品，消耗了社会必要劳动，具有了商品属性；文化因为能够产生共鸣，因此，在消费的同时文化价值是在增加的，不像其他产品随着消费被完全消耗，而且文化作品可以通过复制备份永久流传，因而其同时具有公共品属性。二是文化的市场化和产业化是人类社会发展的必然要求。根据马斯洛的需求理论，人在满足基本的生理需求后，势必会产生满足精神生活的需求，因此，文化消费不仅仅体现在物质产品，更满足了人们的精神文化需求。文化产业的产生来源于强劲的市场需求，正因为有了需求，才展开了文化生产和传播的各个环节，这些环节促成了创意（思想）－生产（实现）－共鸣（价值）－销售（市场），这也是文化成为独立新兴产业的过程，最终形成产业的完整链条。三是其知识

① 赵晶媛编著《文化产业与管理》，清华大学出版社，2010，第4页。

密集性。物质产品是文化产业的载体，也就是说，载体是手段，而真正具有价值的是精神与智慧，这才是文化产业的内核。因此，在文化的产业链条中，内容和创意是起点，也是价值的来源，因此，创意需要高成本投入，但内容一旦形成，便可进行大规模生产，成本大幅削减，规模生产是文化产业收入的必备条件。文化产业是经济发展达到一定水平后才会兴起的产业，这是因为当人们的收入达到一定水平，才会有精神消费的需求，而当绝大多数人具有这样的需求，足以支撑整个产业的规模发展时，文化产业才会作为独立产业兴起并逐步发展壮大。四是文化产品具有可复制性。文化产业的内核是思想及创意，同样的文化资源，因为解读不同，能够产生不同的文化产品。因此，文化产业实际上是通过对原创文化符号大批量复制的生产、消费的行业。五是文化产业的边界具有不确定性。文化作为内容产业，不仅延伸到经济领域，而且逐步扩展到信息等新兴领域，因为文化具有形而上的特征，对文化的理解也因人而异，这决定了文化的广义性以及文化产业的包容性和扩展性，所以文化产业的边界无法确定，这也会给国际的分析比较带来一定难度，在统计和对文化产业进行数量分析，以及国际比较时尤其要注意统计口径的差异。六是文化产业具有意识形态性。文化产品是带有意识性质的特殊商品，因此，文化产品的市场不能全面市场化，只有适合市场化运作的文化产品和服务才能市场化。

此外，文化产业的运行特征以及发展特征相较于其他产业也具有很大的不同，尤其是发展特征，具体表现为文化产业组织集群化、网络化，企业组织扁平化，经济文化一体化以及全球化等（见图 1）。

北京作为全国文化中心，自 2006 年在全国率先提出发展文化产业以来，文化产业增加值占比和增速保持全国领先，有力助推了北京市经济转型升级。文化产业是北京的支柱产业，近年来，北京的文化产业发展较快。2020 年 1 月，《北京市文化产业高质量发展三年行动计划（2020 ~ 2022 年）》发布，该计划是在 2018 年 6 月北京市委、市政府印发的《关于推进文化创意产业创新发展的意见》基础上制定的，该计划确立了由“两大主攻方向、九大重点领域环节”构成的文化产业高精尖内容体系，并提出九大产业促

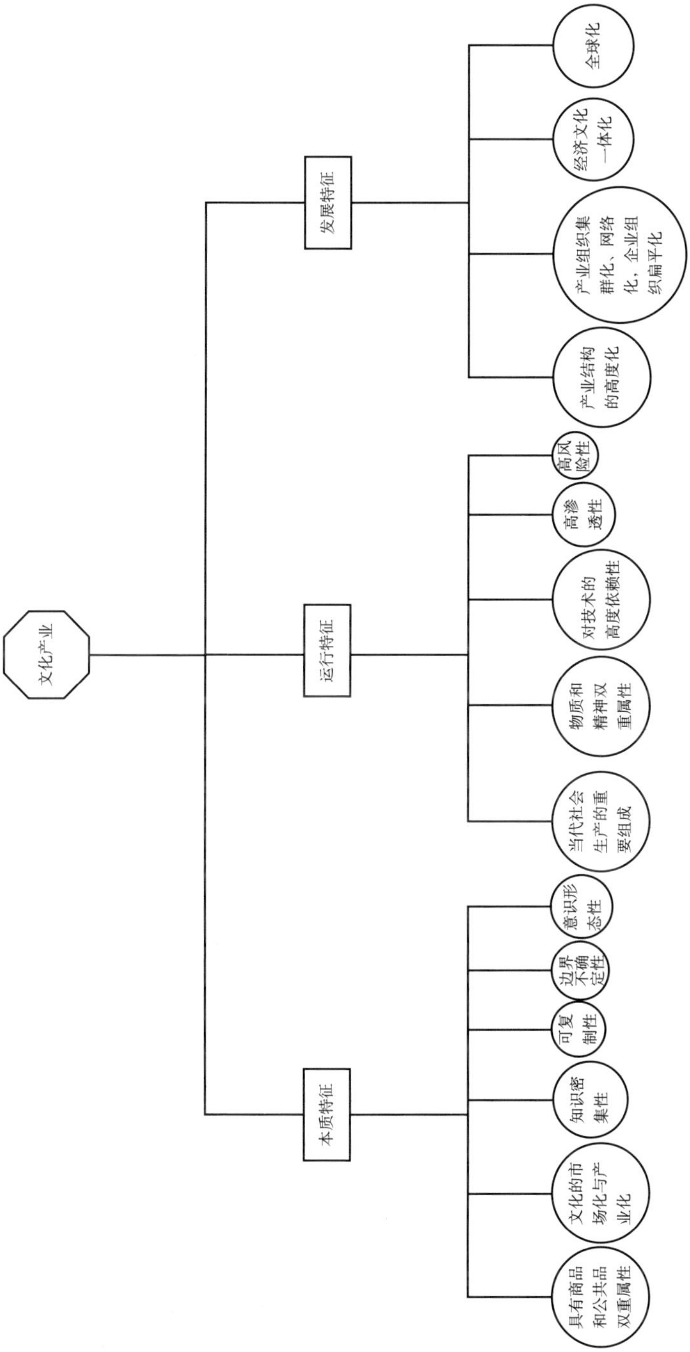
文化产业
本质特征
运行特征
发展特征
具有商品和公共品双重属性
文化的市场化与产业化
知识密集性
可复制性
边界不确定性
意识形态性
当代社会生产的重要组成
物质和精神双重属性
对技术的高度依赖性
高渗透性
高风险性
产业结构的高度化
产业组织集群化、网络化，企业组织扁平化
经济文化一体化
全球化

图1　文化产业的特征

进行动，为北京市文化产业下一阶段发展锚定方向、指明路径。计划到2022年，北京市规模以上文化产业实现收入突破1.5万亿元，产业增加值占地区生产总值比重保持在10%以上，助力首都经济社会发展和全国文化服务建设。

二 北京文化产业的发展概况

（一）文化产业发展速度加快

文化产业作为首都经济的重要支柱产业、增强全市人民获得感的幸福产业，已成为助推北京高质量发展的重要引擎，在构建高精尖经济结构、推进全国文化中心建设进程中发挥了重要支撑作用。

进入新时代，北京深入贯彻落实党中央决策部署和习近平总书记重要讲话精神，牢牢把握首都城市战略定位，按照全国文化中心建设“一核一城三带两区”总体框架要求，大力推进文化产业质量变革、效率变革、动力变革，实现高端化、融合化、集约化、国际化发展。

因为从2018年7月开始有从“文化创意产业”到“文化产业”统计概念的变化，[①] 所以，就2018年北京文化产业发展情况分图2和图3进行说明。从表1、图2和图3可以看出，随着文化体制改革的深入，北京文化产业正在壮大、变强、优化，已经成为首都经济发展的重要引擎。北京是全国文化中心，文化产业核心领域具有较为明显的优势，新闻信息服务业实现收入占全国一半以上，影片产量占全国近一半，版权登记数量占全国四成，创意设计服务业收入和广告经营额占全国的1/4以上。

① 自2018年1～7月数据发布起，北京市统计局将按照国家统计局《文化及相关产业分类(2018)》开展文化产业统计监测和数据发布工作（具体标准详见国家统计局官方网站），进度统计数据发布时间保持不变，发布内容由原“规模以上文化创意产业情况”调整为“规模以上文化产业情况”。

表1　2017年北京文化及相关产业企业情况

指标	文化及相关产业收入（万元）	从业人员（人）
北京	118907147	1183048
占全国比重（%）	12	13.4

注：文化及相关产业企业包括规模以上文化制造业企业、规模以下文化制造业企业、限额以上文化批发和零售业企业、限额以下文化批发和零售业企业、规模以上文化服务业企业、规模以下文化服务业企业，其中，年末从业人员数还包括文化服务业事业单位及执行民间非营利组织和其他会计制度的文化服务业其他单位法人，收入未包括此项。

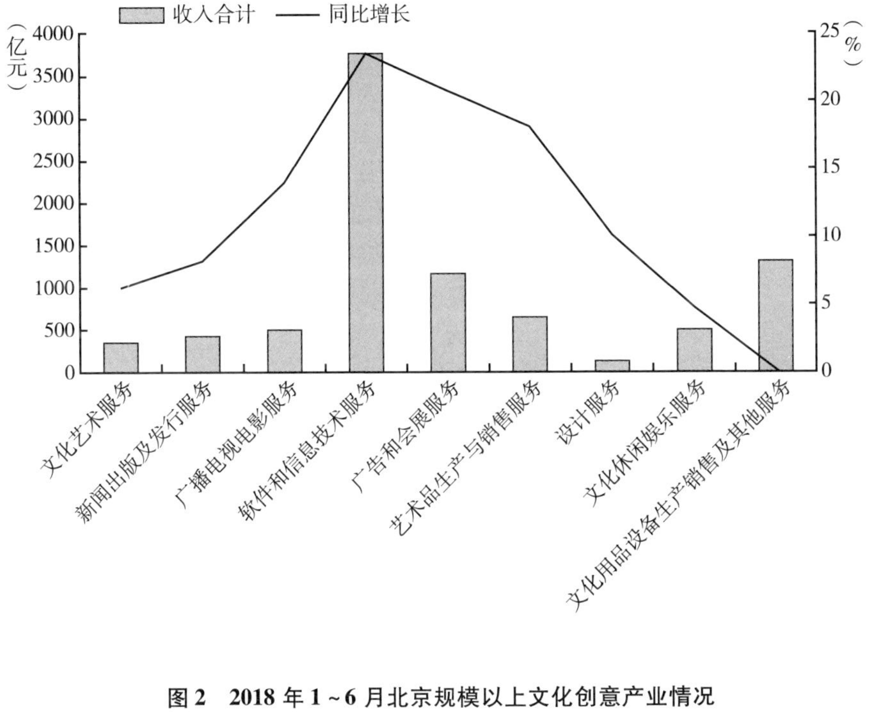

图2　2018年1～6月北京规模以上文化创意产业情况

2019年，北京市文化产业收入为11146.2亿元，其中文化核心领域收入为9921.4亿元，同比增长8.3%，新闻信息服务占比29%（见图3）。文化相关领域中，文化辅助生产和中介服务为主要收入来源，同比增长2.6%，占文化相关领域总收入的52.9%。

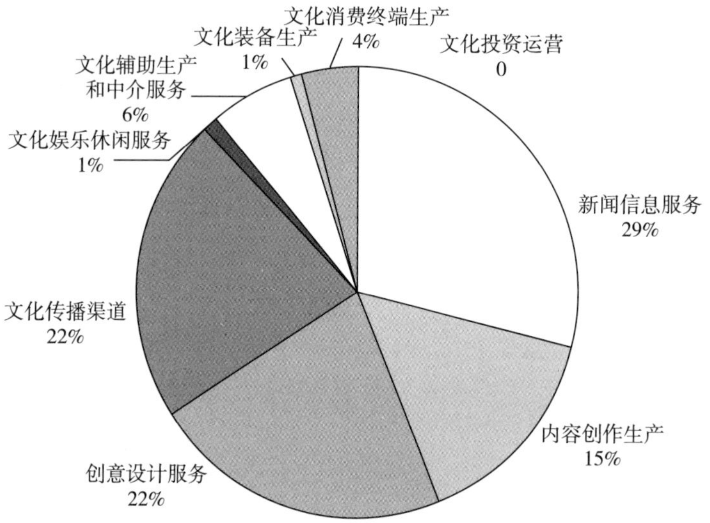

图3　2019年北京文化产业各行业收入占比

（二）拉动经济能力逐渐增强

北京市2017年文化产业增加值为2700.4亿元，是2004年的7倍，文化产业增加值年均增长16.1%，占全市地区生产总值的比重为9.64%，继续保持在全国首位，比全国平均占比高5.4个百分点。2010年，规模以上文化产业收入为5439.6亿元，2015年为10877.8亿元，2019年为12849.7亿元，同比增长8.2%。

（三）不断迭代的产业集聚

2018年北京文化及相关产业法人单位数为15.07万个，从业人员121.5万人，资产总计27169亿元，营业收入13454.8亿元，自2004年以来收入的复合增长率为15.7%。从全国范围来看，北京的法人单位数排在全国第五位，处于广东、江苏、山东、浙江之后，但从资产总额和营业收入来看，仅次于广东和江苏，这说明北京的文化及相关产业规模较大，产业较为集中（见表2）。文化产业增加值占全市地区生产总值的比重为9.6%，继续保持全国首位，比全国高5.4个百分点。根据国家统计局测算，2017年北京市文化产业实现增加值2700.4亿元，是2004年的7倍，年均增长16.1%，文化创意产业已经成为北京的支柱性产业。

表2　2018年营业收入前5名省份对比

省份	法人单位数(万个)	从业人员(万人)	资产总额(亿元)	营业收入(亿元)
北京	15.07	121.5	27169.0	13454.8
江苏	21.15	233.5	30900.4	15927.2
山东	15.88	142.0	15935.8	9102.6
广东	29.74	336.6	27504.9	22424.3
浙江	15.44	140.3	18736.7	12237.3

《北京市文化创意产业功能区建设发展规划（2014～2020年）》和《北京市文化创意产业提升规划（2014～2020年）》提出，2020年，北京将建设20个文化创意产业功能区，形成差异化、特色化、集群化发展态势。北京将推动各区在行业细分、产业链环节上构建分工合理、重点突出的文化产业布局。2006年起，北京市共认定了30个市级集聚区，涵盖了全市16个区级单位及文化创意产业九大领域。《北京市文化创意产业资源空间布局规划》将目前的30个文化产业集聚区减少到19个文化创意产业功能区。

北京市的文化创意产业集聚区已成为引领带动全市文化创意产业发展的核心承载地。因为资源分布不均，各个区存在同质竞争关系，对全市文化创意产业集聚区进行梳理，把各个区的功能定位跟集聚区的建设有机结合，最终规划打造成19个"文化创意产业功能区"。比如怀柔打造中国影都，建设制片人基地、拍摄基地、电影之都总部。凡是涉及电影业的发展，影视剧的发展，就引导企业到怀柔去发展。再如网游动漫类企业到石景山发展，创意设计类企业可以到通州落户，文艺演出集中到天桥和天坛等，通过专项资金可以扶持这些专业项目发展。

（四）产业结构不断优化，产业实现融合发展

依托市级集聚区和众多文化产业园区及示范基地建设，北京市形成了以新闻信息服务、文化传播渠道、创意设计服务、内容创作生产等行业国内领先的文化创意产业结构体系（见图 4），涌现了一大批龙头企业和专业化、精细化、特色化的中小企业。文化与科技的融合促进了新媒体产业的快速发展，文化与金融业的融合优化了产业融资环境，文化与服务业、制造业的融合带动了相关产业的转型升级。

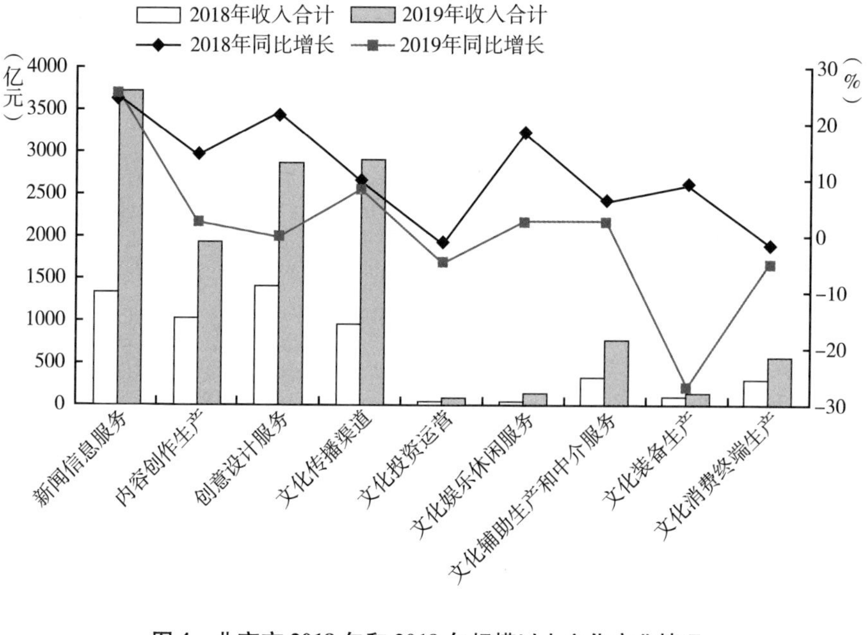

图 4　北京市 2018 年和 2019 年规模以上文化产业情况

（五）政策体系不断完善，文化发展环境持续优化

近年来，北京市出台了许多与文化产业相关的政策性文件（见表 3）。《北京市文化创意产业功能区建设发展规划（2014～2020 年）》首次明确提出了北京市文创产业错位发展的空间格局，即构建“一核、一带、两轴、

多中心”的空间格局。《北京市文化创意产业提升规划（2014～2020年）》提出构建富有首都特色的“3+3+X”文化创意产业体系，产业支柱地位更加巩固，成为支撑本市科学发展、绿色发展、创新发展的核心引擎，推动首都建设成中国最具活力的文化创意名城、在世界上具有重大影响力的著名文化中心，文化氛围浓郁，创新活力四射，环境和谐宜居。《北京市文化创意产业功能区建设发展规划（2014～2020年）》提出，针对文化创意产业的发展特性和不同功能区的产业定位与发展目标，规划构建“1+7+N”的功能区综合保障体系，即“一揽子基础认定政策，七项综合保障措施，若干个性发展策略”，协同应用法规、经济、行政三种调节手段，从政策扶持、措施保障和个性发展等方面，系统把握功能区建设所需的要素体系，引导和规范不同功能区的长期、健康、可持续发展。近年，北京市先后出台《北京市促进文化创意产业发展的若干政策》《北京市文化创意产业发展专项资金管理办法（试行）》《北京市文化产业高质量发展三年行动计划（2020～2022年）》等政策文件。同时，研究制定了税收优惠、贷款贴息、信用担保和支持影视动画与网络游戏等重点行业发展的实施办法及保障措施，有力推动了北京市文化创意产业集聚区和各行业的快速发展。

表3　近三年北京市促进文化产业发展的部分相关文件

发布时间	政策文件
2018年6月	北京市文化局《关于推动北京市文化文物单位文化创意产品开发试点工作的实施意见》
2018年6月	《中共北京市委　北京市人民政府印发〈关于推进文化创意产业创新发展的意见〉的通知》
2019年4月	《北京市文化和旅游局关于印发〈北京市老年人文化旅游奖励资金管理办法（试行）〉的通知》
2019年12月	《北京市推进全国文化中心建设领导小组关于印发〈关于推动北京音乐产业繁荣发展的实施意见〉的通知》
2019年12月	《北京市推进全国文化中心建设领导小组关于印发〈关于推动北京游戏产业健康发展的若干意见〉的通知》

续表

发布时间	政策文件
2019年12月	《北京市文化和旅游局等八部门印发〈关于促进乡村民宿发展的指导意见〉的通知》
2020年2月	《北京市文化改革和发展领导小组办公室关于加强金融支持文化产业健康发展的若干措施》
2020年4月	《北京市推进全国文化中心建设中长期规划(2019~2035年)》
2020年4月	《中共北京市委关于新时代繁荣兴盛首都文化的意见》

（六）文化贸易大幅提升，国际交流成果丰硕

文化贸易是北京市对外贸易发展新的增长亮点。2017年北京市文化贸易进出口总额达51.2亿美元，同比增长9.2%。其中，进口29.1亿美元，增长5.8%；出口22.1亿美元，增长14%。从具体分类看，核心文化服务进出口总额30.4亿美元，增长12.8%，进口14.1亿美元，增长2.5%，出口16.3亿美元，增长23.5%；核心文化产品进出口总额20.8亿美元，增长4.3%，进口15亿美元，增长9.1%，出口5.8亿美元，下降6.2%。2018年北京市文化贸易实现进出口额60.2亿美元，同比增长17.5%，从具体分类来看，北京市核心文化服务实现进出口37.8亿美元，较上年同期增长24.2%，而核心文化产品进出口也达到了22.4亿美元，同比增长7.7%。

文化不仅仅是民族的血脉，也是社会发展到一定阶段的必然产物，是社会进步的一项重要标志，是推动经济进一步发展的强劲动力和支撑。近年来，北京市一直致力于推动文化与科技的融合、文化与金融的融合，以及文化与其他相关产业的融合发展，通过不断展现首都风范、古都风貌、红色文化以及时代风貌，实现北京新旧动能的积极转换，通过持续不断的文化带动作用发展新型业态，围绕全国文化中心各项建设，使文化产业得到长足发展，文化贸易也取得了可喜成绩。

但是，北京文化产业的发展也存在一定的问题。一是文化产业发展不平衡，在近年来疏解非首都功能的基础上，部分文化制造业尚未形成具有国际

竞争力的产业链条，“北京创造”的文化产品还不够丰富，产业的整体竞争力有待进一步提升。二是各区文化产业发展定位需要进一步明确。自2018年启动门头沟、昌平、平谷、怀柔、延庆5个区的全域旅游示范区创建以来，各个区充分调动自身文化资源优势，实现了以文促旅的综合发展。2019年，平谷、怀柔、延庆成功入选国家全域旅游示范区，依托良好的发展背景以及充分的自然文化资源，各区要在统一规划以及服务标准的基础上，进一步挖掘自身文化特色，避免同构性、同质性。三是近年来随着北京对文化产业发展的重视，政策在不断完善与加强，但政策仍需进一步细化落实。四是文化与科技、制造业仍需进一步融合。

三　直辖市文化产业管理水平分析

为了对北京文化产业发展的着力点和抓手进行剥离分析，本部分拟先就四个直辖市的文化产业管理情况进行对比，通过对比得出结果，再通过突变决策分析法进行战略分析。

文化产业管理就是各级政府机构、各类文化产业组织、文化企业对市场化的文化产品与文化服务的生产、交换、分配和消费等经济关系和经济活动的管理，这种管理具体表现为政府的宏观管理、文化行业协会等的中观管理和文化企业的微观管理。① 本报告文化产业管理仅研究政府的宏观管理。文化产业政府管理是指各级政府通过行政手段、政策法规手段、经济手段、社会监督与引导手段等间接手段，对文化产业经济活动进行管理、调控和服务。因此，本报告就政府对文化产业的公共文化服务水平，选取公共图书馆数、博物馆机构数、艺术表演场馆数、艺术表演团体数4项指标；公民参与文化创造的程度是衡量一个国家和地区文化发达程度的重要标志，为了衡量政府通过经济手段对文化产业宏观调控的自由度，选取人均可支配收入、城乡人均娱乐及其他文化消费支出、人均消费支出以及第

① 高永贵：《文化管理学》，北京大学出版社，2012，第181页。

三产业增加值4项指标；为了衡量政府对文化产业的扶持情况，选取地方财政文化与传媒支出、文化及相关固定资产投资、文化产业相关企业R&D经费内部支出比重3项指标；选取文化及相关产业增加值、文化产业法人机构数、从业人员数和文化及相关产业增加值占GDP比重4项指标，衡量文化产业发展的营商环境。

（一）4个直辖市文化产业管理能力比较研究

美国文化总产出及增加值在2014年分别为309710.33亿美元和173480.71亿美元。法国文化产业增加值2014年为439亿欧元，英国为873.50亿英镑，文化产业增加值占总增加值的5.3%。[①] 作为全球经济的支柱，文化创意产业正在成为各国家和地区经济的战略性资产。英美法等国家都非常重视文化产业的发展，也就是从战略层面给予了文化以很好的发展机遇和条件。2015年，世界创意产品出口共计5097.5亿美元；进口共计4544亿美元，[②] 这启发我们应该如何发展一个城市的文化产业，如何对一个城市的文化发展进行指导和服务。由此可见，城市文化产业管理作为城市管理重要的子系统，对城市管理的整体水平产生着巨大的作用。

北京、上海、天津、重庆，无论资源要素禀赋、市场条件还是行业壁垒，不尽相同且差别很大，但政府能够给文化产业以最好的产业发展环境，提供最有效的战略指导，企业也能够利用政策的优惠条件大力振兴和发展文化产业。

（二）数据来源及评价结果

由于部分数据缺失，本报告以2017年、2018年、2019年4个直辖市文化产业管理水平数据为例进行研究，数据来源于《2019中国文化及相关产

① 国家统计局社会科技与文化产业统计司、中宣部文化体制改革和发展办公室编《2019中国文化及相关产业统计年鉴》，中国统计出版社，2019。

② 国家统计局社会科技与文化产业统计司、中宣部文化体制改革和发展办公室编《2019中国文化及相关产业统计年鉴》，中国统计出版社，2019。

业统计年鉴》、《中国统计年鉴》，以及文化与文物相关统计资料等。

数据分析采用层次分析法，为了充分客观，各项指标进行平均赋值。本报告共选取了2个二级指标、4个三级指标、15个四级指标，为了实现数据结果的客观性，采用层次分析法，对各个指标平均赋值后进行分析，结果如下。

就政府对文化产业的扶持情况而言（见表4），重庆排名第一，上海、北京、天津分列二、三、四位；政府的公共文化服务水平（见表5）重庆仍旧位列第一，北京第二，天津、上海分列第三和第四；政府对文化经济的调控自由度（见表6）上海第一，北京、天津、重庆分列二、三、四名；文化产业的营商环境（见表7）北京排名第一，上海排名第二，重庆、天津分列三、四名。

根据以上排名结果，抽取影响排名的最重要因子，“政府对文化的扶持情况”中，影响排名的因素主要有“文化及相关固定资产投资”和“文化产业相关企业R&D经费内部支出比重”；“政府对文化经济的调控自由度”中，影响排名的重要指标为“人均可支配收入”以及“城乡人均娱乐及其他文化消费支出”；“政府的公共文化服务水平”中，“公共图书馆数”、“博物馆机构数”以及“艺术表演团体数”3项指标影响最重要；“文化产业的营商环境”中，“文化产业法人机构数”、“从业人员数”、“文化及相关产业增加值”以及“文化及产业增加值占GDP比重”都是重要影响因素。但显然，单项指标的发展并不能带动整体文化产业的发展，因此，有必要进一步分析文化产业发展的着力点以及未来的发展策略。

表4　政府对文化产业的扶持指数情况

城市	排名	地方财政文化与传媒支出	文化及相关固定资产投资	文化产业相关企业R&D经费内部支出比重	得分
重庆	1	0	100	100	66.660
上海	2	69.962	0	84.556	51.508
北京	3	100	18.986	0	39.668
天津	4	1.841	23.182	50.032	25.016

表 5　政府公共文化服务水平

城市	排名	公共图书馆数	博物馆机构数	艺术表演场馆数	艺术表演团体数	得分
重庆	1	100	100	0	100	75
北京	2	0	48. 571	72	20. 207	35. 195
天津	3	30	0	100	0	32. 5
上海	4	0	100	8	9. 172	29. 293

表 6　政府对文化经济的调控自由度

城市	排名	人均可支配收入(元)	城乡人均娱乐及其他文化消费支出(元)	人均消费支出(元)	第三产业增加值(亿元)	得分
上海	1	100	100	100	91. 306	97. 827
北京	2	95. 181	70. 587	85. 443	100	87. 803
天津	3	34. 713	37. 48	44. 204	0	29. 099
重庆	4	0	0	0	17. 519	4. 38

表 7　文化产业的营商环境

城市	排名	文化产业法人机构数	从业人员数	文化及相关产业增加值	文化及相关产业增加值占 GDP 比重	得分
北京	1	100	100	100	100	100
上海	2	16. 923	48. 149	70. 573	56. 621	48. 066
重庆	3	29. 301	35. 224	0	0	16. 131
天津	4	0	0	1. 089	4. 11	1. 3

四　北京文化产业管理战略分析

文化是人类社会发展的内驱力和凝聚力。城市是文化的集散地，文化是城市的名片。在当今世界，文化越来越成为经济社会发展的战略资源和强大生产力，成为综合实力的重要组成部分。城市文化管理是一项系统工程，完善的城市文化管理体制对促进城市文化管理工作的有效进展起着关键性的作用。对首都北京这一文化之都而言，文化的作用越来越明显，如何找到文化产业发展的着力点和抓手，促进文化产业的不断跃升？本报告试图通过多目标突变决策模型进行选择和判断。

（一）突变论基本理论

1. 基本原理

突变是从一种稳定组态跃迁到另一种稳定组态。“突变”一词，法文原意是“灾变”，强调变化过程的间断或突然转换。法国数学家勒内·托姆将系统内部状态的整体性“突跃”称为“突变”，其特点是过程连续而结果不连续。通常情况下，事物的某一平衡状态都表示系统在各个控制变量综合作用下的状态。

2. 基本模型

折叠突变模型：$F(X)=X^3+UX$

尖点突变模型：$F(X)=X^4+UX^2+VX$

燕尾突变模型：$F(X)=X^5+UX^3+VX^2+WX$

蝴蝶突变模型：$F(X)=X^6+UX^4+VX^3+WX^2+TX$

印第安人茅舍突变模型：$F(X)=X^7+UX^5+VX^4+WX^3+TX^2+EX$

$F(X)$ 表示系统状态变量 X 的势函数，U、V、W、T 表示控制变量。在初等突变理论中，控制变量 U 称作剖分因子，控制变量 V 称作正则因子。从决策角度看，U、V 代表决策中的两个目标，U 代表主要目标，V 代表次要目标。同理，燕尾突变模型的控制变量 U、V、W 的重要性排序为 U、V、W。蝴蝶突变模型和印第安人茅舍突变模型依次类推。

通过各个模型的突变机制，得出各控制变量对应的系统状态变量 X 的值：

折叠突变模型：$X_U=U^{1/2}$

尖点突变模型：$X_U=U^{1/2}$；$X_V=V^{1/3}$

燕尾突变模型：$X_U=U^{1/2}$；$X_V=V^{1/3}$；$X_W=W^{1/4}$

蝴蝶突变模型：$X_U=U^{1/2}$；$X_V=V^{1/3}$；$X_W=W^{1/4}$；$X_T=T^{1/5}$

印第安人茅舍突变模型：$X_U=U^{1/2}$；$X_V=V^{1/3}$；$X_W=W^{1/4}$；$X_T=T^{1/5}$；$X_E=E^{1/6}$

3. 理论运用

文化产业管理能力分别用 U、V、W、T、E 代表，按照先后顺序代表控制变量的重要程度。从评定的角度来看，状态变量 X 的大小代表了管理能力的高低，根据突变决策理论的原则进行如下判断。

非互补原则：当各目标之间不可相互替代时，则按突变模型计算的 X 的取值来决定，其取值最小的一个作为整个评价体系的 X 值。

互补原则：当各目标之间可以相互弥补其不足时，则按突变模型计算的 X 的平均值来作为整个评价体系的 X 值。

阈值互补原则：根据实际情况取一个阈值，当各方案目标所对应的 X 值达到这一限值时，各方案目标才互补。

（二）理论应用

根据上述理论模型以及前述重要影响因素，分析比较结果，对各项影响因子进行排序，最终得出图 5。

1. 指标及效用值确定

因为突变决策理论无须对指标进行定量赋值，可有效减小评价中人为的主观因素对研究目标的影响，因此，对于多目标决策具有重要的理论与现实意义。

在多目标决策中，常用效用函数值来进行量化评价。效用值是一个相对的指标值，一般规定：凡对决策者最爱好、最倾向、最愿意的事物（事件）的效用值赋予 1；而最不爱好的事物（事件）的效用值赋予 0；其他的赋予 0 和 1 之间。在这里，D 层的各指标的效用函数值是通过对北京、上海、天津、重庆各项指标的标准化而得出的，具体值见表 8。

2. 计算结果

计算 C 层的值，根据突变决策理论方法，C 层以下 3 个控制变量的是一个燕尾突变模型，4 个控制变量的是蝴蝶突变模型。根据变量的重要程度，分别确定了 U、V、W、T。以“政府的公共文化服务水平”为例。

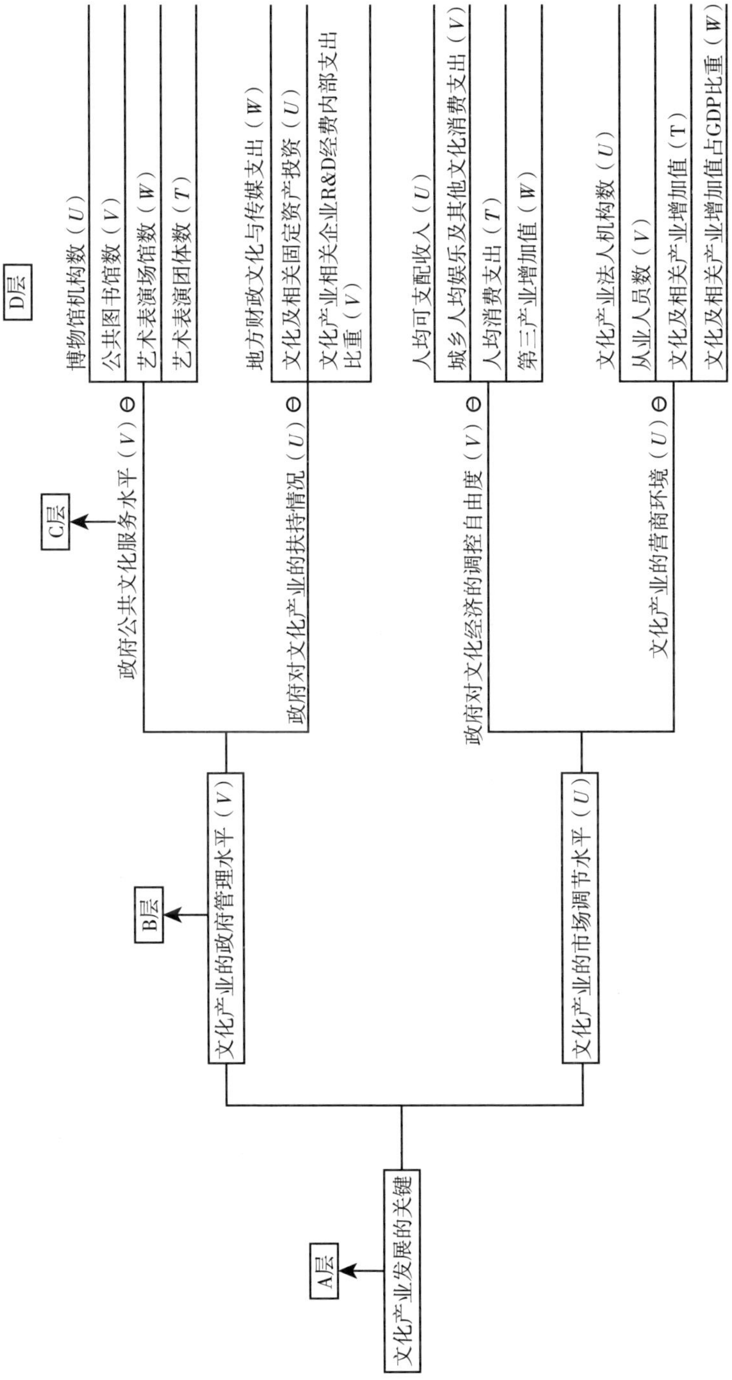
A层
文化产业发展的关键
B层
文化产业的政府管理水平（V）
文化产业的市场调节水平（U）
C层
政府公共文化服务水平（V）⊖
政府对文化产业的扶持情况（U）⊖
政府对文化经济的调控自由度（V）⊖
文化产业的营商环境（U）⊖
D层
博物馆机构数（U）
公共图书馆数（V）
艺术表演场馆数（W）
艺术表演团体数（T）
地方财政文化与传媒支出（W）
文化及相关固定资产投资（U）
文化产业相关企业R&D经费内部支出比重（V）
人均可支配收入（U）
城乡人均娱乐及其他文化消费支出（V）
人均消费支出（T）
第三产业增加值（W）
文化产业法人机构数（U）
从业人员数（V）
文化及相关产业增加值（T）
文化及相关产业增加值占GDP比重（W）

图5 突变决策目标示意

表 8　各层目标效用值

B 层	文化产业的政府管理水平（V）							文化产业的市场调节水平（U）							
C 层	政府公共文化服务水平（V）				政府对文化产业的扶持情况（U）			政府对文化经济的调控自由度（V）				文化产业的营商环境（U）			
D 层	公共图书馆数（V）	博物馆机构数（U）	艺术表演场馆数（W）	艺术表演团体数（T）	地方财政文化与传媒支出（W）	文化及相关固定资产投资（U）	文化产业相关企业R&D经费内部支出比重（V）	人均可支配收入（U）	城乡人均娱乐及其他文化消费支出（V）	人均消费支出（T）	第三产业增加值（W）	文化产业法人机构数（U）	从业人员数（V）	文化及相关产业增加值（T）	文化及相关产业增加值占GDP比重（W）
北京（方案一）	0	0. 48571	0. 72	0. 20207	1	0. 18986	0	0. 95181	0. 70587	0. 85443	1	1	1	1	1
上海（方案二）	0	1	0. 08	0. 09172	0. 69962	0	0. 84556	1	1	1	0. 91306	0. 16923	0. 48149	0. 70573	0. 56621
重庆（方案三）	1	1	0	1	0	1	1	0	0	0	0. 17519	0. 29301	0. 35224	0	0
天津（方案四）	0. 3	0	1	0	0. 01841	0. 23182	0. 50032	0. 34713	0. 3748	0. 44204	0	0	0	0. 01089	0. 0411

表9　D层计算结果

方案	公共图书馆数（V）	博物馆机构数（U）	艺术表演场馆数（W）	艺术表演团体数（T）	地方财政文化与传媒支出（W）	文化及相关固定资产投资（U）	文化产业相关企业 R&D 经费内部支出比重（V）	人均可支配收入（U）
方案一	0	0.786084927	0.92115587	0.726273785	1	0.435729274	0	0.975607503
方案二	0	1	0.53182959	0.620144376	0.914567057	0	0.945621284	1
方案三	1	1	0	1	0	1	1	0
方案四	0.547722558	0	1	0	0.368352352	0.481476895	0.793888138	0.589177393
方案	城乡人均娱乐及其他文化消费支出（V）	人均消费支出（T）	第三产业增加值（W）	文化产业法人机构数（U）	从业人员数（V）	文化及相关产业增加值（T）	文化及相关产业增加值占GDP比重（W）	
方案一	0.890389338	0.969025705	1	1	1	1	1	
方案二	1	1	0.977518149	0.411375741	0.783801947	0.932669373	0.867449865	
方案三	0	0	0.646959848	0.541303981	0.706254665	0	0	
方案四	0.721020148	0.849360997	0	0	0	0.404953891	0.450256981	

方案一：

$X_V = X^{1/2} = 0$；$X_U = X^{1/3} = 0.786084927$；$X_W = X^{1/4} = 0.92115587$；$X_T = X^{1/5} = 0.726273785$。公共文化服务设施可以实现互补，根据互补原则，我们将计算的 X 取平均值，得到最终结果为 0.608378646。

方案二：

$X_V = X^{1/2} = 0$；$X_U = X^{1/3} = 1$；$X_W = X^{1/5} = 0.53182959$；$X_T = X^{1/5} = 0.620144376$。根据互补原则，我们将计算的 X 取平均值，得到最终结果为 0.537993491。

方案三：

$X_V = X^{1/2} = 1$；$X_U = X^{1/3} = 1$；$X_W = X^{1/4} = 0$；$X_T = X^{1/5} = 1$。根据互补原则，我们将计算的 X 取平均值，得到最终结果为 0.75。

方案四：

$X_V = X^{1/2} = 0.547722558$；$X_U = X^{1/3} = 0$；$X_W = X^{1/5} = 1$；$X_T = X^{1/5} = 0$。根据互补原则，我们将计算的 X 取平均值，得到最终结果为 0.386930639。

同理，可计算其他目标的 X 取值，见表 9。

根据 D 层的计算结果，可得出 C 层计算结果，结果见表 10。

表 10　C 层计算结果

B 层	文化产业的政府管理水平(V)		文化产业的市场调节水平(U)	
C 层	政府公共文化服务水平(V)	政府对文化产业的扶持情况(U)	政府对文化经济的调控自由度(V)	文化产业的营商环境(U)
方案一	0.608378646	0.478576425	0.958755636	1
方案二	0.537993491	0.62006278	0.994379537	0.748824231
方案三	0.75	0.666666667	0.161739962	0.311889662
方案四	0.386930639	0.547905795	0.539889634	0.213802718

因 B 层仍有 2 个控制变量，符合尖点突变模型。就文化产业的政府管理水平而言，根据政府公共文化服务水平和政府对文化产业的扶持情况体现政府管理水平的作用，政府对文化产业的扶持情况控制变量为 U，政府公共文化服务水平控制变量为 V。在文化产业的市场调节水平中，文化产业的营

商环境为主要决定要素，因此，其作为 U，而政府对文化经济的调控自由度作为 V，因政府公共文化服务水平、政府对文化产业的扶持情况、政府对文化经济的调控自由度、文化产业的营商环境各目标之间不可相互替代，按突变模型计算的 X 的取值来决定，将取值最小的一个作为整个评价体系的 X 值，因此，其计算结果见表 11。

表 11　根据尖点突变模型计算的 B 层结果

B 层	文化产业的政府管理水平（V）	文化产业的市场调节水平（U）
方案一	0.691792183	0.986059799
方案二	0.787440652	0.865346307
方案三	0.816496581	0.544877429
方案四	0.728715688	0.46238806

根据 B 层的计算方法与模型，我们可以计算出 A 层的总体结果（见表 12）。因文化产业是市场依赖度极高的产业，人们的消费水平达到一定水平时，才催生该产业的兴起，因此，就突变要素重性而言，文化产业的市场调节水平作为控制变量 U，文化产业的政府管理水平作为控制变量 V，A 层同样符合尖点突变模型。通过计算得出以下两种不同的结果，“方案”的结果是通过文化产业的政府管理水平与文化产业的市场调节水平如果为互补的原则确定的；“方案'”的结果是通过文化产业的政府管理水平与文化产业的市场调节水平如果为非互补的原则而产生的。

表 12　A 层的计算结果

方案	方案一	方案'一	方案二	方案'二	方案三	方案'三	方案四	方案'四
A 层	0.938718145	0.884430853	0.926840726	0.923441532	0.836409857	0.738158133	0.789941849	0.679991221

五　北京文化产业管理评价及发展建议

根据前述计算结果可以得出如下结论，得分最高的方案一（北京模式）

与方案二（上海模式）为值得借鉴的文化产业发展模式，两地文化产业发展具有不同的特点。

（一）基本结论

北京模式与上海模式的主要发展特征及区别在于从 2005 年以后，北京地区生产总值中文化产业占据 70% 以上，产业结构也呈现明显以服务业为主的特征。到 2017 年，文化创意产业产值逐年增加，年增长率基本在 10% 以上，最高时达到了 33.53%，行业总产值在 2017 年已经突破 4000 亿元。首都“四个中心”城市战略定位，以增加企业和群众更多的获得感为目标，北京市逐步出台了支持文化产业发展的多个文件，以支持更加广泛意义上的文化产业发展。从前述排名中可以看出，北京的营商环境在四个直辖市之首，这也充分说明，近年来北京文化产业的发展中市场发挥着极其重要的作用。

上海文化产业发展模式与北京有所不同。从前述分项排名可以看出，上海模式属于“全面发展、综合均衡”模式，从四个分项排名得分来看，上海始终处于第二位。在文化产业的管理方案评价中上海非常突出，在于其文化产业市场调节自由度与文化产业政府管理水平均衡发展。将其与重庆对比可知，重庆的文化产业公共服务水平以及政府对文化产业的扶持得分率都很高，排位在四个直辖市之首，但从表 12 中 A 层得分可以看出，整体管理水平得分与北京、上海相差较大，这说明，文化事业是带动文化产业发展的基础，但并不能起到决定性的作用，文化产业的发展最终要依赖活跃的市场，包括消费水平以及良好的市场环境。

（二）北京文化产业未来发展的思路

综上，北京文化产业未来发展应该做到三个“活”。

一是服务活。政府在文化产业发展的过程中，最重要的角色与职能就是服务和引导。从文化产业发达的纽约、伦敦以及东京来看，政府推动和制定文化发展战略，为文化产业发展提供必要及有效的服务，同时，政府的服务机构可以灵活多样，比如可以设置下沉的办事处以及推动文化发展的服务性机构，保证服务事项高效顺利办结，这有利于政府进行公开、透明的政务建设，规范合理的审批程序，构建便捷高效的文化信息网络。

二是市场活。文化产业是伴随着经济发展水平和人们收入水平提高而兴起的，因此，市场从来都是文化产业赖以生存的基础。活跃的市场要有能够满足人们需求的文化产品，人们要有足够的收入水平满足精神需求，还要有积极充裕的投资主体来支持，更要有能够打造高端文化产品的科技融合以及能够进行原创的智慧“孵化场”——文化人才，这些都是促使文化产业市场进一步提升活力的基础。

三是链条活。北京发展文化产业必须有所侧重，不能大而全，因此，产业链条不可能做到上下游整体完善。但是，可以进行链条再造以及因地制宜。首先是上游结构布局要合理。根据北京的定位，处于上游的产业链应该以“创意”“设计”为主，以智慧化生产为主的文化产业可以充分发挥北京的地缘优势，全方位进行布局。其次是下游流通，充分利用大数据进行信息采集，及时掌握需求，通过需求调节供给。再次是价值链提升。文化具有特殊性，有文化化人之作用，文化产业更重要的是有其重要的社会效益。北京作为首善之区，拥有丰富的文化资源，文化产业产品不仅仅有经济价值，重要的是有社会价值，通过灵活的产业链条，实现其价值增值的最大化以及辐射范围的扩大化。

（三）北京文化产业未来升级的路径

2020 年 5 月 22 日开幕的第十三届全国人民代表大会第三次会议的政府报告指出：“当前和今后一个时期，我国面临风险挑战前所未有。”在这样的情势下，北京的文化产业将何去何从？具体而言，一是继续保持文化产业发展的良好基础。北京文化产业发展的良好基础在于众多的头部文化企业，它们是文化产业发展的中坚力量，保证市场主体生存是重点，维持良好的产业链是保障。二是进一步激活要素市场。资金、土地、人才、技术等是文化产业发展的关键，要通过完善资本市场满足企业发展和创业需求，通过腾笼换鸟实现文化产业的迅速引进和土地成本的降低，更要通过降低门槛实现各级各类人才的供给。三是积极推动文化消费。随着后疫情时代的到来，扩大国内文化消费市场已经成为必须，推动线上与线下的融合，拉动消费回升。四是充分发挥北京传统文化的积淀等优势，实现以文促旅、以旅彰文，文旅深度融合，为“十四五”文化产业的战略提升提供经验和借鉴。

参考文献

1. 北京市人民政府：《关于印发〈北京市文化创意产业功能区建设发展规划（2014～2020年）〉和〈北京市文化创意产业提升规划（2014～2020年）〉的通知》（京政发〔2014〕13号），2014年6月20日。
2. 王颖：《全球化背景下中国文化产业竞争力研究》，吉林大学博士学位论文，2007。
3. 于泽：《我国文化产业发展效益效率评价及资金配置对策研究》，中国矿业大学博士学位论文，2014。
4. 张硕：《文创产业功能区将减少至19个》，《北京晨报》2020年3月5日。
5. 张漫子：《2018年北京文化贸易进出口额达60.2亿美元》，新华网，http://www.xinhuanet.com/2019-05/29/c_1124558815.htm，2019年5月29日。
6. 卢扬、伍碧怡：《北京亮出文化产业发展三年路线图》，《北京商报》2020年1月9日。
7. 〔荷兰〕曼纳·彼得·范戴克：《新兴经济中的城市管理》，姚永玲译，中国人民大学出版社，2006。
8. 《中国城市发展报告》编委会：《中国城市发展报告（2015）》，中国城市出版社，2016。
9. 陈伟奇：《新知新觉：提高城市风险治理现代化水平》，《人民日报》2020年4月1日。
10. 陈永国、樊佳慧：《差序政府信任的动态变化：对城市治理的意义》，《城市治理研究》2018年第1期。

11. 崔慧姝：《一体两化：中国城市治理机制的一个整体观察》，《学习论坛》2019 年第 11 期。
12. 丁茂战、刘海军：《人工智能引领干部教育创新发展》，《行政管理改革》2018 年第 9 期。
13. 董庆玲：《智慧城市建设的三个维度》，《人民论坛》2019 年第 21 期。
14. 韩少秀、张丰羽：《城市治理研究综述及其引申》，《改革》2017 年第 9 期。
15. 姜晓萍、董家鸣：《城市社会治理的三维理论认知：底色、特色与亮色》，《中国行政管理》2019 年第 5 期。
16. 〔美〕莱斯特·M. 萨拉蒙主编《政府工具：新治理指南》，肖楠等译，北京大学出版社，2016。
17. 李景鹏：《权力政治学》，北京大学出版社，2008。
18. 李晴、刘海军：《智慧城市与城市治理现代化：从冲突到赋能》，《行政管理改革》2020 年第 4 期。
19. 李文钊：《理解中国城市治理：一个界面治理理论的视角》，《中国行政管理》2019 年第 9 期。
20. 李重照、刘淑华：《智慧城市：中国城市治理的新趋向》，《电子政务》2011 年第 6 期。
21. 刘海军、李晴：《做好网络安全工作须把握五个要点》，《学习时报》2019 年 10 月 18 日。
22. 宋世明：《推进国家治理体系和治理能力现代化的理论框架》，《中共中央党校（国家行政学院）学报》2019 年第 6 期。
23. 万筠、王佃利：《城市公共服务要走向均衡与可持续的发展之路：中国城市公共服务 40 年》，《城市治理研究》2019 年第 1 期。
24. 吴建南、郑长旭：《中国城市治理研究的过去、现在与未来——基于学术论文的计量分析》，《中国行政管理》2017 年第 7 期。
25. 习近平：《深入学习贯彻党的十九届四中全会精神提高社会主义现代化国际大都市治理能力和水平》，《人民日报》2019 年 11 月 4 日。

26.《国务院督查组：下基层“通梗阻”》，《新京报》2014 年 7 月 14 日。
27. 许欢、杨慧：《智慧城市迭代发展的问题、逻辑与路径》，《学术研究》2017 年第 10 期。
28. 叶林、杨新辉：《智慧城市发展与城市治理转型》，《城市管理与科技》2017 年第 4 期。
29. 张丙宣、周涛：《智慧能否带来治理——对新常态下智慧城市建设热的冷思考》，《武汉大学学报》（哲学社会科学版）2016 年第 1 期。
30. 张世贵、吕少德：《“现实的个人”对把握唯物史观微观机制的价值》，《广东社会科学》2019 年第 4 期。
31.《中共中央关于坚持和完善中国特色社会主义制度推进国家治理体系和治理能力现代化若干重大问题的决定》，《人民日报》2019 年 11 月 6 日。
32. 桂黄宝：《基于 GII 的全球主要经济体创新能力国际比较及启示》，《科学学与科学技术管理》2014 年第 2 期。
33. 孙易祥、黄当玲：《创新型城市评价指标体系构建及实证研究》，《特区经济》2012 年第 6 期。
34. 牛盼强：《上海产业知识基础与制度协调研究——基于全球科创中心的建设》，《科学学研究》2016 年第 6 期。
35. 汤文仙、李京文：《基于颠覆性技术创新的战略性新兴产业发展机理研究》，《技术经济与管理研究》2019 年第 6 期。
36.《国务院关于印发北京加强全国科技创新中心建设总体方案的通知》（国发〔2016〕52 号），2016 年 9 月 11 日。
37.《国务院关于印发上海系统推进全面创新改革试验加快建设具有全球影响力科技创新中心方案的通知》（国发〔2016〕23 号），2016 年 4 月 12 日。
38. 周波：《创新驱动发展战略的上海实践》，《行政管理改革》2016 年第 12 期。
39. 饶丽：《北京市生态环境状况评价及生态效率测算》，北京林业大学硕士学位论文，2019。
40. 中华人民共和国生态环境部：《2017年中国生态环境状况公报》，http：//www.mee.gov.cn/hjzl/zghjzkgb/lnzghjzkgb/，2018年5月。
41. 北京市生态环境局：《2017年度北京市环境状况公报》，http：//sthjj.beijing.gov.cn/bjhrb/index/xxgk69/sthjlyzwg/1718880/1718881/1718882/index.html，2018年5月。
42. 原上海市环境保护局：《2017年度上海市环境状况公报》，https：//sthj.sh.gov.cn/hbzhywpt1143/hbzhywpt1144/index.html，2018年6月。
43. 深圳市生态环境局：《2017年度深圳市环境状况公报》，http：//meeb.sz.gov.cn/xxgk/tjsj/ndhjzkgb/，2018年4月。
44. 方政、龙若霖、贺文慧：《我国中部六省城市基础设施发展水平实证研究——基于2006年~2015年面板数据》，《洛阳理工学院学报》（社会科学版）2018年第4期。
45. 荣月静、张慧、赵显富：《基于多因素综合评价法的长三角地区城市基础设施建设水平研究》，《科技通报》2016年第2期。
46. 郑生钦、闫小波、姜辉：《国内各省市基础设施投资水平的综合评价研究》，《山东建筑大学学报》2015年第4期。
47. 张晓雨、韩海彬：《城市市政基础设施投资效率评价——基于CCR模型和Malmquist指数》，《绿色科技》2019年第24期。
48. 苗童欣：《城市基础设施承载力评价研究——以京津冀区域为例》，天津商业大学硕士学位论文，2018。
49. 邓永波：《京津冀产业集聚与区域经济协调发展研究》，中共中央党校博士学位论文，2017。
50. 赵渺希、魏冀明、吴康：《京津冀城市群的功能联系及其复杂网络演化》，《城市规划学刊》2014年第1期。
51. 于斌斌、金刚：《中国城市结构调整与模式选择的空间溢出效应》，《中国工业经济》2014年第2期。
52. 文魁、祝尔娟、叶堂林、张贵祥：《京津冀发展报告（2014）——城市群空间优化与质量提升》，社会科学文献出版社，2014。

53. 马海龙：《京津冀区域治理：协调机制与模式》，东南大学出版社，2014。

54. 孙久文、姚鹏：《京津冀产业空间转移，地区专业化与协同发展——基于新经济地理学的分析框架》，《南开学报》（哲学社会科学版）2015年第1期。

55. 文魁、祝尔娟、叶堂林、张贵祥：《京津冀发展报告（2015）——协同创新研究》，社会科学文献出版社，2015。

Abstract

The 2020 Annual Report on Urban Management of China selects 36 key cities to evaluate and rank their urban management level, including 4 municipalities: Beijing, Shanghai, Tianjin and Chongqing, 27 provincial capitals: Shijiazhuang, Taiyuan, Hohhot, Shenyang, Changchun, Harbin, Nanjing, Hangzhou, Hefei, Fuzhou, Nanchang, Jinan, Zhengzhou, Wuhan, Changsha, Guangzhou, Nanning, Haikou, Chengdu, Guiyang, Kunming, Lhasa, Xi'an, Lanzhou, Xining, Yinchuan, Urumqi, and 5 municipalities with independent planning status: Dalian, Qingdao, Ningbo, Xiamen and Shenzhen.

This report inherits the indicators of the previous year, including 5 first-level , 20 second-level and 59 third-level indicators. The first-level indicators are social, economic, environmental, scientific and technological innovation and infrastructure factors. The second-level and third-level indicators this year are basically in accordance with those of the last year. This study inherits and scientifically uses and enriches the third-level indicators based on previous reports.

The outbreak of COVID – 19 relatively complicates the writing background of this report. With factories being shut down, shops closed, schools stopped, the world economic system and urban emergency governance capacity have been undergoing unprecedented challenges. The epidemic has tested China's modern urban governance system and capacity in an all-round way, and also tested the responsibility, ability and wisdom of city managers and citizens. It warns us that we should consider how to pursuit a long-term development and accelerate the building of modern urban governance capacity under the concept of joint contribution, shared benefits and shared governance.

In this condition, the major change of the 2020 index system is the transformation of the cultural report into a thematic study in order to implement a more targeted analysis and evaluation. Since the global epidemic influence impacts the global cultural industry in a varying degree, the cultural statistics are published later than in previous years. However, the hope of development still exists in the general cultural industry with a promising future. So, it is more targeted to change cultural industry evaluation into a thematic report. Despite the changes in sub-report structure, this report overall maintains the completeness, pertinence, stability and innovation of the research index. Besides, the other two thematic reports separately illustrate Beijing Sub-Center's bearing and leading role in the coordinated development of Beijing-Tianjin-Hebei and the level of environmental construction management and operation guarantee mechanism of Beijing Sub-Center, giving full play to the territorial advantages of the writing group, paying close attention to the mode of the capital in promoting urban modernization governance, and exploring the valuable experience of the capital in improving governance capacity.

The 2020 report focuses on various aspects of social governance and fully reflects the concept of refinement management. It adheres to the key cities for their excellent management modes in the social, economic, environmental, scientific and technological innovation and infrastructure performance in order to contribute wisdom for constantly improving the urban operation experience.

In conclusion, sticking to the concept of joint contribution, shared benefits and shared governance, the 2020 Annual Report on Urban Management of China once again carefully considers how cities should focus on long-term development, accelerate the improvement of modern urban governance level and capacity building, as well as provide intellectual support for the new challenges in urban governance.

Keywords: City Management; Modernization of Governance; Smart City

Contents

I General Report

Abstract: At the end of the 13th Five-year Plan, the governance focus of the 36 key cities in China has also shifted from the stage of urban development and construction to the advanced stage of urban management and social governance. The smart city mode endowed by high technology has not fully matched the traditional urban management mode and the relatively conservative social status quo, failing to play its significant role. This paper first sorts out the top-level decisions of urban governance modernization at the national level, and then, based on the in-depth analysis of the evaluation results of the 2017 urban management level in China, it explores the multivariate characteristics of current urban management development transformation and the strategic path to improve China's governance transformation of urban management.

Keywords: Governance Transformation; Urban Management; Modernization

Ⅱ Sub-reports

B. 2 Evaluation Report on Social Management of Key Cities in China

Abstract: This report utilizes analytic hierarchy process and index weighting method to evaluate and rank the social management level of 36 key cities in China, and analyzes the evaluation results. The index system includes three parts: the level of investment and development, the level of service and people's livelihood, and the level of equity and security, involving many public investment in the social sector, such as social services, people's livelihood, social equity, social security , there are altogether 14 specific indicators. The results of comprehensive evaluation and annual comparison of the social management level in key cities show that the level of social management is not synchronized with its economic development level, and the level of people's livelihood services is also not synchronized with its economic development level. Although urban investment in social services and people's livelihood is increasing, it still cannot fully meet the needs of urban development. Despite the continuous improvement of living standards of urban and rural residents, the development gap between different cities , urban and rural areas is still large, the relationship between supply and demand of public services remains strained, and the allocation of resources is unbalanced. The problem of social equity is still prominent, and the level of social assistance and security needs to be continuously improved. In a word, the evaluation results of urban social management level fully reflect that the development of social investment and development, social services and people's livelihood, social equity and security are not only underdeveloped, but also unbalanced between regions , urban and rural areas. In the course of development, must continue to improve the ability and level of people's livelihood services, constantly optimize the structure and deepen reform to promote equitable and balanced development, encourage innovative practices in social governance and build a community of social governance.

Continually, continue to advance the modernization of social governance capacity and system, improve the quality and efficiency of social development, and eliminate the inequities and imbalances in social development, so as to provide a sound social foundation and guarantee for improving people's well-being and promoting all-round human development.

Keywords: Urban Management; Modern Governance; Smart City

B. 3 Modernization Evaluation Report on Economic Management Lsevel of Key Cities in China *Hu Yafen* / 065

Abstract: The level of urban economic management reflects the ability of the government to guide and promote the development of the economy in its jurisdiction, as well as the ability of the city government to formulate economic policies and implement them continuously and effectively. In this report, the evaluation index system of urban economic management level is constructed, which includes four dimensions. The comprehensive evaluation and ranking of 36 key cities' economic management level are carried out, and the results show that "Beijing, Shanghai, Shenzhen and Guangzhou" is in the top four, on the contrary, Lhasa, Yinchuan and other cities with relatively low level of economic development ranked the bottom, and the level of urban economic management is basically consistent with the level of economic development. Finally, the report puts forward suggestions to improve the level of urban economic management.

Keywords: Sub-center of Beijing; Coordinated of Beijing – Tianjin – Hebei; High-quality Development

Abstract: The urban environmental management evaluation in 2017 is a continuation of the urban environmental management evaluation in 2016. In order to ensure the consistency and comparability of the results, these two evaluations share the same indicators and weight distribution. Based on the 2016 – 2017 evaluation results, this report compares and analyzes the environmental management level of 36 key cities in China from both horizontal and vertical dimensions. The vertical comparison shows that the overall level of urban environmental management increased steadily in 2017 with a slight growth in the average score; from 2016 to 2017, the ranking of urban environmental management level changed dramatically with a high dispersion, some of which fluctuated significantly. The horizontal comparison shows that the top ten cities in 2017 had some weaknesses which influence their environmental management performance; significant differences existed in different regions in terms of their urban environmental management level.

Keywords: Sub-center; Urban Management; Environment Management; Run

Abstract: Urban Science and technology innovation is an important part of national innovation, which plays an important role in the process of building an innovative country in China. This report constructs an evaluation index system of urban innovation management based on five dimensions of innovation input, innovation potential, innovation carrier, innovation efficiency and innovation output, evaluates and ranks the level of urban innovation management of 36 key cities, focusing on reflecting the overall situation of urban innovation management and promotion of innovation in these cities. Finally, on the basis of ranking performance and in-depth analysis, the corresponding policy recommendations are put forward.

Keywords: Sub – Center of Beijing; Coordinated Development of Beijing – Tianjin – Hebei; High-quality Development

B. 6 Evaluation of Infrastructure Management Level of Key Cities in China

Zhou Xiuling, *Shang Jingang* / 173

Abstract: The construction and development of urban infrastructure is an important factor to measure a city's level of modernization. The 2017 urban infrastructure management evaluation is a continuation of the urban infrastructure management in 2016. Based on the 2015 – 2017 results, this report compares and analyzes the infrastructure management level of 36 key cities in China from both horizontal and vertical dimensions. The vertical comparison shows that the average score of urban infrastructure management level in 2015 – 2017 had been increasing by years with a rising trend and a general improvement; the infrastructure management level of the top 10 and bottom 5 cities are relatively stable. The horizontal comparison shows that there were regional differences in the level of urban infrastructure management according to the division of economic regions ; there was no coordinated development between urban economic development level and infrastructure management level with the latter being ahead of or behind the former.

Keywords: Sub – Center; Urban Governance; Environmental Management; Running Support

Ⅲ Special Report on Beijing

Abstract: The central Committee of the Communist Party of China (CPC) with General Secretary Xi Jinping at its core has taken a forward-looking approach and made major decisions to give full play to the supporting and driving role of the Beijing Sub-Center and promote the coordinated development of the Beijing-Tianjin-Hebei Region in the new historical conditions. For six years, under the leadership of the CPC Central Committee and the State Council as well as the national leading group for Beijing-Tianjin-Hebei, following the general secretary's remarks as the basis, Beijing has been endeavoring to integrate its development with the nation's overall strategy, firmly grasp the relationship between the capital and the city, giving and taking, as well as "one core" and "two wings". It focuses on reliving Beijing's non-capital functions and making full use of the "one core" influence and continues to strengthen its connection with Tianjin and Hebei. On the whole, notable results have been achieved in the coordinated development of the Beijing-Tianjin-Hebei Region.

Keywords: Beijing Municipal Adm-inistrative Center; the Coordinated Development of Beijing-Tianjin-Hebei Region; High Quality Development

Abstract: This research is based on the functional and institutional issues in sub-center of Beijing. It deeply explores the construction practice at home and abroad. With the basic principles of "urbanization, integration, prioritization, intelligence, and refinement", it implements "3 - steps" path. These three steps are supported by six systems "organization and leadership system with clear responsibilities", "intelligent brain system integrating urban-rural construction", "Regulations and standards system with overall consideration" "environmental landscape system with beautiful and pleasant view" "complete support system" "people-oriented, service-optimized and efficient city operation system".

Keywords: Sub-Center; Urban Management; Urban Environment Management; Operation System

B. 9 Evaluation of the Management Level and Development Strategy of the Cultural Industry in the Capital

Abstract: From January to July 2019, the total income of above-scale cultural enterprises in Beijing reached 680.37 billion yuan, of which 587.84 billion yuan was generated in the core areas, making Beijing ahead of all other provinces and cities in China. Cultural industry has become a pillar for Beijing's economy as well as a crucial foundation for building a national cultural center in the capital. It is significant to study the management level and mode of Beijing's cultural industry and put forward its direction of development based on comparisons among four province-level municipalities.

Keywords: Capital; Cultural Industry Management; Development Strategy

皮书

智库报告的主要形式
同一主题智库报告的聚合

皮书定义

皮书是对中国与世界发展状况和热点问题进行年度监测，以专业的角度、专家的视野和实证研究方法，针对某一领域或区域现状与发展态势展开分析和预测，具备前沿性、原创性、实证性、连续性、时效性等特点的公开出版物，由一系列权威研究报告组成。

皮书作者

皮书系列报告作者以国内外一流研究机构、知名高校等重点智库的研究人员为主，多为相关领域一流专家学者，他们的观点代表了当下学界对中国与世界的现实和未来最高水平的解读与分析。截至 2020 年，皮书研创机构有近千家，报告作者累计超过 7 万人。

皮书荣誉

皮书系列已成为社会科学文献出版社的著名图书品牌和中国社会科学院的知名学术品牌。2016 年皮书系列正式列入“十三五”国家重点出版规划项目；2013~2020 年，重点皮书列入中国社会科学院承担的国家哲学社会科学创新工程项目。

S 基本子库
SUB DATABASE

中国社会发展数据库（下设 12 个子库）

整合国内外中国社会发展研究成果，汇聚独家统计数据、深度分析报告，涉及社会、人口、政治、教育、法律等 12 个领域，为了解中国社会发展动态、跟踪社会核心热点、分析社会发展趋势提供一站式资源搜索和数据服务。

中国经济发展数据库（下设 12 个子库）

围绕国内外中国经济发展主题研究报告、学术资讯、基础数据等资料构建，内容涵盖宏观经济、农业经济、工业经济、产业经济等 12 个重点经济领域，为实时掌控经济运行态势、把握经济发展规律、洞察经济形势、进行经济决策提供参考和依据。

中国行业发展数据库（下设 17 个子库）

以中国国民经济行业分类为依据，覆盖金融业、旅游、医疗卫生、交通运输、能源矿产等 100 多个行业，跟踪分析国民经济相关行业市场运行状况和政策导向，汇集行业发展前沿资讯，为投资、从业及各种经济决策提供理论基础和实践指导。

中国区域发展数据库（下设 6 个子库）

对中国特定区域内的经济、社会、文化等领域现状与发展情况进行深度分析和预测，研究层级至县及县以下行政区，涉及地区、区域经济体、城市、农村等不同维度，为地方经济社会宏观态势研究、发展经验研究、案例分析提供数据服务。

中国文化传媒数据库（下设 18 个子库）

汇聚文化传媒领域专家观点、热点资讯，梳理国内外中国文化发展相关学术研究成果、一手统计数据，涵盖文化产业、新闻传播、电影娱乐、文学艺术、群众文化等 18 个重点研究领域。为文化传媒研究提供相关数据、研究报告和综合分析服务。

世界经济与国际关系数据库（下设 6 个子库）

立足“皮书系列”世界经济、国际关系相关学术资源，整合世界经济、国际政治、世界文化与科技、全球性问题、国际组织与国际法、区域研究 6 大领域研究成果，为世界经济与国际关系研究提供全方位数据分析，为决策和形势研判提供参考。

法律声明